ira e tempo

Peter Sloterdijk

ira e tempo
ensaio político-psicológico

tradução
Marco Casanova

2ª edição

Estação Liberdade

Título original: *Zorn und Zeit*
Copyright © Suhrkamp Verlag Frankfurt am Main 2006
Copyright © Editora Estação Liberdade, 2012, para esta tradução

Preparação de texto	Angel Bojadsen
Revisão	Huendel Viana, Peterso Rissatti e Paula Nogueira
Assistência editorial	Tomoe Moroizumi e Fábio Bonillo
Projeto gráfico	Edilberto Fernando Verza
Composição	B.D. Miranda
Imagem de capa	Lyonel Feininger, 1871-1956. *Igreja e cidade* (detalhe), 1927. Col. Deutsche Bank AG. Foto: Latinstock/Akg-Images

As notas numeradas são do autor; as notas do tradutor estão assinaladas com asterisco e N.T.

CIP-BRASIL. CATALOGAÇÃO-NA-FONTE
SINDICATO NACIONAL DOS EDITORES DE LIVROS, RJ

S643i

Sloterdijk, Peter, 1947-

    Ira e tempo : ensaio político-psicológico / Peter Sloterdijk ; tradução de Marco Casanova – São Paulo : Estação Liberdade, 2012.
    304 p. : 21 cm

    Tradução de: Zorn und Zeit

    ISBN 978-85-7448-195-1

    1. Ira. 2. Ira – Aspectos religiosos – Cristianismo. 3. Ira – Aspectos religiosos – Judaísmo. 4. Ciência política – Filosofia. 5. Capitalismo – Filosofia. I. Título.

11-7362   CDD: 152.47
                                                         CDU:152.942

Todos os direitos reservados à
EDITORA ESTAÇÃO LIBERDADE LTDA.
Rua Dona Elisa, 116 | Barra Funda
01155-030 São Paulo – SP | Tel.: (11) 3660 3180
www.estacaoliberdade.com.br

Sumário

Introdução — 9

   A primeira palavra da Europa — 11
   O mundo timótico: orgulho e guerra — 22
   Para além do erotismo — 25
   Teoria dos conjuntos do orgulho — 32
   Premissas gregas de lutas modernas – a doutrina do *thymós* — 36
   O instante de Nietzsche — 39
   Capitalismo consumado: uma economia da generosidade — 43
   A situação pós-comunista — 52

1. Negócios da ira em geral — 63

   Vingança narrada — 70
   O agressor como doador — 77
   Ira e tempo: a simples explosão — 82
   Forma projetiva da ira: a vingança — 83
   Forma bancária da ira: revolução — 85
   O poder descomunal do negativo — 89

2. O Deus irado: o caminho para a descoberta do banco metafísico da vingança — 95

   Prelúdio: a vingança de Deus contra o mundo secular — 99
   O rei irado — 105
   A interrupção da vingança — 108
   Acumulação original da ira — 111
   Genealogia do militantismo — 115
   A massa de ira autoagressiva — 118
   Ira hiperbólica: a apocalíptica judaica e cristã — 122
   Receptáculos da ira, depósitos infernais: sobre a metafísica dos depósitos finais de resíduos — 126
   Por que a busca por fundamentos para a ira de Deus se equivoca – paralogismos cristãos — 131
   Elogio do purgatório — 139

3. **A revolução timótica: sobre o banco comunista da ira**   145

    Se uma revolução não é suficiente   148
    Animações fantasmagóricas   151
    O projeto epocal: estimular o *thymós* dos humilhados   155
    Indignação ateórica ou: o instante da anarquia   162
    Consciência de classe – a timotização do proletariado   167
    Sobre a emergência do sistema bancário não monetário   178
    Comintern: o banco mundial da ira e os bancos populares fascistas   188
    Criações de ira por meio de empréstimos de guerra   210
    O maoismo: sobre a psicopolítica do puro furor   219
    A mensagem de Monte Cristo   229

4. **Dispersão da ira na era dos meios**   237

    After theory   240
    A erotização da Albânia ou: a aventura da alma pós-comunista   248
    Capitalismo real: adiamento do colapso em sistemas dinâmicos de cobiça   254
    Dissidência dispersa – a internacional misantrópica   264
    O teatro mundial das ameaças   277
    A terceira coleta: o Islã político pode instituir um novo banco mundial da dissidência?   283

Conclusão: para além do ressentimento   295

Introdução

A primeira palavra da Europa

No verso de abertura da *Ilíada,* começo da tradição europeia, emerge a palavra "ira", de uma maneira fatal e festiva, como um apelo que não admite nenhuma oposição. Tal como condiz a um objeto frasal plenamente constituído, esse substantivo encontra-se no acusativo: "A ira canta, ó deusa, de Aquiles, filho de Peleu." O fato de a palavra aparecer em primeiro lugar expressa de maneira audível um *páthos* elevado. Que tipo de relação com a ira se sugere aos ouvintes no mágico prelúdio da canção heroica? A ira, com a qual tudo começou no antigo Ocidente — de que maneira o poeta quer lhe dar voz? Será que ele a descreverá como uma força violenta que enreda homens pacíficos em acontecimentos tenebrosos? Será que devemos domar, refrear, reprimir este afeto, de todos o mais descomunal* e o mais humano? Será que sempre fugimos dele rapidamente, todas as vezes nas quais ele se manifesta nos outros e se faz sentir em nós mesmos? Será que devemos sacrificá-lo incessantemente à compreensão neutralizada, a uma melhor compreensão?

Como já podemos notar, estas são questões contemporâneas que vão muito além de nosso objeto — se é que este objeto se chama a ira de Aquiles. O mundo antigo tinha aberto seus próprios caminhos em relação à ira, caminhos que não podem mais ser os caminhos dos modernos. Enquanto estes apelam para os terapeutas ou digitam o número da polícia, os sábios de outrora dirigiam-se ao mundo superior. A fim de deixar que ressoasse a primeira palavra da Europa, a deusa é conclamada por Homero de acordo com um antigo hábito dos rapsodos e seguindo o raciocínio de que o melhor para aquele que se propõe algo imodesto é

---

* O termo alemão *unheimlich* possui um significado bastante expressivo, que se perde quase por completo em suas traduções mais correntes: "sinistro", "medonho", "estranho". Seguindo seu sentido etimológico, *unheimlich* designa literalmente aquilo que não (*un-*) pertence à nossa terra natal (*Heim*), aquilo diante do qual não nos sentimos em casa. Por isso, o termo também abarca de maneira derivada o significado de algo desconhecido, lúgubre e inquietante, assim como de algo ingente, gigantesco. Para preservar a riqueza deste termo em sua dimensão mais original, escolhemos a palavra "descomunal", porque ela também descreve a experiência de um confronto com algo fora do comum e abarca alguns dos matizes significativos do original. [N.T.]

começar com bastante modéstia. Não sou eu, Homero, que posso assegurar o êxito de meu canto. Cantar significa desde tempos imemoriais abrir a boca para que forças superiores possam se anunciar. Se minha apresentação obtiver sucesso e autoridade, as musas é que terão sido responsáveis e, para além das musas — quem sabe — o deus, a própria deusa. Se o canto se dissipa sem ser ouvido, é porque os poderes mais elevados não estavam interessados por ele. No caso de Homero, o julgamento divino foi exposto de maneira clara. No começo estava a palavra "ira" e a palavra foi coroada de êxito.

Menin aiede, thea, Peleiadeo Achileos
Ouloumenen, he myri Achaiois alge eteke...

A ira canta, ó deusa, do filho de Peleu, Aquiles,
a ira portadora de desgraça, que mil sofrimentos aos Aqueus
Criou e muitas imponentes almas para baixo até o Hades arrojou

De maneira inconfundível os versos invocatórios da *Ilíada* prescrevem de que modo os gregos, o povo modelo para a civilização ocidental, devem ir ao encontro da irrupção da ira na vida dos mortais — com o espanto que é apropriado a uma aparição. O primeiro apelo de nossa tradição cultural — será que este "nossa" ainda é válido? — enuncia o pedido: que o mundo superior venha apoiar o canto da ira de um guerreiro singular. O que é notável neste caso é o fato de aquele que canta não ter em mente nenhuma atenuação. Desde as primeiras linhas, ele ressalta a força instauradora de desgraças que é própria à ira heroica: onde ela se manifesta, os golpes são desferidos por todos os lados. Os próprios gregos têm até mesmo mais a sofrer com isso do que os troianos. Logo no início da guerra, a ira de Aquiles se volta contra os seus, só voltando a se alinhar com o *front* grego pouco antes da batalha decisiva. O tom dos primeiros versos apresenta previamente o programa: as almas dos heróis vencidos — nesse momento chamados imponentes, mas em geral representados como fantasmas sombrios — descem para o Hades, enquanto seus corpos inanimados, "eles mesmos", como diz Homero, são devorados a céu aberto por pássaros e cães.

Com uma simetria eufórica, a voz do cantador desliza sobre o horizonte da existência, que fornece substância semelhante a esse tipo de relato. Durante a época clássica, ouvir essa voz significava o mesmo que ser grego. Onde a apreendemos, algo se torna imediatamente compreensível: guerra e paz são nomes para fases de um contexto vital, onde o pleno emprego da morte nunca está em questão. O encontro precoce da morte com o herói também faz parte das mensagens do canto heroico. Se a expressão "glorificação da violência" teve algum dia um sentido, ela encontraria o seu lugar nesse introito ao mais antigo documento da cultura europeia. No entanto, ela designaria praticamente o contrário daquilo que temos em vista no contexto atual, inevitavelmente desabonador. Decantar a ira significa torná-la digna de pensamento, mas aquilo que é digno de pensamento está próximo do impressionante e da elevada valorização duradoura; sim, está precisamente próximo do bem. Essas avaliações são tão intensamente opostas aos modos de pensar e sentir dos modernos que sem dúvida precisamos admitir: um acesso não falseado à compreensão homérica da ira em última instância permanecerá para sempre vedado para nós.

Somente aproximações indiretas nos auxiliam a prosseguir. Compreendemos, contudo, que não se trata aqui da ira divina, da qual falam as fontes bíblicas. Não se trata da indignação do profeta em face do ato abominável e contrário a Deus; tampouco da ira de Moisés, que destrói as tábuas enquanto o povo se satisfaz com o bezerro; nem do ódio lânguido dos autores dos Salmos, que não podem esperar pelo dia em que o justo banhará seus pés no sangue dos pecadores.[1] A ira de Aquiles também tem pouco em comum com a ira de Javé, do antigo Deus das tempestades e dos desertos, um Deus ainda nada sublime que, na posição de "Deus esbravejador", coloca-se como guia à frente do povo em êxodo, aniquilando seus perseguidores com temporais e torrentes.[2] No entanto, também não se tem em vista os ataques profanos de ira que acometem os homens, que os sofistas tardios e as doutrinas filosóficas morais tinham em mente quando pregavam o ideal do autocontrole.

A verdade é que Homero se movimenta num mundo repleto de um belicismo feliz e sem limites. Por mais sombrios que possam ser os horizontes desse universo forjado a partir de guerras e mortes, o tom fundamental da invocação é determinado pelo orgulho de poder testemunhar tais cenas e tais destinos. Sua visibilidade luminosa reconcilia-nos com a dureza dos fatos — é isso que Nietzsche tinha designado com o termo artístico "apolíneo". Nenhum homem moderno está em condições de

---

1. Salmos 58:11.
2. Cf. Ralf Miggelbrink, *Der zornige Gott: die Bedeutung einer anstössigen biblischen Tradition* [O Deus irado: o significado de uma tradição bíblica escandalosa], Darmstadt, 2002, p. 13.

se transportar para um tempo no qual os conceitos de guerra e felicidade formavam uma constelação significativa. Para os primeiros ouvintes de Homero, em contrapartida, estes dois conceitos compunham um par inseparável. O elo entre eles é instaurado pelo culto aos heróis em estilo antigo, um culto que só continua presente para os modernos no interior das aspas da cultura histórica.

Para os antigos, o heroísmo não era nenhuma atitude sutil, mas antes a mais vital de todas as representações possíveis em relação aos fatos da vida. Aos seus olhos, um mundo sem manifestações heroicas significa o nada — o estado no qual os homens estariam abandonados sem resistência à monarquia da natureza. A *physis* realiza tudo, o homem nada pode: este seria o princípio de um universo sem heróis. O herói, por outro lado, fornece a prova de que feitos e obras são possíveis mesmo do lado humano, contanto que os deuses o permitam, tornando as condições favoráveis — e é apenas como realizadores de feitos e executores de obras que os antigos heróis são festejados. Seus feitos prestam um testemunho em favor daquilo que há de mais valioso entre as coisas que os mortais, desde outrora, podem experimentar: como, a partir da não impotência e da não indiferença, uma clareira foi aberta na mata fechada dos acontecimentos naturais. Nos relatos sobre os feitos reluz a primeira boa notícia: abaixo do Sol acontece mais do que os eventos indiferentes e sempre iguais. Uma vez que atos reais são realizados, os relatos sobre eles respondem à pergunta: por que os homens efetivamente fazem algo, no lugar de não fazerem nada? Fazem para que o mundo seja ampliado por algo novo e digno de ser glorificado. Como foram representantes da espécie humana, embora extraordinários, que levaram a cabo o novo, abre-se para os outros, quando ouvem histórias sobre os feitos e sofrimentos dos heróis, um acesso ao orgulho e ao espanto.

Com certeza, o novo não pode surgir como a notícia do dia. Para ser legítimo, ele precisa assumir a roupagem de algo prototípico, muito arcaico, que retorna eternamente, reportando-se ao longo assentimento premeditado dos deuses. Se algo novo se faz passar por um acontecimento de um tempo originário, surge o mito. A epopeia é sua forma mais móvel, mais ampla e mais festiva, uma forma apropriada para a apresentação em palácios, praças e diante do público citadino antigo.[3]

---

3. Com isso, contradiz-se a lenda dileta dos teólogos de que o mito conteria uma transfiguração do mundo existente, enquanto o distanciamento do mundo e a crítica teriam surgido apenas com o discurso profético. Na verdade, o mito é tão profético quanto o profetismo é mítico.

A exigência de heróis é o pressuposto para tudo aquilo que ocorre agora. Somente porque a ira aterrorizante é indispensável para a manifestação guerreira do herói que o rapsodo pode se voltar para a deusa a fim de engajá-la em favor de seus 24 cantos. Se a ira que a deusa deve ajudar a decantar não fosse ela mesma de uma natureza mais elevada, já a ideia de conclamá-la significaria uma blasfêmia. Somente porque há uma ira concedida de cima é legítimo envolver os deuses nos assuntos dos homens. Quem decanta a ira a partir de tais premissas festeja uma força que libera os homens do atordoamento vegetativo e os coloca sob um céu elevado e ávido de contemplação. Os habitantes da terra recuperaram o fôlego desde que se deram conta que os deuses seriam espectadores a se deleitarem com a comédia terrena.

A compreensão dessas relações que para nós se tornaram remotas pode ser facilitada pela indicação de que, segundo a concepção dos antigos, o herói e o cantador se encontram em correspondência no sentido autenticamente religioso. Religiosidade é a concordância dos homens em relação a seu caráter midiático. Sabemos que talentos midiáticos seguem caminhos diversos. No entanto, esses caminhos podem se entrecortar em pontos nodais importantes. O pluralismo dos "meios" é consequentemente um estado de coisas que remonta aos estados primevos da cultura. Nessa época, contudo, os meios não são os aparatos técnicos, mas os próprios homens, com os seus potenciais orgânicos e espirituais. Assim como o rapsodo gostaria de ser a embocadura de uma força cantante, o herói sente-se como o braço da ira que realiza feitos memoráveis. A laringe de um e o braço do outro, em conjunto, formam um corpo híbrido. Mais do que ao próprio guerreiro, seu braço-espada pertence ao deus que influi nas relações humanas por sobre o desvio das causas secundárias; e ele pertence naturalmente àquele que o decanta, a quem o herói deve, juntamente com suas armas, a sua fama imortal. Assim, a ligação deus-herói--rapsodo forma o primeiro laço efetivo entre os meios. Os mil anos que se seguiram a Homero no espaço mediterrâneo sempre trataram de Aquiles e de sua aplicabilidade para as musas guerreiras.

Não precisamos nos deter por muito tempo na constatação de que nenhum homem está mais em condições autênticas de pensar desse modo nos tempos de hoje — com exceção talvez de alguns habitantes de terras montanhosas exóticas, onde o reencantamento do mundo pode ter feito grandes progressos. De resto, não apenas deixamos de julgar e de sentir como os antigos, mas também os desprezamos em segredo pelo fato de eles terem permanecido como "crianças de seu tempo", presos num heroísmo que só conseguimos conceber como arcaico e impertinente. O que poderíamos contrapor a Homero a partir do ponto de vista atual e em sintonia com nosso cultivo costumeiro da banalidade? Será que devemos censurá-lo pelo fato de ter ferido a dignidade humana, uma vez que concebeu de maneira demasiado direta os indivíduos como instrumentos de seres mais elevados, que os comandavam? Por ele ter menosprezado a integridade das vítimas, uma vez que festejou os poderes que lhes infligiam males? Por ele ter neutralizado a violência arbitrária e construído julgamentos divinos imediatos a partir dos resultados dos combates? Ou será que essa censura precisaria ser atenuada e transformada na constatação de que ele teria se tornado uma presa da impaciência? Ele não pôde esperar até o Sermão da Montanha, nem leu o *De ira* de Sêneca, o breviário do controle estoico dos afetos que se constituiu como um modelo para a ética cristã e humanista?

No horizonte homérico, obviamente não há um ponto vulnerável a objeções desse tipo. O canto sobre a energia heroica de um guerreiro, com o qual começa a epopeia dos antigos, eleva a ira ao nível da substância a partir da qual o mundo é feito — isso, caso admitamos que o "mundo" designa aqui a esfera das figuras e cenas da vida nobre e guerreira dos antigos helenos no primeiro milênio antes de Cristo. Poder-se-ia achar que tal visão já teria se tornado ultrapassada desde o esclarecimento. No entanto, remeter em sua totalidade essa imagem das coisas ao culto realista do presente, uma imagem marcada pelo primado da luta, poderia parecer mais difícil de aceitar do que o sentimento pacifista corrente gostaria de acreditar. Mesmo os modernos nunca se descuidaram completamente da tarefa de pensar a guerra; sim, esta missão esteve associada por muito tempo ao polo masculino da cultura.[4] Os alunos da Antiguidade já eram aferidos por sua medida, quando as camadas superiores de Roma, juntamente com outros modelos culturais gregos, também importaram o belicismo épico de seus mestres, sem esquecer de maneira alguma seu próprio militarismo autóctone. E, assim, desde o Renascimento, a juventude europeia vem reaprendendo a pensar a guerra, de geração em geração, depois que o modelo dos gregos foi evocado uma vez mais, com amplas consequências, para o

---

4. Cf. Raymond Aron, *Clausewitz, den Krieg denken* [Clausewitz, pensar a guerra], Frankfurt, 1980; assim como Robert Kaplan, *Warrior Politics: Why Leadership Demands a Pagan Ethos* [Política do guerreiro: por que a liderança exige um *éthos* pagão], Nova York, 2001.

sistema educacional dos Estados nacionais emergentes. Não deveríamos considerar possível o fato de as assim chamadas guerras mundiais do século XX também significarem entre outras coisas uma repetição da guerra de Troia — organizada por estados-maiores, cujos dirigentes, em todos os lados das linhas inimigas, se compreendiam respectivamente como os aqueus mais primorosos, sim, precisamente como os sucessores do furioso Aquiles, e como portadores de uma vocação atlético-patriótica para a vitória e para a fama no mundo posterior?[5] O herói imortal morre inúmeras vezes. Em setembro de 1864, o próprio Karl Marx não expressou suas condolências à duquesa de Hatzfeld pela morte em duelo do líder trabalhista Lassalle com as palavras "morreu jovem, em triunfo, como Aquiles"?[6]

A questão de saber se Homero, tal como algo que aconteceu mais tarde com Heráclito e tal como continuou acontecendo muito mais tarde com Hegel, já acreditava que o ato de guerra seria o pai de todas as coisas, pode permanecer aqui sem resposta. Também pensar que Homero, o patriarca da história da guerra e o professor de grego de inúmeras gerações, possuía um conceito de "História" ou "civilização" é incerto, até mesmo improvável. A única coisa segura é que o universo da *Ilíada* é tecido a partir dos feitos e dos sofrimentos da ira (*menis*) — assim como a *Odisseia*, pouco mais jovem, declina os feitos e os sofrimentos da astúcia (*metis*). Para a ontologia arcaica, o mundo é a soma das lutas que precisam ser conduzidas em seu interior. A ira épica aparece para aquele que a decanta como uma energia primária, que brota a partir dela, uma energia impossível de ser deduzida, tal como a tempestade e a luz do sol. Ela é uma força de ação em sua figura quintessencial. Uma vez que pode requisitar como uma primeira substância o predicado "a partir de si", ela antecede todas as suas incitações locais. Para Homero, o herói e sua *menis* formam uma parelha inseparável, de modo que toda derivação da ira a partir de ensejos externos se torna desnecessária diante dessa união pré-estabelecida. Aquiles é tomado pela ira, assim como o Polo Norte é gelado, o Olimpo é envolto em nuvens e o monte Ventoux é cercado por ventos bramantes.

Isso não exclui o fato de os ensejos prepararem o palco para a ira. Todavia, seu papel restringe-se literalmente a "e"-vocá-la, sem transformar sua essência. Como a força que reúne o mundo contencioso em seu

---

5. Quanto ao nexo inconsciente entre humanismo e belicismo, cf. Heiner Mühlmann, Bazon Brock, *Krieg und Kultur* [Guerra e cultura], [s.n.], 2003.
6. Karl Marx, Friedrich Engels, *Werke* [Obras], Berlim, 1972, v. 30, p. 673.

elemento mais intrínseco, a ira conserva a unidade da substância em sua pluralidade de erupções. Ela existe antes de todas as suas manifestações e sobrevive por assim dizer inalterada às suas explosões mais intensas. Quando Aquiles se acha acocorado em sua tenda, urrando, magoado, quase paralisado, cheio de rancor em relação aos seus próprios companheiros porque o comandante de exércitos Agamênon lhe tinha roubado a bela escrava Briseida, este "presente de guerra" extremamente significativo em termos simbólicos, essa cena não produz nenhuma quebra em sua natureza furiosa e brilhante. A capacidade de sofrer por ter sido preterido distingue o grande guerreiro; ele ainda não necessita da virtude do perdedor que é "capaz de abandonar algo". Para ele, é suficiente saber que tem razão e que Agamênon lhe deve algo. Segundo os conceitos gregos arcaicos, essa dívida se apresenta de forma objetiva, uma vez que a honra do grande guerreiro é por sua vez de uma natureza mais objetiva e mais substancial. Se aquilo que vem primeiro de acordo com a escala hierárquica retira uma distinção daquilo que vem primeiro por sua força, o ato de ferir a honra é realmente dado num nível extremo. O episódio da ira mostra a força de Aquiles numa inércia ensimesmada — mesmo os heróis conhecem tempos de indecisão e de um enfurecimento voltado para o interior. No entanto, basta um impulso violento o suficiente para colocar uma vez mais em curso o motor de sua *menis*. Se este impulso é fornecido, as consequências são aterrorizantes e fascinantes a ponto de se tornarem dignas de um "destruidor de cidades" com um recorde bélico de 23 povoamentos aniquilados.[7]

O jovem favorito de Aquiles, Pátroclo, que de maneira extremamente ousada portara no campo de batalha a armadura do amigo, foi abatido pelo campeão dos troianos, Heitor. A notícia desse incidente nefasto nem bem tinha circulado pelo acampamento grego, quando Aquiles deixa sua barraca. Sua ira uniu-se outra vez a ele e a partir daí direcionou a ação sem hesitar. O herói exige uma nova armadura — o próprio além se apressa em cumprir essa exigência. A ira, que aflui nos heróis, não está sequer restrita a seu corpo, e coloca em curso um feixe de ações ramificadas nos dois mundos. Com um tempestuoso desejo de ataque, a *menis* assume a mediação entre os imortais e os mortais; ela impele Hefesto, o deus ferreiro, a dar o melhor de si na produção das novas armas; ela empresta asas a Tétis, a mãe do herói, a fim de enviar recados rápidos entre o ferreiro subterrâneo e o acampamento dos gregos. No círculo mais íntimo

---

7. Cf. Homero, *Ilíada*, canto 9, versos 328 et seq.

de sua efetividade, a *menis* alinha o guerreiro novamente a partir de seu último e fatídico opositor — ela o conclama para o presente real da batalha. Ela o conduz no campo de batalha para a posição determinada pela providência, para onde ela encontra seu ardor mais elevado, sua medida mais extrema de libertação preenchedora. Diante dos muros de Troia, sua consumação dá o tom. Lá, ela faz o necessário para lembrar cada testemunha da convergência entre explosão e verdade.[8] Por fim, o que nos faz reconhecer o fato de que mesmo no plano fatal, diante de Troia, já seria necessário um segundo caminho para o êxito, é apenas a circunstância de não ser a ira de Aquiles, mas a astúcia de Ulisses, quem vence a cidade sitiada. Será, então, que Homero não via nenhum futuro para a ira?

Tal conclusão seria precipitada, pois o Homero de *Ilíada* não omite nada que sirva à propagação da dignidade da ira. No momento crítico, ele expõe o quão explosiva é a força iracunda de Aquiles. De um instante para outro, seu presente se insere. Justamente a sua subitaneidade é indispensável para atestar sua origem mais elevada. Pertence à virtude do herói grego arcaico estar pronto a se tornar o recipiente para uma energia que aflui de forma repentina. Nós aqui ainda nos encontramos num mundo cuja constituição espiritual é cunhada de maneira abertamente mediúnica. Tal como o profeta é mediador da sagrada palavra de protesto, o guerreiro transforma-se em instrumento da força que se reúne nele como num golpe, a fim de irromper no mundo fenomênico.

Uma secularização dos afetos ainda é desconhecida no interior desta ordem das coisas. Secularização designa a execução do programa que se esconde em proposições europeias normalmente construídas. Por meio dessas proposições imita-se no real aquilo que a construção frasal apresenta: sujeitos atuam sobre objetos e lhes impõem seu domínio. É desnecessário dizer que o mundo homérico da ação permanece muito distante de tais relações. Não são os homens que possuem suas paixões, mas antes as paixões é que possuem seus homens. O acusativo ainda não tem como ser alocado em regências. Neste estado das coisas, é natural

---

8. Acerca da sobrevivência da antiga eruptividade da ira na "teologia natural da explosão" da cultura de massas moderna, cf. Peter Sloterdijk, "Bilder der Gewalt — Gewalt der Bilder: Von der antiken Mythologie zur postmodernen Bilderindustrie" ["Imagens da violência — violência das imagens: da Antiguidade até a indústria das imagens pós-moderna"], in: Christa Maar, Hubert Burda (orgs.), *Iconic Turn: die neue Macht der Bilder* [*Iconic Turn*: o novo poder das imagens], Colônia, 2004, p. 333 et seq.

esperar pelo Deus uno. O monoteísmo teórico só pode chegar ao poder quando os filósofos postulam com seriedade o sujeito da proposição como princípio do mundo. Neste caso, é certo que os sujeitos também podem possuir suas paixões e controlá-las como seus senhores e proprietários. Até este momento domina o pluralismo espontâneo, no qual sujeitos e objetos trocam constantemente suas posições.

Portanto: é preciso decantar a ira num momento maduro, quando ela ocorre com seu portador — Homero não tem outra coisa em vista ao associar o longo cerco de Troia e a queda da cidade, que quase não era mais esperada, com a misteriosa força de luta do protagonista, por cujo rancor a empreitada dos gregos estava condenada ao fracasso: ele se aproveita dos favores da hora na qual a *menis* aflui para seu portador. A lembrança épica só precisa, então, seguir o curso dos acontecimentos, um curso que é ditado pelas conjunturas das forças. É decisivo o fato de o próprio guerreiro, logo que a ira sublime se agita, vivenciar uma espécie de presente numinoso. É somente por isso que, junto a seu instrumento mais talentoso, a ira heroica significa mais do que um desvario profano. Dito num tom mais elevado: o deus do campo de batalha fala com o guerreiro por meio da exaltação. Compreendemos imediatamente por que há pouco para se ouvir das vozes secundárias em tais instantes. Forças desse tipo são, ao menos em seus ingênuos primórdios, monotemáticas, uma vez que requisitam o homem como um todo. Para a expressão de um afeto, elas exigem um palco não compartilhado.[9] Na ira pura não há nenhuma vida interior embaraçada, nenhum trás-mundo psíquico e nenhum segredo privado por meio do qual o herói se tornaria humanamente compreensível. Ao contrário, vale muito mais o princípio de que a interioridade do ator deve ser totalmente manifesta e pública, de que ele deve ser todo ação e, se possível, tornar-se canto. É característico da ira borbulhante imergir

---

9. Mesmo a fenomenologia estoica da ira, uma fenomenologia que foi estabelecida mais tarde, insiste no fato de a ira não admitir nenhum velamento. Podemos esconder todos os outros vícios, "mas a ira se mostra, impõe-se num jogo facial (*se profert et in faciem exit*), e quanto maior ela é, tanto mais claramente se levanta" (*quantoque maior, hoc effervescit manifestius*). Todos os afetos possuem seus indícios (*apparent*), mas a ira não apenas se insinua, ela salta aos olhos (*eminet*). Sêneca, *De ira*, I, 1. No século XX, a psicologia acadêmica falou por vezes de "reações explosivas"; cf. Ernst Kretschmer, *Medizinische Psychologie* [Psicologia médica], Leipzig, 1930, p. 183 et seq.

completamente em sua expressão profusa; onde a expressividade total dá o tom, não se fala de retração e economia. Claro que sempre se luta também "por algo". Antes de tudo, porém, a luta serve à revelação das energias em si combativas — a estratégia, o alvo de guerra e o despojo chegam mais tarde.

Onde quer que a ira venha a arder, tem-se o guerreiro perfeito. Por meio da irrupção do herói inflamado materializa-se uma identificação do homem com suas forças impulsivas, uma identificação com a qual sonham os homens domésticos em seus melhores momentos. Por mais que estejam habituados ao adiamento e à necessidade de esperar, não perderam totalmente a lembrança dos momentos da vida nos quais o elã do agir parecia fluir das próprias circunstâncias. Poderíamos denominar essa unificação com o mais puro ímpeto, acolhendo uma expressão de Robert Musil: a utopia da vida motivada.[10]

Com certeza, para pessoas sedentárias, para os camponeses, os artesãos, os diaristas, os escrivães, os antigos funcionários, assim como para os terapeutas e os professores que foram surgindo mais tarde, as virtudes hesitantes indicam a direção — quem senta no banco da virtude, normalmente não consegue saber como será sua próxima tarefa. Precisam ouvir o conselho vindo de lados diversos e extrair suas decisões de um murmurinho do qual nenhum tenor corporifica a voz principal. Para os homens comuns, a evidência é inalcançável no instante; na melhor das hipóteses, são auxiliados pelas muletas do hábito. O que o hábito oferece são substitutos terrenais de certezas. Tais substitutos podem ser estáveis. Todavia, são incapazes de propiciar o presente vivo da convicção. Em contrapartida, quem se vê tomado pela ira vê o tempo esmaecido passar. A névoa sobe, os contornos se enrijecem, linhas claras conduzem agora ao objeto. O ataque ardente sabe para onde quer ir. Aquele que se enfurece em grande estilo "vai para o mundo como a bala para a batalha".[11]

---

10. Robert Musil, *Der Mann ohne Eigenschaften*, Hamburgo, 1952, p. 1209 et seq. [Ed. bras.: *O homem sem qualidades*, trad. Lya Luft e Carlos Abbemeth, Rio de Janeiro, Nova Fronteira, 2006.]
11. A expressão é retirada de Heinrich Mann que, em seu ensaio de 1925 sobre Napoleão, em relação aos corsos fatais, escreveu o seguinte: "Ele foi para o mundo como a bala para a batalha. Assim, surgiu para ele a revolução [...]". Mostraremos mais à frente em que medida o conceito de revolução repousa em última instância sobre uma modernização da *menis* antiga. Seu cerne psicológico é a transformação do sujeito num lugar ativo de reunião da ira do mundo.

O mundo timótico: orgulho e guerra

Devemos à engenhosa leitura de Homero pelo filólogo clássico Bruno Snell o fato de, nos novos estudos contemporâneos sobre a *Ilíada*, termos passado a atentar para a estrutura particularmente pré-moderna da psicologia e da condução épica da ação. No principal ensaio de seu livro ainda hoje bastante estimulante intitulado *A descoberta do espírito*, um ensaio que trata da imagem homérica do homem, Snell trabalhou com uma situação eminente: faltam aos personagens épicos da mais antiga época literária do Ocidente as características marcantes da subjetividade compreendida em termos clássicos, em particular a interioridade reflexiva, o monólogo íntimo, o empenho dirigido pela consciência moral e o controle dos afetos.[12] Snell descobre em Homero o conceito latente da personalidade composta ou da personalidade recipiente, que se assemelha em alguns aspectos à imagem do homem pós-moderno com suas "perturbações dissociativas" crônicas. De longe, o herói da primeira Antiguidade de fato nos faz pensar numa "múltipla personalidade". Ainda não parece haver nele nenhum princípio interno hegemônico, nenhum "eu" coerente que venha à tona para a unidade e a autoapreensão do campo psíquico. A "pessoa" mostra-se muito mais como um ponto de encontro de afetos ou energias parciais que aparecem em seu anfitrião, o indivíduo capaz de vivência e ação, como um visitante que vem de longe a fim de usá-lo para os seus interesses.

Por conseguinte, a ira do herói não pode ser compreendida como um atributo inerente à estrutura de sua personalidade. O guerreiro coroado de êxito é mais do que um caráter exageradamente provocável e agressivo. Também faz pouco sentido falar sobre os personagens homéricos do modo como os psicopedagogos falam sobre alunos-problema. De maneira impecável, eles classificariam Aquiles imediatamente como um representante de ambições paternas exaltadas[13] — como se ele fosse o precursor de um prodígio do tênis, psiquicamente deformado, cujos pais-treinadores

---

12. Bruno Snell, "Die Auffassung des Menschen bei Homer" ["A concepção do homem em Homero"], in: *Die Entdeckung des Geistes: Studien zur Entstehung des europäischen Denkens bei den Griechen* [A descoberta do espírito: estudos sobre o surgimento do pensamento europeu com os gregos], Hamburgo, 1946, pp. 15-37.

13. Cf., em parte por curiosidade, Jürgen Manthey, *Die Unsterblichkeit Achills: vom Ursprung des Erzählens* [A imortalidade de Aquiles: sobre a origem da narração], Munique/Viena, 1997, p. 31 et seq.

sentariam à primeira fila em todos os jogos. Uma vez que nos movimentamos aqui totalmente num âmbito dominado pela psicologia do recipiente, precisamos atentar para as regras fundamentais desse universo psíquico: a ira que se inflama com intervalos representa um suplemento energético da *psyché* heroica, não sua característica pessoal ou complexo íntimo. O termo grego característico para o "órgão" presente no peito dos heróis e dos homens, um "órgão" do qual partem grandes exaltações, é *thymós* — ele designa o foco emocional do "si próprio" orgulhoso, assim como o "sentido" receptivo, por meio do qual os apelos dos deuses se manifestam para os mortais. De resto, a propriedade suplementar ou "que se anexa" às exaltações no *thymós* esclarece a ausência tão estranha para os modernos de uma instância repressora dos afetos nos personagens homéricos em geral. O herói é por assim dizer um profeta ao qual cabe a tarefa de tornar imediatamente verdadeira a mensagem de sua força. A força do herói o acompanha do mesmo modo que um gênio acompanha a pessoa que foi entregue a sua confiança. Se a força se torna atual, seu protegido precisa seguir com ela.[14]

Apesar de o ator não ser o senhor e o proprietário de seus afetos, seria equivocado achar que ele seria apenas seu instrumento cego ou desprovido de vontade. A *menis* pertence ao grupo das energias invasivas, sobre as quais a psicologia poética e filosófica dos helenos ensinava que elas precisariam ser consideradas como graças divinas provenientes do mundo superior. Assim como aquele que recebe um dom vindo do alto é requisitado a preservar com cuidado o presente que lhe foi confiado, o herói, na posição de protetor da ira, precisa se colocar numa relação consciente com ela. Heidegger, que podemos muito bem imaginar como um turista pensativo na planície existente diante de Troia, com certeza diria: lutar também significa agradecer.

Depois do reposicionamento da *psyché* grega, que passa das virtudes heroico-belicosas para as vantagens citadino-burguesas, a ira foi aos poucos desaparecendo da lista dos carismas. Só restam os entusiasmos mais ligados ao espírito, tal como Platão os enumera em *Fedro*, numa visão panorâmica das obsessões benéficas da *psyché*, principalmente a medicina inspirada, o dom da predição e o canto entusiasmante concedido pelas musas. Além disso, Platão introduz um tipo novo e paradoxal de entusiasmo:

---

14. Quanto à antiga concepção do gênio, cf. o escrito do orador romano Censorino, *De die natali*, assim como Peter Sloterdijk, *Sphären I, Blasen* [Esferas I, Bolhas], Frankfurt, 1998, cap. 6 "Seelenraumteiler" ["Divisor do espaço das almas"], p. 421 et seq.

a *mania* sóbria própria à contemplação das ideias, uma *mania* sobre a qual se apoiará a nova ciência da "filosofia" por ele fundamentada. Sob a influência dessa disciplina, a *psyché* "mânica", esclarecida por exercícios lógicos, se afastou definitivamente de seus primórdios "mênicos" — a grande ira começou a ser banida da cultura.

Desde então, a ira não se mostra mais entre os cidadãos senão como uma hóspede que só é bem-vinda por um alto custo; como o furor no estilo antigo, ela não se adapta mais de maneira alguma ao mundo urbano. É somente sobre o palco do teatro ateniense de Dioniso que a ira ainda é apresentada vez ou outra em sua violência arcaico-ensandecida, tal como no *Ajax* de Sófocles ou nas *Bacantes* de Eurípedes. De qualquer modo, porém, isto normalmente acontece apenas para lembrar os mortais da terrível liberdade dos deuses para arruinar quem eles querem. Os filósofos estoicos, que nas gerações seguintes se voltam para o público civil, defendem à melhor maneira sofista a afirmação de que a ira seria em última instância algo "não natural", porque contradiria a essência racional do homem.[15]

A domesticação da ira gera a forma antiga de uma nova masculinidade. De fato, os restos de afeto úteis para a *polis* são assumidos no cultivo civil do *thymós*: este sobrevive como "coragem masculina" (*andreia*), sem a qual não há nenhuma autoafirmação, nem mesmo para adeptos dos modos urbanos de viver. Além disso, o *thymós* pode levar uma segunda vida como "ira justa" e útil, e, enquanto tal, ele é responsável pela defesa em relação às ofensas e às suposições levianas. De maneira adicional, ele ajuda os cidadãos a se colocar vivamente a favor do que é bom e correto (falando em termos modernos, em favor de seus interesses). Sem haver se entregado corajosamente de coração* — assim deveríamos traduzir

---

15. Sêneca, *De ira*, I, 6: "Non est ergo natura hominis poenae appetens; ideo ne ira quidem secundum naturam hominis, quia poenae appetens est" [Consequentemente, o homem não está disposto, segundo sua essência, à vingança. Por isso, a ira também não corresponde à essência do homem, uma vez que ela o dispõe para a vingança]. Podemos estabelecer uma distante analogia entre a domesticação filosófica da ira junto aos gregos e a civilização da ira de Deus na teologia "das escrituras sacerdotais" do judaísmo pós-babilônico, junto ao qual a transposição do acento para o pecado individualizado retira os pressupostos dos discursos proféticos ameaçadores sobre a ira punitiva e aniquiladora de Deus. Cf. Ralf Miggelbrink, op. cit., p. 48 et seq.

* O autor vale-se aqui de uma palavra alemã normalmente traduzida por "coragem": a palavra *Beherztheit*. No étimo desta palavra, porém, nós encontramos o termo *Herz*, que significa literalmente "coração". Como a relação etimológica com coração se perderia no texto em português, optamos por traduzir o vocábulo alemão pela locução "entregar-se corajosamente de coração". [N.T.]

agora de uma maneira melhor a palavra *thymós* — uma cidadania urbana é reconhecidamente impensável. (Justamente para os alemães, este tema não é de todo inoportuno, pois eles produziram depois de 1945 uma edição especial de uma corajosa entrega de coração — a tão louvada coragem civil, o patamar inferior da coragem entre os perdedores, um patamar com o qual aproximamos de uma população politicamente amedrontada as alegrias da democracia.) Para além disso, a possibilidade de amizade entre homens adultos na cidade depende de premissas timóticas, pois somente aquele que aprecia em seus concidadãos uma distinção marcada por um forte perfil de virtudes genericamente estimadas pode desempenhar seu papel como um amigo entre amigos, como um igual entre iguais.[16] Além de estar orgulhoso de si mesmo, do mesmo modo seria apreciável orgulhar-se do *alter ego*, do amigo que se distingue ante os olhos da comunidade. O encontrar-se-sob--uma-boa-fama, próprio dos homens que competem uns com os outros, instaura o fluido timótico de um ser comum seguro de si. O *thymós* dos indivíduos aparece agora como parte de uma força de campo, que empresta sua forma à vontade comum de sucesso. Neste horizonte, a primeira psicologia filosófica da Europa desenvolve-se como timótico-política.

Para além do erotismo

Em nossos dias, concretizou-se a suspeita de que a psicanálise — que serviu amplamente ao século XX como um paradigma psicológico — desconheceu de fato um aspecto essencial da natureza de seu objeto. A partir de objeções esporádicas contra o edifício doutrinário psicanalítico que remontam aos primórdios da doutrina, surgiu uma recusa ao séquito teoricamente assegurada. O ponto de partida dessa recusa é formado menos pelas querelas infindas sobre a parca demonstrabilidade "científica" das teses e dos resultados psicanalíticos (tal como há pouco aconteceu de novo por conta do problemático *Livro negro da psicanálise*, obra que causou sensação), mas muito mais pelo fosso, que foi se tornando cada vez maior, entre os fenômenos psíquicos e os conceitos acadêmicos — um mal-estar que há muito vem sendo discutido por autores e praticantes criativos do

---

16. Gilles Deleuze, Félix Guattari, *Was ist Philosophie?*, Frankfurt, 1996, p. 172 et seq. [Ed. bras.: *O que é filosofia?*, trad. Bento Prado Jr. e Alberto Alonso Muñoz, São Paulo, Editora 34, 1992.]

movimento psicanalítico. Mesmo as dúvidas crônicas quanto à sua efetividade específica não constituem o cerne da contradição.

A fonte da incompreensão inicial que a psicanálise tinha prescrito para si residia em seu propósito criptofilosófico, travestido naturalisticamente na tentativa de esclarecer a *conditio humana* em seu conjunto a partir da dinâmica da libido e, de modo análogo, do erotismo. Não precisaria ter se tornado uma fatalidade se o interesse legítimo dos analistas pelo pólo erótico, rico em energias da *psyché*, tivesse se voltado com uma dedicação igualmente vivaz para o polo das energias timóticas. Todavia, a psicanálise nunca esteve pronta para tratar com a mesma minuciosidade e fundamentação da timótica do ser humano em seus dois gêneros: de seu orgulho, de sua coragem, de sua corajosa entrega de coração, de seu desejo de justiça, de seu sentimento de dignidade e honra, de sua indignação e de suas energias belicosas e vingativas. Com certa condescendência, costumamos deixar fenômenos desse tipo para os adeptos de Alfred Adler e para outros intérpretes supostamente raquíticos do assim chamado complexo de inferioridade. Em todo caso, concede-se que o orgulho e a cobiça podem se impor onde desejos sexuais não conseguem se realizar adequadamente. Essa comutação da *psyché* num segundo programa foi denominada, com seca ironia, de sublimação — produção do sublime para aqueles que dele necessitam.

Na maioria das vezes, a psicanálise clássica não quis saber nada de uma segunda força fundamental do campo psíquico — quanto a este ponto, constructos adicionais como a "pulsão de morte" ou como uma figura mítica de nome "destrudo" — aliás, agressão primária — não podiam alterar senão muito pouco. Mesmo a psicologia do *eu* posteriormente acrescentada só foi significativa em termos compensatórios, e é compreensível que ela tenha precisado permanecer sempre antipática aos freudianos clássicos, aos partidários do inconsciente.

De maneira correspondente ao seu ponto de partida erótico-dinâmico, a psicanálise trouxe à luz muito do ódio formado pelo obscuro lado inverso do amor. Conseguiu mostrar que o ato de odiar submete-se a leis similares ao ato de amar e que tanto aqui quanto lá são a projeção e a compulsão à repetição que detêm o comando. Ela permaneceu completamente calada diante da ira que emerge da aspiração por sucesso, por consideração e por autoestima e diante de seus reveses. O sintoma mais visível da ignorância voluntária, que se seguiu ao paradigma analítico, é a teoria do narcisismo, aquela segunda investida da doutrina psicanalítica, com a qual deveriam ser alijadas as incongruências da teoria edipiana. De uma forma característica, a tese do narcisismo na verdade volta o seu interesse para as autoafirmações humanas, mas gostaria de incluir, contra toda plausibilidade, essas afirmações no campo de fascinação próprio a um segundo modelo erótico. Ela toma para si o esforço vão de derivar a plenitude obtusa dos fenômenos timóticos do autoerotismo e de seus esfacelamentos patogênicos. Com efeito, ela formula um programa respeitável de formação para a *psyché*, um programa que tem por meta a transformação dos assim chamados estados narcisistas num amor maduro pelo objeto. Nunca esteve em seu horizonte esboçar um caminho análogo de formação para a produção do adulto orgulhoso, do guerreiro e do portador de ambição. Para o psicanalista, a palavra "orgulho" na maioria das vezes não é outra coisa além de um verbete vazio no léxico dos neuróticos. Em razão de um exercício de desaprendizado que se chama formação, eles praticamente perderam o acesso àquilo que a palavra designa.

Narciso, porém, é incapaz de ajudar Édipo. A escolha desses dois personagens míticos modelares é mais reveladora em termos daquele que escolhe do que em termos da natureza do objeto. Como é que um jovenzinho, com traços que beiram a debilidade, que não consegue distinguir entre si mesmo e sua imagem no espelho, deveria compensar as fraquezas de um homem que só conheceu o próprio pai no momento em que o matou, e que, então, por engano, gerou descendentes com a própria mãe? Os dois são amantes em meio a sendas turvas, os dois se perdem a tal ponto em dependências eróticas que não seria fácil decidir qual deles deve ser considerado mais miserável. Uma galeria de protótipos do caráter lastimável do homem poderia começar de maneira convincente com Édipo e Narciso. Lamentamos tais figuras, não as admiramos; e isso mesmo que, se as coisas transcorressem segundo os mestres de escola, reconhecêssemos em seus destinos os mais poderosos de todos os paradigmas para os dramas da vida. Não é difícil perceber qual é a tendência que se encontra na base dessas superestimações. Quem quer transformar homens em pacientes — isto é, em pessoas sem orgulho — não pode fazer nada melhor do que elevar personagens como esses ao nível de emblemas da *conditio humana*. Na verdade, sua lição deveria ter permanecido no cerne da advertência sobre o quão facilmente o amor imprudente e unilateral faz pouco caso de seus sujeitos. Somente se a meta consistir em retratar o homem *ab ovo** como marionete do amor, poder-se-á declarar o adorador da própria imagem e o igualmente

---

* Em latim no original: "desde o seu primeiro momento". [N.T.]

miserável amante de sua mãe como paradigmas da existência humana. De resto, podemos constatar que, nesse ínterim, as bases da psicanálise foram minadas pela propagação desmedida de suas ficções tão coroadas de êxito. À distância, a juventude mais antenada de nossos dias ainda sabe qual foi a importância de Narciso e Édipo — não obstante, ela não toma parte em seus destinos senão com uma parcela de tédio. Ela não vê neles arquétipos do ser humano, mas fracassados lastimáveis e, no fundo, inofensivos.

Quem se interessa pelos homens como portadores de emoções orgulhosas e autoafirmativas deveria se decidir por cortar os nós do erotismo sobrecarregado. Neste caso, então, decerto é preciso retornar ao ponto de vista fundamental da psicologia filosófica dos gregos. Segundo essa psicologia, a alma não se expressa apenas no eros e em suas intenções para com o uno e os muitos, mas também e muito mais nas mobilizações do *thymós*. Enquanto o erotismo aponta caminhos em direção aos "objetos" que nos faltam e por meio de cuja posse ou proximidade nos sentimos agraciados, a timótica revela para os homens as vias sobre as quais eles fazem valer aquilo que possuem, podem, são e querem ser. De acordo com a convicção dos primeiros psicólogos, o homem foi inteiramente criado para o amor e isso aconteceu de duas formas: conforme o eros elevado e unificador, uma vez que a alma é marcada pela lembrança de uma perfeição perdida; e conforme o eros popular e dispersivo, uma vez que a alma está constantemente submetida a uma pluralidade multicolorida de "desejos" (melhor, de complexos de apetite-atração). De maneira nenhuma ele deve se entregar apenas aos afetos desejantes. Com ênfase igualmente intensa, ele deve despertar para as exigências de seu *thymós*; se necessário, até mesmo à custa das inclinações eróticas. Ele é desafiado a preservar sua dignidade e a angariar para si tanto autoestima quanto consideração dos outros sob a luz de critérios elevados. Isso é assim e não pode ser de outra forma, porque a vida exige de cada indivíduo que ele suba no palco da existência e faça valer suas forças entre os seus iguais, tanto para seu próprio proveito como para o proveito comum.

Quem estivesse disposto a suspender a segunda determinação do homem em favor da primeira se desviaria da necessidade de uma dupla formação psíquica e transverteria a relação das energias em meio à administração interna — para o prejuízo do senhorio. Foi antes de tudo nas ordens religiosas e nas subculturas embriagadas de humildade, nas quais belas almas se enviavam mutuamente saudações de paz, que no passado as pessoas observaram tais inversões. Nestes círculos etéreos, o campo timótico conjunto foi bloqueado pela censura à *superbia**, enquanto as pessoas prefeririam se regalar com os encantos da modéstia. Honra, ambição, orgulho, elevada autoestima — tudo isso foi escondido por detrás de uma espessa parede de prescrições morais e de "conhecimentos" psicológicos que se encaminhavam todos em conjunto para o desterro do chamado egoísmo. O ressentimento já precocemente instituído nas culturas imperiais e em suas religiões contra o *eu* e sua inclinação para fazer valer a si e o que é seu, ao invés de ser feliz na subordinação, desviou a atenção por não menos de dois mil anos da compreensão de que o tão vilipendiado egoísmo representava frequentemente apenas o caráter incógnito das melhores possibilidades humanas. Somente Nietzsche cuidou para que surgissem novamente relações claras nessa questão.

De maneira notável, o consumismo atual alcançou o mesmo alijamento do orgulho em favor do erotismo, sem quaisquer desculpas altruístas, holistas e nobres, uma vez que compra dos homens o seu interesse por dignidade por meio de facilidades materiais. Assim, o constructo de início completamente desprovido de fidedignidade do *hommo oeconomicus* chega efetivamente a sua meta junto ao consumidor pós-moderno. Quem não conhece ou não deve conhecer mais nenhum desejo senão aqueles que, para aludir a Platão, provêm da "parte" erótica ou desejante da "alma", é um mero consumidor. Não é à toa que a instrumentalização do nu é o sintoma-diretriz da cultura do consumo, uma vez que a nudez sempre é acompanhada por um impacto de desejo. Na maioria das vezes, porém, os clientes conclamados para a ânsia não estão desprovidos de forças de defesa. Eles atenuam o ataque duradouro à dignidade de sua inteligência com uma ironia igualmente duradoura ou com uma indiferença adquirida com o aprendizado.

Os custos da erotização unilateral são altos. De fato, o obscurecimento do elemento timótico torna incompreensível o comportamento humano em âmbitos muito amplos, um resultado surpreendente se levarmos em conta que ele só podia ser buscado por meio de um esclarecimento psicológico. Se nos entregarmos intensamente a esse desconhecimento, então não conceberemos mais os homens em situações de tensão e de luta. Tal como acontece normalmente, essa incompreensão supõe que há o erro por toda parte, menos em sua própria ótica. "Sintomas" como orgulho,

---

* Em latim no original: "soberba". [N.T.]

indignação, ira, ambição, uma forte vontade de autoafirmação e uma aguda prontidão para a luta mal entram em cena junto aos indivíduos ou aos grupos, e os partidários da cultura terapêutica esquecida do *thymós* já fogem em direção à concepção de que essas pessoas precisariam ser vítimas de um complexo neurótico. Com isso, os terapeutas encontram-se na tradição dos moralistas cristãos, que falam do caráter demoníaco do egoísmo logo que as energias timóticas se dão a conhecer abertamente. No que concerne ao orgulho e à ira, os europeus não ouviram desde os dias dos Pais da Igreja que tais emoções é que apontariam para os degenerados o caminho do abismo? De fato, desde Gregório I, o orgulho — aliás, *superbia* — encabeça a lista dos pecados cardinais. Quase duzentos anos antes, Aurélio Agostinho o descrevera como a matriz da insurreição contra o divino. Para o Pai da Igreja, a *superbia* significa uma ação oriunda do consciente não-querer-as-coisas-tal-como-o-Senhor-as-quer (um sentimento cuja aparição frequente em monges e em servos do Estado parece concebível). Quando se diz sobre o orgulho que ele é a mãe de todos os vícios, esta posição expressa a convicção de que o homem teria sido criado para obedecer — e toda emoção que conduz para além da hierarquia não pode significar outra coisa senão um passo em direção à degradação.[17]

Na Europa, até o Renascimento e a criação de uma nova formação do orgulho urbano e civil, as pessoas precisaram esperar para que a psicologia da *humilitas* dominante, que estava escrita na carne dos campesinos, dos clérigos e dos vassalos, pudesse ser ao menos parcialmente reprimida por uma imagem neotimótica do homem. De maneira inconfundível, a ascensão do Estado Nacional possui um papel chave na nova importância dada aos afetos realizadores. Não é por acaso que os pensadores que o precederam, antes de tudo Maquiavel, Hobbes, Rousseau, Smith, Hamilton e Hegel, dirigiram seu olhar para o homem como portador de paixões avaliadoras, em particular de desejos de fama, de vaidade, *amour-propre*, ambição e exigência de reconhecimento. Nenhum desses autores desconheceu os perigos intrínsecos a tais afetos; não obstante, a maioria deles se entregou à tentativa ousada de voltar os seus aspectos produtivos

---

17. O catálogo clássico dos pecados capitais ainda oferece uma imagem equilibrada entre vícios eróticos e timóticos, uma vez que podemos atribuir a *avaritia* (avareza), a *luxuria* (luxúria) e a *gula* (gula, desmedida) ao polo erótico e a *superbia* (soberba, orgulho), a *ira* (ira) e a *invidia* (inveja, ciúme) ao polo timótico. Somente a *acedia* (melancolia) se subtrai a esta classificação, uma vez que expressa uma tristeza sem sujeito e sem objeto.

para a convivência. Desde que até mesmo a burguesia passou a articular seu interesse por valor próprio e dignidade, e, mais ainda, desde que o homem empreendedor da época burguesa desenvolveu um conceito de êxito alcançado por conta própria[18], as vestimentas tradicionais da humildade foram compensadas por uma busca ofensiva de ocasiões para apresentar ao público suas próprias forças, suas artes e seus méritos.

Sob o conceito que acoberta o sublime, a "timótica" obtém sua segunda chance no mundo moderno. Não é de se espantar que o bom homem do presente também recue instintivamente ante o sublime, como se farejasse nele o antigo perigo. De maneira ainda mais ameaçadora, o elogio moderno do desempenho expõe outra vez o lado timótico da existência; e não é sem um significado para a conjuntura estratégica que os guerrilheiros do eros comunicativo choroso se opõem com queixumes a esse princípio supostamente misantropo.[19]

Portanto, a tarefa é reconquistar uma psicologia da consciência do valor próprio e das forças de autoafirmação que antes faça jus aos dados fundamentais psicodinâmicos. A resolução dessa tarefa pressupõe a correção da imagem erotológica dividida do homem, uma imagem que envolve o horizonte dos séculos XIX e XX. Ao mesmo tempo, torna-se necessário um distanciamento sensível de condicionamentos profundamente inculcados na *psyché* ocidental, em suas características mais antigas, assim como em suas metamorfoses mais recentes.

De início e antes de qualquer coisa, é preciso alcançar um distanciamento em relação à beatice explícita da antropologia cristã, segundo a qual o homem, em sua posição de pecador, desempenha o papel do animal doente por conta de sua soberba, um animal que só pode ser ajudado por meio da humildade própria à fé. Não se deve imaginar que um movimento capaz de criar uma distância em relação a tal antropologia seria fácil de ser levado a cabo, e menos ainda que ele já tenha sido realizado. Por mais que a frase "Deus está morto" venha sendo introduzida correntemente por jornalistas em seus

---

18. Expresso classicamente com o lema burguês do século XVIII: *felix meritis* (feliz por força do próprio mérito). Essa sentença orna com boas razões a fachada de um dos mais belos edifícios classicistas de Amsterdã, um templo iluminista dando para o Kaisergracht, construído em 1787, e que se tornou depois de 1945, por algum tempo, quartel-general do Partido Comunista holandês; atualmente funciona como sede de um dos mais dinâmicos centros culturais da Holanda.

19. Cf. Robert Schaeffer, *The Resentment Against Achievement. Understanding the Assault upon Ability*, Buffalo, 1988.

computadores, o hábito da humildade continua existindo de maneira quase inquebrantável no consensualismo democrático. Como se vê, é mais do que possível matar Deus e ainda assim manter o povo temente a Deus. Mesmo que a maioria dos contemporâneos possa ser capturada pelas correntes antiautoritárias e ter aprendido a expressar os próprios anseios por reconhecimento, ela se atém na visão psicológica a uma relação de vassalidade semirrebelde perante o senhor provedor. Exige "respeito" e não deseja renunciar à vantagem da independência. É bem provável que ainda seja mais difícil para muitos se emancipar da beatice velada da psicanálise, em cuja dogmática mesmo o mais vigoroso dos homens não consegue ser mais do que alguém que tolera sua condição amorosamente doentia, que se chama neurose. O futuro das ilusões é assegurado pela grande coalizão: tanto o cristianismo como a psicanálise podem defender com perspectiva de êxito sua pretensão de circunscrever os últimos horizontes do saber, visto que estão de acordo em manter um monopólio para a definição da condição humana por meio da falta constitutiva, outrora melhor conhecida como pecado. Onde falta o poder, a "ética da ausência de dignidade" porta a palavra.

Assim, enquanto esses dois astutos sistemas da beatice dominam a cena, a visão da dinâmica timótica da existência humana é encoberta; e isso não menos em relação aos indivíduos do que em relação aos grupos políticos. Por conseguinte, o acesso ao estudo da dinâmica de autoafirmação tanto quanto da dinâmica da ira foi quase bloqueado em sistemas psíquicos e sociais. Portanto, precisamos nos ater sem cessar aos fenômenos timóticos com os conceitos inapropriados oriundos da dimensão erótica. Sob o bloqueio beato, a intenção direta nunca chega realmente à coisa, uma vez que só conseguimos continuar nos aproximando dos fatos com movimentos oblíquos. Todavia, apesar de sua apreensão erótica equivocada, esses movimentos nunca podem ser totalmente dissimulados. Se chamamos este impasse pelo nome, fica claro que só podemos lhe prestar algum auxílio por meio do deslocamento do aparato conceitual fundamental.

Teoria dos conjuntos do orgulho

Quem mais sofreu até aqui os efeitos do ponto de partida que a antropologia psicológica do Ocidente exercitou à exaustão foi a ciência política, ou, melhor dizendo, a arte da condução psicopolítica do ser comum. Faltou-lhe todo um conjunto de axiomas e conceitos apropriados à natureza de seu objeto. Aquilo que, na visão da timótica, precisa incontornavelmente ser estabelecido como condição primária não pode ser apresentado em absoluto, ou apenas parcialmente, pelo viés dos conceitos erotodinâmicos disponíveis. Denominaremos abaixo os seis princípios mais importantes que podem servir como ponto de partida para uma teoria das unidades timóticas:

— Grupos políticos são conjuntos que se encontram endogenamente sob tensão timótica.
— Ações políticas são mobilizadas por correntes de tensão entre os centros de ambição.
— Campos políticos são formados por meio do pluralismo espontâneo de forças autoafirmativas, cujas relações mútuas se transformam por força de atritos intratimóticos.
— Opiniões políticas são condicionadas e redigidas por operações simbólicas que apresentam uma ligação constante com as emoções timóticas do coletivo.
— A retórica — na posição de doutrina artística do direcionamento dos afetos no conjunto político — é uma timótica aplicada.
— Lutas pelo poder no interior dos corpos políticos sempre são também lutas por primazia entre indivíduos timoticamente carregados, ou, dito de maneira coloquial, entre indivíduos ambiciosos acompanhados de seus séquitos; a arte do político encerra, por isso, o procedimento de indenização dos perdedores.

Se partirmos do pluralismo natural dos centros timóticos de força, então precisaremos investigar suas ligações de acordo com as leis específicas de campo. Onde há ligações reais entre forças, o recurso ao amor-próprio dos atores em nada ajuda — ou só o faz em aspectos subordinados. Ao invés disso, é preciso estabelecer o fato de unidades políticas (convencionalmente apreendidas como povos e seus subgrupos) possuírem uma grandeza metabólica sob uma perspectiva sistemática. Elas só possuem subsistência como entidades produtivas, consumidoras, que processam estresse e lutam contra adversários e outros fatores entrópicos. De maneira notável, pensadores marcados pelo cristianismo e pela psicanálise só admitem com um grande esforço o fato de a liberdade ser um conceito que não possui sentido senão no âmbito de uma visão timótica do homem. São assistidos com elevado afã pelos economistas, que colocam o homem como animal consumidor no centro de seus chamados — eles só querem ver sua liberdade em ação na escolha da tigela de comida.

Nas atividades do metabolismo, potencialidades internas elevadas são estabilizadas num sistema vital; e isso acontece tanto no plano físico quanto no psíquico. A corporificação mais impressionante desse fato é o fenômeno da endotermia. Com ela, mais ou menos na "metade do processo evolutivo", realizou-se a emancipação do organismo em relação às temperaturas do meio ambiente — a irrupção biológica no interior da mobilidade livre. Dela depende tudo aquilo que mais tarde se chamou liberdade, nos mais diversos matizes de sentido. Considerada biologicamente, a liberdade significa a capacidade de atualizar o potencial conjunto dos movimentos espontâneos que são peculiares a um organismo.

A emancipação do organismo endotérmico em relação ao primado do meio encontra sua contrapartida mental nas emoções timóticas tanto dos indivíduos quanto dos grupos. Como ser endotérmico moral, o homem depende da manutenção de um certo nível interno de autoestima — esse fato também coloca em curso uma tendência para a liberação do "organismo" ante o primado do meio. Onde as emoções orgulhosas se fazem valer, surge no plano psíquico uma tendência interior-exterior, na qual o polo do si próprio apresenta naturalmente o tônus mais elevado. Quem prefere modos de expressão não técnicos pode traduzir a mesma ideia por meio da tese de que os homens possuiriam um sentido inato para a dignidade e a justiça. Toda organização política da vida conjunta precisa levar em conta essa intuição.

É constitutivo do funcionamento de sistemas, aliás, de culturas moralmente exigentes a autoestimulação dos atores por meio da elevação dos recursos timóticos como o orgulho, a cobiça, a vontade de brilhar, a prontidão para a indignação e a sensação do que é justo. Em sua realização vital, unidades desse tipo conformam valores próprios especificamente locais, que podem conduzir até o uso de dialetos universalistas. Pode-se demonstrar de maneira concludente, por meio da observação empírica, como os conjuntos dotados de êxito são mantidos em forma por meio de um tônus interior mais elevado — no mais, um tônus no qual chama a atenção o estilo agressivo e provocante da ligação com o mundo circundante. A estabilização da consciência do valor próprio num grupo cabe a um conjunto de regras que a teoria cultural mais recente designa como decoro.[20] Em culturas vencedoras, o decoro é compreensivelmente aferido a partir dos valores polêmicos, aos quais se deve o sucesso até então. Daí a relação estreita entre orgulho e vitória em todas as comunidades que provieram de lutas conduzidas com êxito. Grupos mobilizados pela dinâmica do orgulho chegam por vezes a gostar de serem antipatizados por seus vizinhos e inimigos, visto que essa antipatia impulsiona o seu sentimento de soberania.

Logo que se ultrapassou o nível da ignorância interna inicial entre os muitos coletivos metabólicos, ou seja, quando a não percepção mútua perdeu a sua inocência, os coletivos inevitavelmente caíram sob a pressão comparativa e a compulsão à ligação. Daí abriu-se uma dimensão que pode ser chamada em sentido mais amplo de dimensão da política externa. Em consequência de seu tornar-se-real-um-para-o-outro, os coletivos começaram a se conceber reciprocamente como grandezas coexistentes. Por meio da consciência da coexistência, os coletivos alheios são percebidos como produtores crônicos de estresse e as ligações com eles precisam ser desconstruídas para se transformarem em instituições — normalmente sob a forma da preparação do conflito ou do empenho diplomático pelo querer bem ao outro lado. A partir daí, os grupos passaram a refletir a sua própria exigência valorativa nas percepções manifestas dos outros. Os venenos da vizinhança infiltraram-se nos conjuntos ligados uns aos outros. Essa reflexão moral mútua foi designada por Hegel com o profícuo conceito do reconhecimento. Com esse conceito, ele aponta de maneira clarividente para uma fonte poderosa de satisfações ou fantasias de satisfações. O fato de ele ter denominado ao mesmo tempo a origem de inumeráveis perturbações é compreensível a partir da natureza da coisa. No campo da luta pelo reconhecimento, o homem se torna o animal surreal que arrisca a sua vida por um trapo colorido, uma bandeira e um cálice.

No contexto dado, vemos que o reconhecimento deveria ser novamente descrito como um eixo principal de ligações timóticas. Aquilo de que a filosofia social contemporânea tratou com um sucesso alternante sob a noção-chave de intersubjetividade com frequência não visa outra coisa senão a atuação recíproca e o transcurso mutuamente interligado de centros

---

20. Cf. Heiner Mühlmann, *Die Natur der Kulturen: Entwurf einer kulturdynamischen Theorie* [A natureza das culturas: esboço de uma teoria dinâmico-cultural], Viena/Nova York, 1996.

timóticos de tensão. Onde o intersubjetivismo corrente está acostumado a apresentar as transações entre os atores a partir de conceitos psicanalíticos e, com isso, em última instância, a partir de conceitos eroto-dinâmicos, é mais aconselhável passar futuramente para uma teoria timotológica da interação entre os vários agentes da ambição. Certamente, ambições são modificáveis por meio de sombreamentos eróticos. Consideradas por si, contudo, elas provêm de um fogueira emocional de um tipo totalmente próprio e só podem ser iluminadas a partir de tal fogueira.

Premissas gregas de lutas modernas — a doutrina do thymós

Para uma melhor compreensão de tais fenômenos, é aconselhável, tal como sugerimos acima, o retorno às formulações perspicazes que se encontram presentes na psicologia filosófica dos gregos. Devemos entre outras coisas aos estudos do filósofo neoclassicista judeu Leo Strauss e à sua escola (apropriada de maneira preponderantemente injusta pelos neoconservadores políticos dos Estados Unidos) o fato de podermos visualizar hoje, com nova exatidão, a bipolaridade da dinâmica psíquica humana estabelecida pelos grandes pensadores gregos. Strauss cuidou antes de tudo para que se prestasse uma vez mais atenção a Platão, o psicólogo da autoestima, para além do Platão erotólogo e autor do *Banquete*.[21]

No quarto livro do texto sobre o estado, a *Politeia*, Platão fornece os contornos básicos de uma doutrina do *thymós* que possui uma grande amplitude psicológica e uma significação política enorme. A performance destacada do *thymós* interpretado platonicamente consiste em sua capacidade de colocar uma pessoa contra si mesma. Essa virada contra si mesma pode acontecer quando a pessoa não preenche os requisitos necessários para que ela não perca a autoestima. A descoberta platônica reside na referência à significação moral da autorreprovação violenta. Essa autorreprovação manifesta-se duplamente — por um lado, na vergonha, como uma atmosfera afetiva total que penetra o sujeito até o seu

---

21. De resto, devemos ao aluno de Strauss, Francis Fukuyama, uma das melhores sínteses dos discursos antigos e modernos sobre o *thymós* e, mais precisamente, nas seções mais ricas do bem pouco lido *best-seller O fim da história e o último homem* [trad. Aulyde Soares Rodrigues, Rio de Janeiro, Rocco, 1992]. Quanto a Fukuyama, cf. também a seguir, o capítulo "A situação pós-comunista", p. 52 et seq.

ponto mais íntimo, e, por outro lado, na autorrepreensão dotada de um acento irado que assume a forma de uma fala interior consigo mesmo. A autorreprovação demonstra ao pensador que o homem possui uma ideia inata, ainda que turva, daquilo que é apropriado, justo e louvável, cujo desrespeito faz uma parte da alma, justamente o *thymós*, manifestar sua objeção. Com essa virada para a autorrecusa inicia-se a aventura da autonomia. Somente quem pode repreender a si mesmo pode governar a si mesmo.

A concepção socrático-platônica do *thymós* forma, tal como aludimos acima, um marco no caminho que conduz à domesticação moral da ira. Ela se coloca a meio caminho entre a veneração semidivina da *menis* homérica e a rejeição estoica de todos os impulsos irados e abruptos. Graças à doutrina platônica do *thymós*, as emoções civis belicosas receberam a permissão de permanecer na cidade dos filósofos. Uma vez que a *polis* governada racionalmente também precisa de militares que figuram aqui como a classe dos "guardiões", o *thymós* civilizado pode ter alojamento em seus muros como o espírito próprio à capacidade de defesa. O reconhecimento das virtudes aptas à defesa como forças plásticas presentes no ser comum é pesado por Platão em formulações sempre novas. Mesmo no diálogo tardio *O político*, que trata do ofício do homem de Estado, a famosa alegoria do tecelão acentua a necessidade de produzir o tecido anímico do "Estado" sob o entrelaçamento tanto do modo de ser sensato do ânimo, quanto da meditação corajosa.

Na linha dos impulsos platônicos, Aristóteles também tem algo meritório a dizer sobre a ira. Ele fornece um testemunho espantosamente favorável sobre este afeto, uma vez que o associa à coragem e se mobiliza para o afastamento apropriado de injustiças. A ira legítima ainda tem "um ouvido para a razão"[22], ainda que se abata com frequência sobre nós como um servo precipitado, sem ouvir a sua tarefa até o final. Ela só se torna um mal quando surge juntamente com a destemperança, de modo que, perdendo o ponto médio, transborda em desmedida. "A ira é necessária e nada pode se impor sem ela, caso ela não preencha a alma e atice a coragem. No entanto, não devemos tomá-la certamente por um líder, mas apenas por um companheiro de combate."[23]

---

22. Aristóteles, *Ética a Nicômaco*, VII, 7.
23. Sêneca, que cita esta passagem do ensaio de Aristóteles, *Sobre a alma*, em seu escrito *De ira* (I 9), contradiz o pensador grego com o argumento de que os afetos em geral são ruins, tanto como auxiliares quanto como líderes.

Uma vez que o *thymós* condicionado de maneira civil é a sede psicológica da aspiração ao reconhecimento apresentada por Hegel[24], torna-se compreensível por que o reconhecimento não concedido por outros homens relevantes causa a ira. Quem exige reconhecimento de um outro determinado submete esse outro a um teste moral. Se o interpelado se recusa a passar por essa prova, precisa se confrontar com a ira daquele que apresenta a exigência, já que este se sente desconsiderado. A exaltação irada acontece inicialmente quando o reconhecimento do outro me é subtraído (algo em razão do que surge a ira voltada para fora). No entanto, ela também se dá quando nego o reconhecimento a mim mesmo sob a luz de minhas ideias de valor (de modo que eu mesmo sou a causa de estar zangado comigo). De acordo com a doutrina do "estoicismo", que transpôs a luta por reconhecimento totalmente para o interior, deve satisfazer ao sábio a autoaprovação interna; por um lado, porque o singular não tem mesmo nenhum poder sobre o juízo dos outros, e, por outro, porque aquele que sabe aspirará a se manter livre de tudo aquilo que não depende dele mesmo.

Normalmente, contudo, a emoção timótica associa-se ao desejo de ver ratificado o sentimento do valor próprio em ressonância com os outros. Esta é uma exigência que poderíamos considerar simplesmente como uma forma metódica de ser infeliz com uma garantia duradoura de sucesso, se não houvesse aqui e acolá exemplos de reconhecimento mútuo coroado de êxito. No que diz respeito à representação abismal de um espelhamento fundante, Lacan talvez tenha dito o necessário, apesar de seus modelos, no que diz respeito à coisa em si provavelmente equivocados, colocarem os estados infantis primevos no centro da consideração. Na verdade, a vida diante do espelho é antes uma doença da juventude. Todavia, mesmo entre os adultos, a aspiração por reflexão no reconhecimento dos outros não significa com frequência outra coisa senão a tentativa de se apossar de um fogo-fátuo — no jargão filosófico: a tentativa de se substancializar naquilo que é desprovido de substância. De resto, a obra de Lacan expressa a ambição de amalgamar a timótica reformulada por Kojève com a erótica psicanalítica. O cerne de seu empreendimento é formado pela mistura pirateada do desejo freudiano com a luta hegeliana por reconhecimento. Por meio da introdução de um fator alheio ao sistema, Lacan implodiu o edifício doutrinário freudiano; e isso não sem

---

24. Cf. Francis Fukuyama, op. cit., p. 233 et seq.

afirmar que se tratava na verdade de um "retorno a Freud". Sem dúvida alguma, a assunção de um elemento timótico na doutrina fundamental psicanalítica apontou para a direção certa. Num primeiro momento, a consequência dessa assunção foi o crescimento confuso de uma performance que tornou popular o conceito híbrido chamado *désir*.* Com ele, além disso, Lacan pôde esconder o seu profundo desconhecimento da sexualidade. O discurso acerca do "desejo" era atraente porque desencobria dois fenômenos completamente diferentes quanto à sua origem, apesar de mutuamente associáveis em sua ação recíproca. A confusão era tão plena quanto bem-vinda. De uma maneira característica, há neste ínterim inumeráveis "introduções a Lacan" num estilo igualmente confuso; temos de esperar por uma síntese clara e, como se vê, por uma razão passível de ser designada: as contribuições de Lacan para o saber psicológico do presente só poderiam ser reformuladas por meio de uma teoria mais abrangente, na qual a relação entre erótica e timótica fosse esclarecida. No entanto, enquanto a própria teoria a ser abarcada quiser se mostrar como o quadro e o critério, não pode haver nenhum fim em vista para a confusão.

O instante de Nietzsche

Se olharmos retrospectivamente para a história do século XX e, mais especificamente, para a sua primeira metade convulsiva, teremos a impressão de que o movimento civilizador das energias timóticas exigido por Platão, elogiado por Aristóteles e buscado praticamente pelos pedagogos da época burguesa com um grande fausto fracassou em toda a linha nos estados nacionais. Se a meta do experimento político da modernidade tinha consistido em conceber as emoções timóticas das massas sob formas políticas, mobilizando-as para o "progresso" regular, então precisamos falar aqui de um malogro catastrófico. Esse malogro acabou por lançar concomitantemente pelos ares os líderes desse experimento, quer estes líderes trajassem roupas brancas, vermelhas ou marrons.

Em grande parte, esse fracasso é creditado aos radicalismos modernos que queriam indicar caminhos de satisfação nunca antes percorridos para a ira coletiva, sob pretextos idealistas tanto quanto materialistas — caminhos que, passando ao largo de instâncias moderadoras como o

---

* Em francês no original: "desejo". [N.T.]

parlamento, os tribunais e os debates públicos, e com um desprezo pelas pequenas fugas, levaram à liberação violenta de energias vingativas não filtradas, ao ressentimento e aos desejos de extermínio. O que está em questão aqui são excessos de proporções inauditas que, por fim, também deveriam ser compreendidos como aquilo que eles foram segundo a sua qualidade psicopolítica: uma corrente de catástrofes timóticas condicionadas não apenas pelo fracasso no gerenciamento tradicional religioso e civilizatório da ira, mas aduzidas pela organização de uma nova política da ira, ou melhor, tal como mostraremos logo em seguida, de uma economia explícita da ira. É preciso insistir no fato de a violência no século XX não ter "irrompido abruptamente" em momento algum. Ela foi planejada por seus agentes segundo critérios empreendedores e dirigida por seus gestores aos seus objetos com uma ampla visão de conjunto. O que à primeira vista parecia uma fúria assassina num plano maximamente elevado foi na prática antes de tudo burocracia, trabalho partidário, rotina e o resultado de uma reflexão organizatória. Falaremos em seguida sobre essa mudança estrutural da ira na contemporaneidade.

Antes de examinarmos a nova economia da ira própria de nosso tempo, essa economia de guerra do ressentimento, como mistério psicopolítico do século XX, é preciso apontar para a posição única de Friedrich Nietzsche em termos da história das ideias. Este autor que se mostra hoje de modo mais estranho do que nunca apresentou-se ao próprio mundo posterior como "feliz mensageiro, tal como não houve nenhum outro" e se apostrofou ao mesmo tempo como um "aniquilador *par excellence*".[25] Em sua posição "evangélica", ele fala como o mestre do egoísmo emancipado, assumindo o papel de aniquilador tal como um senhor da guerra que se lançou a campo contra a moral como um meio de dominação da fraqueza. Sua autoconsciência foi penetrada pela certeza de que o seu grande feito lógico, a explicitação do ressentimento — que ele desmascarou como efeito basilar da época metafísica e de suas consequências modernas —, explodiria a história da humanidade em períodos diametralmente opostos, assim como a contagem eclesiástica do tempo havia dividido os acontecimentos do mundo como um todo num tempo *ante Christum natum* e um tempo *post Christum natum*.*

---

25. Friedrich Nietzsche, *Ecce homo* (1888), capítulo "Por que sou um destino", partes 1 e 2.

* Em latim no original: "antes do nascimento de Cristo" e "depois do nascimento de Cristo". [N.T.]

Quanto a este ponto, Nietzsche escreveu em seu autorretrato ao mesmo tempo exaltado e sereno chamado *Ecce homo*:

> O conceito de "política" despontou então completamente em meio a uma guerra entre os espíritos, todas as configurações de poder da antiga sociedade foram lançadas pelos ares — elas repousam todas juntas sobre a mentira: haverá guerras tal como até hoje nunca houve sobre a terra.[26]

O que está em questão aqui não é o mérito ao profeta Nietzsche, que conceitualizou antecipadamente as gigantescas lutas timóticas do século XX. Tampouco devemos difundir novamente em que sentido e com base em quais doutrinas ele se mostrou o psicólogo mais estimulante da modernidade. Ao contrário, a sua interpretação fatal da moral cristã precisa ser entendida uma vez mais como um ato de vingança contra a vida no horizonte do saber de nosso tempo. A tarefa de falar sobre a "filosofia de Nietzsche à luz de sua experiência" — tal como Thomas Mann nos ensinou a fazer num ensaio de 1947, rico em ideias — nunca pode ser resolvida com suavidade. Não é apenas em vista da evolução política e técnica que pesam demasiadamente os 120 anos que se passaram desde o ato final histórico e lúcido do autor. Também sobre o campo das ideias mobilizadoras, as perspectivas se deslocaram acentuadamente. Em alguns aspectos surgiram até mesmo esclarecimentos de uma amplitude de época.

Por exemplo, percebemos hoje claramente, sem que precisemos utilizar óticas complicadas, que as engenhosas análises nietzschianas do ressentimento em geral e do tipo humano sacerdotal em particular estão sobrecarregadas com erros de endereçamento e datação. Quando o viandante de Eza[27] e Sils-Maria amaldiçoaram o cristianismo com um *páthos* bíblico, esse cristianismo já não oferecia havia muito tempo mais nenhuma meta adequada para um ataque dotado de tal veemência. Visto em seu todo, sobretudo em sua ala protestante, que Nietzsche deveria ter conhecido melhor, o cristianismo já tinha sofrido a mutação para um empreendimento de bem-estar tênue e amistoso em relação à vida, humanitário e suprassensível, que só se diferenciou de seus concorrentes mundanos por

---

26. Friedrich Nietzsche, op. cit., 1.
27. Na subida à colina de Eza surgiram, tal como Nietzsche indica em *Ecce homo*, os versos decisivos do canto sobre as velhas e novas tábuas de *Assim falou Zaratustra* (1883-85), III.

meio de uma meia dúzia de ridículos dogmas suprarracionais — a isso aliou-se um auxílio na morte metafisicamente rotineiro, os encantos da música de igreja e, não podemos esquecer, os centavos dos desvalidos. Quando, depois de 1870, o catolicismo atingiu o ápice de sua contração antimodernista, essa contração não alterou nada no fato de todos os seus empenhos nas frentes teológicas e políticas já não serem mais do que maquinações da fraqueza: a fuga pontífica em direção ao dogma da infalibilidade, a mobilização da missão externa, o aguilhoamento sistemático do fervor de fé mariano, o amaldiçoamento dos livros liberais e seculares, a instalação subversiva de partidos ultramontanos nos parlamentos do mundo secular oposto — em todas essas ações manifesta-se o pânico de um poder em queda. Os símbolos normativos da situação pela qual passava a questão católica permaneceram sendo apesar de tudo a desapropriação do estado eclesiástico por meio da jovem nação italiana e a retirada ofendida do papa para o interior dos muros do Vaticano, onde assumiu até 1929 as expressões faciais de um mártir.[28]

Ao mesmo tempo, nos meios do nacionalismo e do internacionalismo, surgiram novas fontes agudas de ressentimento que foram atiçadas por um clero de tipo diferente, pelo clero espiritual mundano do ódio; e isso para um acometimento contra as "relações existentes". Em honra a Nietzsche podemos dizer que ele foi um bom adversário contemporâneo dessas duas tendências. Isso muda pouca coisa quanto ao seu erro em vista do inimigo principal, ou melhor, quanto ao seu julgamento anacrônico. Se a repressão do ressentimento se mostrava realmente como a primeira prioridade, então o "ajuste de contas" com o cristianismo precisaria tomar um lugar na segunda fileira, por detrás da luta contra a "resmunguice" — uma expressão de Nietzsche — nacional-revolucionária e revolucionária mundial. De fato, a palavra-chave "vingança", que atravessa a dedução nietzschiana da moral dominante a partir de reflexos escravos, também pode ser aplicada, depois de algumas modificações insignificantes, aos movimentos mais ativos do ressentimento dos séculos XIX e XX — e sua atualidade não se esgota com essas referências. Segundo tudo aquilo que se sabe hoje sobre as coisas que estão surgindo, é preciso supor que mesmo a primeira metade do século XXI venha a ser marcada por imensos

---

28. Quanto à invenção do elemento "simbólico" como o domínio do pai (sagrado) numa situação de enfraquecimento da função paterna, cf. Michel Tor, *Fin du dogme paternel*, Paris, 2005, p. 123 et seq.

conflitos que serão tramados sem exceção pelos coletivos irados e pelas "civilizações" ofendidas. Isso fornece mais uma razão para repetirmos o trabalho assumido por Nietzsche e colocarmos na ordem do dia uma reflexão que se inicie numa dimensão ainda mais profunda sobre os estados e as sementeiras da ira na modernidade.

Hoje, contra a síntese impetuosa de Nietzsche, é preciso sobretudo que se leve em consideração o fato de a era cristã, tomada em seu todo, não ter sido precisamente a época da vingança exercitada. Ela representou muito mais uma época na qual foi imposta com grande seriedade uma ética do adiamento da vingança. Não é necessário que se busque muito longe a razão para tanto: ela ocorre por meio da crença dos cristãos em que a justiça divina cuidaria um dia, no final dos tempos, para que tivesse lugar um posicionamento correto do balanço moral. Na esfera das ideias cristãs, a expectativa de um equilíbrio supra-histórico do sofrimento sempre esteve ligada à perspectiva de uma vida depois da morte. O prêmio por essa ética da renúncia à vingança no presente em favor de uma retribuição a ser resgatada no além era alto — Nietzsche julgou corretamente neste ponto. Ele insistiu na generalização de um ressentimento latente, que projetava o próprio desejo de vingança suspenso bem como sua contrapartida, o medo da condenação, para o coração da fé, para a doutrina do juízo final. Desta maneira, a condenação dos soberbos por toda a eternidade transformou-se em condição para que os homens de boa vontade pudessem se acomodar ambiguamente às piores circunstâncias. O efeito colateral desse estado de coisas foi o fato de os próprios homens bons e humildes terem começado a tremer ante aquilo que imputavam aos homens maus e soberbos. No capítulo que virá mais à frente, sobre a ira de Deus e sobre a instituição do banco de vingança do além, trataremos mais detalhadamente deste caso.

Capitalismo consumado: uma economia da generosidade

Foi Georges Bataille quem, no meio da "era dos extremos"[29], começou a retirar as consequências econômicas das intuições psicológicas de Nietzsche. Ele compreendeu que o impulso crítico-moral nietzschiano

---

29. Eric Hobsbawm, *A era dos extremos: o breve século XX, 1914-1991* (1994) [trad. Marcos Santarrita, São Paulo, Companhia das Letras, 1995].

apontava em última instância para uma outra economia. Quem reescrever a moral com conceitos timóticos precisa consequentemente reformar de maneira timótica a economia. No entanto, como é que seria imaginável uma vida econômica que não se construa sobre os impulsos eróticos, ou seja, sobre o desejo, o querer ter, o impulso à incorporação, mas sobre impulsos timóticos como a exigência por reconhecimento e a autoestima? Como deveríamos pensar a introdução do orgulho na economia capitalista, que se confessa abertamente em favor do primado da aspiração ao lucro, isto é, em favor da cobiça, um motivo *summa summarum** desprovido de nobreza, que só é justificado, mesmo por seus defensores, com uma referência ao fato de o realista empreendedor estar condenado à falta de nobreza pela vulgaridade do real? Como se sabe, o axioma dos negócios cotidianos nos diz: quem quer sair de um jogo como vencedor precisa aceitar as regras desse jogo. O realismo diante desse pano de fundo significa serenidade na vilania.

A tão citada transvaloração de todos os valores nunca conseguiria se aproximar de sua meta se não tivesse sucesso em mostrar até mesmo os fatos da economia monetária sob uma outra luz. Quem introduz o orgulho na economia precisa ou estar pronto, como um nobre anterior à Revolução Francesa, para arruinar o prestígio do próprio nome em favor da bancarrota ostentativa, ou encontrar um caminho pós-aristocrático para o emprego soberano da riqueza. Portanto, a questão é: há uma alternativa para o acúmulo pulsional de valor, para o tremor crônico ante o instante do balanço e para a compulsão inexorável ao pagamento de dívidas?

A busca por uma resposta conduz a um campo no qual não se consegue distinguir facilmente fatores econômicos e fatos morais. No coração do modo econômico habitual, o crítico da economia universal inspirado por Nietzsche descobre a transformação da culpa moral em dívida** monetária. Seria quase desnecessário dizer que o modo econômico capitalista só pôde começar a sua jogada vitoriosa por meio desse deslocamento pragmático. O tempo da culpa é marcado pela perseguição de um agente em consequências de seus atos — ele termina coerentemente com a expiação

---

* Em latim no original: "o mais extremo dos extremos". [N.T.]

** Em alemão, a palavra *Schuld* significa tanto "culpa" no sentido moral, quanto "dívida" no sentido monetário. Aqui, o autor joga com essa dualidade significativa do termo. Por isso, optamos por traduzi-lo, de acordo com o contexto, ora por "culpa" ora por "dívida". [N.T.]

das consequências do ato. Por outro lado, ter dívidas não significa outra coisa senão atravessar um tempo de compulsão à anulação. No entanto, enquanto a culpa deprime, as dívidas tornam os homens mais corajosos, uma vez que elas entram em cena enlaçadas com energias empreendedoras.[30] Culpa e dívidas apresentam uma característica decisiva que as une: as duas cuidam para que a vida daquele que está sobrecarregado permaneça atada a um nó amarrado no passado. Juntas, elas instauram uma compulsão relacional aplicada retroativamente, uma compulsão por meio da qual aquilo que foi retém o seu predomínio sobre o porvir.

Pagar em prestações e pagar na mesma moeda: estes são os atos que colocam o primado do retroativo no ponto central das transações. Essas formas de pagamento são as operações objetivas cuja tradução no interior da sensação subjetiva se mostra como ressentimento. Se perseguirmos o conceito de ressentimento até as suas fontes materiais e econômicas, nós nos depararemos com a convicção remota de que não se poderia ter nada no mundo de graça e de que toda prioridade precisaria ser paga até o seu ponto mais ínfimo. Aqui, o pensamento econômico transforma-se em ontologia e a ontologia em ética. Ser — a palavra significa aqui a soma das transações que asseguram o equilíbrio entre aquilo que é emprestado e aquilo que é devolvido. No espírito da macroeconomia enfeitiçada pela ideia de restituição, interpretou-se no começo da era metafísica até mesmo a morte como pagamento de uma dívida; uma dívida que aquele que recebeu a vida tinha contraído junto àquele que a tinha doado. A mais suprema articulação desse pensamento reluz na obscura sentença de Anaximandro, segundo a qual o acontecimento fundamental do próprio ser é interpretado como "conceder pagamento" (*tisin didonai*).[31] Quem pretender ter uma ideia do nível elevado da intervenção de Nietzsche contra o espírito do pagamento de dívidas precisa ter conhecimento do fato de que o próprio autor de *Zaratustra* ataca Anaximandro e tenta dissolver a sua sentença por meio de seu contrário: "Vede, não há restituição."[32]

---

30. Cf. a dedução da moderna psicologia do empreendimento a partir da pressão à inovação própria aos juros decorrentes das dívidas no trabalho fundamental de Gunnar Heinsohn e Otto Steiger, no trabalho intitulado *Eigentum, Zins und Geld: Ungelöste Rätsel der Wirtschaftswissenschaft* [Propriedade, lucro e dinheiro: Enigmas não resolvidos da ciência econômica], Reinbeck (Hamburgo), 1996.

31. Walter Burkert, *"Vergeltung" zwischen Ethnologie und Ethik. Reflexe und Reflexionen in Texten und Mythologien des Altertums* ["Retribuição" entre etnologia e ética. Reflexos e reflexões nos textos e mitologias da Antiguidade], Munique, 1992, p. 21 et seq.

32. Friedrich Nietzsche, *Assim falou Zaratustra*, III, Das velhas e novas tábuas, 4.

A outra economia funda-se na tese segundo a qual o pagamento que restitui o valor é uma ficção que emerge do uso compulsivo do esquema da equivalência. Se quisermos abandonar a esfera enfeitiçada pela ilusão da equivalência, é preciso que coloquemos em questão o sinal de igualdade entre aquilo que é tomado emprestado e aquilo que é devolvido. Mais ainda, seria preciso colocar tal sinal fora de jogo para conceder um primado ao pensamento em meio a desequilíbrios. Por isso, para uma economia transcapitalista, só os gestos que apontam para a frente, os gestos instituidores, doadores e abrangentes podem ser constitutivos. Somente operações engajadas de maneira futurista explodem a lei da troca de equivalentes, visto que antecedem o ser culpado e o contrair dívidas.

O seu modelo moral é o gesto psicologicamente improvável, apesar de moralmente irrecusável, do perdão por meio do qual o ato de algum culpado é absolvido. Com esse gesto, o primado do passado é suprimido no interior de um elo entre a vítima e o criminoso. A vítima vai além de seu desejo de vingança humanamente plausível e psicologicamente legítimo e devolve ao criminoso a liberdade para um novo começo. Onde isso acontece, quebra-se uma cadeia suplementar, um negócio de restituição. Graças ao seu reconhecimento do desequilíbrio inevitável entre culpa e expiação, mesmo aquele que foi prejudicado reencontra a sua liberdade. Assim, o tempo depois do perdão pode conquistar a qualidade de um recomeço enriquecido. Com o perdão, impõe-se a tendência antigravitacional na coexistência humana. Antigravitação é o movimento para a elevação da improbabilidade.

No setor material, corresponde a este ponto a doação voluntária que não significa nenhuma concessão de crédito e que não contém nenhum compromisso determinado do consignatário. O mesmo gesto pode se realizar como diminuição da dívida e como renúncia à cobrança violenta de um empréstimo. Com isso também se quebraria o primado da suplementariedade e da compulsão à restituição. A essência da doação consiste em ampliar o raio de liberdade do lado daquele que contrai o empréstimo, enquanto ela esgota o lado daquele que o concede. Este gesto intensifica-se por vezes até a dissipação festiva, junto à qual aquele que concede e aquele que contrai o empréstimo se veem ligados momentaneamente por uma exaltação comum, com consequências possivelmente duradouras. Ele estimula o orgulho do consignatário a refletir sobre réplicas adequadas. Ele alcança o seu nível mais elevado com a doação para os favorecidos que não se encontram próximos do doador no que diz respeito ao espaço e ao tempo e que, já por isto, não podem restituir nada — Nietzsche encontrou para essa forma de esgotamento dos recursos a expressão sonora "o amor ao distante". Os atos da "virtude dadivosa" entregam ao futuro o direito de fazer com as doações o que puder e quiser. Enquanto a economia habitual ditada pelo "eros mais baixo" está fundada em afetos do querer ter, a economia timótica apoia-se sobre o orgulho daqueles que se sentem livres para ofertar.

Bataille decifra nos textos de Nietzsche os contornos de uma economia do orgulho, por meio da qual o conceito de investimento é radicalmente modificado. Quando investidores habituais aplicam os seus meios para receber de volta mais do que aplicaram (o seu tempo é *eo ipso**, o tempo da espera pelo *return on investment*), os outros inserem os seus recursos para satisfazer o seu orgulho e provar a sua felicidade. As duas emoções impedem que os que concedem o empréstimo esperem por ganhos na mesma moeda — não obstante, ganhos em reputação e exaltação são completamente legítimos e desejáveis (por isso, o seu tempo é o tempo da transmissão de uma riqueza que gera significância).

Por mais paradoxal que pareça esse modo de comportamento, a economia do orgulho funda-se na convicção própria a seus participantes de que eles fizeram os investimentos mais plenamente significativos — com frequência, porém, somente depois de outros negócios terem dado frutos. Foi isso que o grande patrocinador Andrew Carnegie expressou classicamente por volta de 1900 com a sentença: "Quem morre rico envergonha a sua vida" — uma frase que os proprietários comuns de grandes fortunas evitam citar. A partir do ponto de vista do cedente experiente, a manutenção da riqueza herdada ou adquirida só é valorizada como uma oportunidade desperdiçada para o esgotamento dos recursos. Onde os homens de negócio de um tipo cotidiano na melhor das hipóteses ampliam a sua própria fortuna ou a fortuna de seus acionistas, os investidores do outro tipo acrescentam novas luzes ao brilho do mundo. Da forma como agem, eles aproximam a sua própria existência do brilho. Quem experimenta esse brilho compreende que o valor enquanto tal só surge quando, por meio do esgotamento de seus próprios recursos, se depõe em favor da existência de coisas que se encontram acima de todo e qualquer preço. "[...] aquilo, porém, que constitui a única condição

---

* Em latim no original: "precisamente", "justamente". [N.T.]

sob a qual algo pode se mostrar como um fim em si mesmo não tem meramente um valor relativo, isto é, um preço, mas um valor interior, ou seja, uma dignidade."[33] Os ricos do segundo tipo recusam-se à tristeza da acumulação sem meta e sem fim. Eles fazem coisas com as suas fortunas que um animal que-sempre-quer-ter-mais nunca conseguiria fazer. Eles articulam-se com a antigravitação e invertem o curso das coisas, um curso junto ao qual ações mais vulgares possuem constantemente a probabilidade mais elevada.

Precisamos evitar uma incompreensão romântica dos estímulos oriundos de Bataille, uma incompreensão que os transforme numa economia universal. Esses estímulos não querem introduzir de maneira alguma um comunismo de pessoas ricas, nem apontam qualquer caminho aristocrata para a distribuição de bens em termos social-democratas ou socialistas. A sua real significação aponta para o fato de abrir uma fenda no capitalismo a fim de criar a partir dele a mais radical — e a única frutífera — oposição a ele; e isso de uma forma totalmente diversa daquela com a qual sonham os homens de esquerda clássicos, dominados pelo miserabilismo.

Se entendermos Marx literalmente, não lhe era estranho o mote de uma inversão do capitalismo contra si mesmo. Ao contrário, ele nunca se dispôs a deixar de acreditar que a "consumação" da revolução capitalista de todas as coisas, e somente ela, estaria em condições de trazer à tona por si só um novo modelo econômico. A possibilidade da viragem, que se chama revolução, é gerada no arco da própria evolução. Toda a fatalidade do marxismo repousa em sua indecisão quanto à questão de saber de quanto tempo o processo capitalista como um todo necessitaria para produzir os pressupostos da inversão pós-capitalista do direcionamento da riqueza. A partir das perspectivas atuais é evidente que o primeiro tempo do grande jogo do capital talvez tenha sido jogado por volta de 1914. Ainda estava por vir uma longa série de aperfeiçoamentos, confrontações e campanhas, em virtude das quais ele estava longe de poder transcender a si mesmo em favor de uma formação subsequente. Os líderes da revolução russa e da revolução chinesa estavam completamente equivocados quando se reportaram a teorias marxistas. Esses dois empreendimentos políticos representaram amálgamas construídos

---

33. Immanuel Kant, *Grundlegung zur metaphysik der Sitten* (1785) [Fundamentação da metafísica dos costumes], Frankfurt, 1974, p. 68.

a partir de um fundamentalismo político e de um oportunismo belicoso, amálgamas por meio dos quais se perdeu todo o sentido para o sucesso econômico, a evolução e a ordem. Enquanto, de acordo com os textos-base de Marx, a situação pós-capitalista só podia ser representada como o fruto maduro do capitalismo desenvolvido "até o fim", Lenin e Mao descobriram a chave para o sucesso a partir do princípio da exploração terrorista de relações imaturas. Depois de seus programas ficou evidente o que significava o lema acerca do "primado da política" numa interpretação radical.

Precisamos admitir que o conceito de "capitalismo consumado" está repleto de suposições para os seus intérpretes, hoje não menos do que nos tempos de Marx e Lenin. Ele exige daqueles que o utilizam um grau de compreensão dos potenciais ainda não concretizados da evolução econômica, da evolução técnica e da evolução cultural, que eles não podem ter alcançado por razões conceituais. Além disso, ele requer dos participantes do jogo uma gama de paciência que seria impossível exigirmos deles, se eles soubessem para onde a viagem os conduz e quanto tempo ela dura. Assim, não é de se espantar que os comunistas tenham perdido o controle sobre a figura de pensamento presente na expressão "conjuntura madura", visto que eles impuseram a revolução precisamente lá onde a evolução ainda não tinha sequer começado o seu trabalho e onde ainda faltavam totalmente as relações frutíferas em termos da economia pautada pela noção de propriedade. Como embusteiros da evolução sem antecessores, eles tentaram se ater ao artifício de ir além do capitalismo, sem tê-lo conhecido. Os flertes dos soviéticos sob o domínio de Stalin e dos chineses no tempo de Mao com a industrialização acelerada não foram mais do que tentativas impotentes de conservar a aparência evolucionária. Na verdade, a escolha leninista do momento revolucionário foi desde o princípio motivada de maneira puramente oportunista — de acordo com a doutrina maquiavélica da ocasião favorável — e os ataques semelhantes de Mao Tsé-tung foram voluntariamente desfigurados numa medida ainda mais elevada.

A precipitação foi a característica de todas as iniciativas que partiram dos revolucionários desta cepa em nome de um futuro pós-capitalista. Onde, por conta de razões lógico-materiais, precisaríamos contar com séculos, introduziram-se nos cálculos históricos, sem qualquer motivo suficiente, apenas umas poucas décadas — uma vez que a impaciência e a ambição nunca se satisfazem; e no caso dos ultrarrevolucionários, apenas alguns poucos anos. A ótica deformada, com a qual a vontade revolucionária justificou os seus planos, permitiu que surgissem o caos belicoso, o caos pós-tsarista na Rússia, o caos pós-imperial na China, assim como uma "conjuntura" respectivamente "madura". De fato, o comunismo não produziu uma sociedade pós-capitalista, mas uma sociedade pós-monetária que, como mostrou Boris Groys, abandonou o meio-diretriz dinheiro, a fim de substituí-lo pela pura linguagem do comando, neste ponto não muito diferente de um despotismo oriental (e de uma monarquia filosófica aleijada).[34]

No entanto, o defeito de nascença da ideia econômica comunista não estava apenas na manipulação mágica do calendário evolucionário. Nunca se pode excluir a hipótese de que uma revolução acabe auxiliando a evolução. O seu defeito irremediável foi o ressentimento ardente contra a propriedade — que as pessoas gostavam de cobrir com uma designação matizada de forma cáustica, a designação "propriedade privada" (também conhecida como "propriedade privada dos meios de produção") — como se pudéssemos declarar tudo o que é privado *per se* como um roubo. Este afeto pode se reportar a princípios elevadamente morais — em todo caso, ele não está em condições de fazer jus à essência da economia moderna, que é fundamentalmente uma economia pautada pela noção de propriedade. Segundo uma comparação cunhada por Gunnar Heinsohn, a recusa comunista ao princípio de propriedade equivale ao artifício de acelerar um carro retirando dele o motor.[35] Mais ainda: os movimentos de esquerda derivados de Marx (assim como alguns de seus rivais fascistas de direita) não conseguiram afastar em momento algum a sua desconfiança em relação à riqueza enquanto tal; e isso mesmo quando, alcançando o poder estatal, eles anunciaram em alto e bom som que queriam gerá-la de maneira mais inteligente e distribuí-la de modo mais justo. Os seus erros econômicos sempre foram ao mesmo tempo confissões psicopolíticas. Para o comunismo, no poder de Estado, a satisfação da ânsia embriagada por desapropriação e da exigência de vingança contra as fortunas privadas sempre foi mais importante como um todo do que a liberação das correntes valorativas. Com isso, por fim, não restou muito mais do grande elã próprio à virada igualitária da humanidade para além do franco autoprivilégio dos funcionários — para não falar da herança de paralisia, resignação e cinismo.

---

34. Boris Groys, *Das kommunistische Postskriptum* [O pós-escrito comunista], Frankfurt, 2006.
35. Quanto a uma fundamentação discursiva desta imagem cf. Gunnar Heinsohn, Otto Steiger, *Eigentumsökonomik* [Economia da propriedade], Marburgo, 2006.

Nem por isso puderam faltar à economia socialista em seu tempo de florescência — caso nos seja permitido utilizar esta expressão própria à jardinagem — os traços timóticos ofensivos, uma vez que todos os projetos revolucionários foram efetivamente sustentados por estímulos oriundos do espectro orgulho-ira-indignação. Quem considera hoje a lembrança do culto soviético aos "heróis do trabalho" uma curiosidade meramente histórico-econômica deveria levar em consideração o fato de o produtivismo de esquerda ter significado a tentativa de trazer um halo de grandeza para o interior de um sistema que sofria de suas próprias premissas vulgares.

A economia timótica contida de maneira latente na crítica nietzschiana à moral estimula uma economia monetária alternativa na qual a riqueza entra em cena num elo com o orgulho. Ela quer arrancar a máscara queixosa do rosto do bem-estar moderno; uma máscara por detrás da qual se esconde o desprezo de si por parte de proprietários mesquinhos de grandes fortunas, de fortunas enormes — um desprezo que é completamente legítimo no sentido da doutrina platônica do *thymós*, uma vez que a alma dos detentores de fortunas ataca com razão a si mesma, quando ela não consegue sair do círculo da insaciabilidade. Em contrapartida, tampouco ajuda a afetação cultural comum ao meio — normalmente, o interesse pela arte não é outra coisa senão a face dominical da cobiça. A alma dos detentores de fortunas só encontraria a cura de seu desprezo por si mesma nas belas ações, que reconquistam a aprovação interior da parte nobre da alma.

A "timotização" do capitalismo não é nenhuma descoberta do século XX; ela também não precisou esperar por Nietzsche e Bataille para descobrir o seu *modus operandi*. Ela está sempre em obra por si só, quando a coragem empreendedora pisa em terra nova, a fim de criar os pressupostos para novas criações valorativas e para as suas emanações distributivas. No que concerne à agressão criadora, o capitalismo não precisou requisitar em momento algum uma aula de apoio por parte dos mentores filosóficos. Neste caso, não se poderá dizer que ele sofreu por demais sob inibições morais. No entanto, mesmo segundo o seu lado generoso, ele se desenvolveu antes por conta própria e para além da filosofia, inspirado em todos os casos por motivos cristãos, em particular na Grã-Bretanha dos séculos XVIII e XIX; terra, aliás, na qual, de acordo com o testemunho atento de Rosenstock-Huessys, embora não com tanta frequência, acontecia vez ou outra de um empreendedor buscar enquanto capitalista um ganho de 4 milhões de libras, a fim de doar, em seguida, como cavalheiro cristão, 3 milhões. Um dos casos mais conhecidos de doação generosa do ganho com capital está ligado ao nome de Friedrich Engels, que por mais de trinta anos aplicou excedentes não tão opulentos, oriundos de sua fábrica em Manchester, para manter acima d'água a família Marx em Londres; e isso enquanto o cabeça da família utilizava as doações para condenar a ordem das coisas, na qual um Engels era possível e necessário. Como quer que seja, a generosidade do doador não pode ser reduzida ao liberalismo das "pequenas ações", tal como esse liberalismo era característico das iniciativas burguesas por reforma. Também seria igualmente descabido rejeitar tais gestos como paternalismo. Neles podemos reconhecer antes o horizonte metacapitalista que se destaca logo que o capital se volta contra si mesmo.

"O homem não aspira à felicidade; só o inglês o faz."[36] Quando Nietzsche escreveu esta observação jocosa, é certo que se deixou determinar em demasiado pelos clichês antiliberais de seu tempo. Todavia, o que apesar de tudo torna o aforismo significativo é a circunstância que nos faz recordar um tempo no qual a resistência contra a propaganda erotizante e vulgarizante podia se reportar às emoções, hoje quase totalmente esquecidas, do orgulho e do sentimento de honra. Essas emoções trouxeram à tona uma cultura da generosidade com face burguesa — um fenômeno que desapareceu progressivamente nos tempos dos fundos anônimos. Limitemo-nos a constatar que o uso "timótico" da riqueza no mundo anglo-saxão, principalmente nos Estados Unidos, pôde se tornar um fato civilizatório assegurado, enquanto no continente europeu, em razão de tradições ligadas à crença no Estado, a impulsos subvencionistas e miserabilistas, este uso nunca pôde se tornar até hoje realmente próprio.

A situação pós-comunista

Uma observação conclusiva sobre a "situação espiritual do tempo" deve evidenciar a perspectiva estratégica característica das exposições seguintes — antigamente, teríamos falado de seu engajamento. Elas se colocam num debate que movimenta a esfera pública intelectual do Ocidente desde os anos 1990. Para dizer de maneira resumida, o que está em questão aqui é a interpretação moral e psicopolítica da situação pós-comunista.

---

36. Friedrich Nietzsche, *O crepúsculo dos ídolos*, KSA, p. 6.

A entrada em cena dessa situação pegou de maneira completamente desprevenida a grande maioria dos contemporâneos de 1990 em seu pensamento político. Quase por toda parte, os intérpretes políticos do tempo do pós-guerra satisfizeram-se em comentar a situação do mundo, criada pela vitória dos aliados sobre a ditadura nacional-socialista, com os conceitos tradicionais de sua disciplina. Em ampla frente, as pessoas se declararam partidárias da democracia e da economia de mercado, deixando aos antigos camaradas a parca satisfação de pegar de tempos em tempos no armário as suas condecorações antifascistas. Durante essa longa *belle époque* (assombrada por ameaças nucleares) predominou a opinião de que, com a "eliminação" dos excessos totalitários da Europa, teria sido preenchido o programa do diagnóstico do tempo — de resto, precisaríamos considerar como é que a civilização liberal, sob o efeito concomitante de corretivos social-democratas, se ateve com os seus meios às requisições históricas por um mundo melhor. Quase ninguém possuía os meios teóricos e os impulsos morais que tornassem possível pensar para além das relações da era bipolar. A implosão do hemisfério ligado ao socialismo real não promoveu apenas o encolhimento e a redução de suas próprias ideologias e aparatos à insignificância. Ao contrário, ela também colocou mais ainda o capitalismo "plenamente vitorioso" diante do impasse de precisar assumir praticamente sozinho a responsabilidade pelo mundo. Não se pode afirmar que os pensadores ocidentais tenham sido provocados por essa situação a encontrar respostas extraordinariamente criativas.

O leitor não precisa ser muito perspicaz para reconhecer que alguns temas e motivos oriundos de nossa tentativa precedente provêm de um diálogo imaginário com o livro de Francis Fukuyama *O fim da história e o último homem*, originalmente lançado em 1992. Não faço nenhum segredo quanto à minha opinião de que essa publicação está — apesar dos aspectos criticáveis facilmente encontrados — entre os poucos trabalhos da filosofia política contemporânea que tocam no ponto nevrálgico de nossa época. Fukuyama demonstrou que o pensamento acadêmico e o espírito do presente nem sempre se excluem mutuamente. Ao lado dos trabalhos mais recentes de Boris Groys, nos quais se articula um novo horizonte de diagnóstico do tempo[37], o livro representa de longe o melhor sistema de enunciados sobre a situação

---

37. Boris Groys, Anne von der Heyden, Peter Weibel (org.), *Zurück aus der Zukunft: Osteuropäische Kulturen im Zeitalter des Postkommunismus* [De volta do futuro: culturas do leste europeu na era do pós-comunismo], Frankfurt, 2005.

do mundo pós-comunista — e sobre a antropologia política do presente. Aos meus olhos, o curso do mundo desde 1990 confirma em seu todo o ponto de partida de Fukuyama (e *implicitamente* de Alexandre Kojève), segundo o qual a compreensão da situação complexa do mundo depende de uma compreensão do estado das lutas por reconhecimento. O fato de o próprio autor se juntar ao campo dos conservadores nos Estados Unidos não fixa de maneira alguma o leitor a tais perspectivas. Os conteúdos progressivamente interpretáveis de sua obra vêm à luz tão logo afastemos o véu conservador que se abate sobre eles, enquanto as leituras falsas mais ou menos intencionais não merecem simplesmente nenhum comentário.

Entre os intérpretes que atribuem uma grande significação à tentativa de Fukuyama de pensar a situação pós-comunista, é compreensível que Jacques Derrida possua um papel destacado. No mais elucidativo de seus livros políticos, *Os espectros de Marx*, o inventor da "desconstrução" se confrontou de uma maneira intensa, apesar de preponderantemente cética e ocasionalmente polêmica, com as teses de *O fim da história*.[38] Numa reconstrução fascinante do esboço de Fukuyama — efetivamente fascinante porque Derrida não argumenta aí de fato desconstrutivamente, mas procura aprimorar o argumento —, ele pensa poder comprovar que estamos lidando no livro com uma reedição algo precipitada da escatologia cristã circunscrita por Hegel ao uso do Estado moderno. Tais narrativas *ad hoc*, é isto que Derrida nos dá a entender, servem em primeiro lugar para satisfazer a exigência por um final feliz de histórias infelizes. De fato, o livro de Fukuyama, com base em seu tom neoevangélico, pode se transformar num *gadget* midiático, que correria o mundo de maneira mais ou menos mal compreendida, sem que jamais penetrássemos numa problemática real. O que estaria em questão num discurso sério sobre o "fim da história" seria a iluminação do elo não esclarecido entre a civilização secular e tecnologizada do Ocidente e as três escatologias messiânicas, que provieram do pensamento religioso do Oriente Médio — as escatologias judaica, cristã e islâmica. De uma maneira característica, continuamos sempre discutindo neste ponto de surgimento das tempestades* metafísicas do mundo o sentido próprio ao curso do mundo e a orientação espiritual da política em geral.

---

38. Jacques Derrida, *Marx' Gespenster: Der verschuldete Staat, die Trauerarbeit und die neue Internationale* (1993), Frankfurt, 1995, pp. 85-125. [Ed. bras.: *Os espectros de Marx*, Rio de Janeiro, Relume Dumará, 1994.]

* O termo alemão *Wetterecke* designa a direção no céu a partir da qual provêm as tempestades. Como não temos nenhum correlato em português, optamos pela expressão "ponto de surgimento das tempestades". [N.T.]

"A guerra pela apropriação de Jerusalém é hoje a guerra mundial. Ela tem lugar por toda parte, ela é o mundo [...]."[39] De acordo com Derrida, o que se poderia objetar a Fukuyama é em última instância a sua dependência unilateral desapercebida em relação aos hábitos da messianologia cristã: sabemos que o messias foi desde sempre concebido pelos cristãos como alguém que tinha chegado. Contra esta posição, Derrida acentua a postura judaica da espera por aquele que ainda não chegou. Uma relação análoga reaparece junto às narrativas políticas sobre a instauração da democracia na sociedade burguesa. Enquanto o intérprete da exitosa civilização liberal se embala na crença de que pode falar sobre o presente já instituído da democracia, o seu crítico insiste no ponto de vista de que só se pode falar de democracia como algo que virá e como algo futuro.

Por mais inspirador que seja o comentário de Derrida a *O fim da história*, se colocarmos um ao lado do outro, o livro de Fukuyama e o comentário de Derrida, salta aos olhos o fato de, sem qualquer indicação das razões, Derrida ter deixado de submeter a um exame apropriado a parte mais séria da tentativa de Fukuyama: a timotologia reatualizada. Ele se satisfez com a breve observação de que Fukuyama quis levar a campo o discurso sobre o *thymós* e a *megalothymía* (sobre o anseio humano por orgulho e grandeza) como um contrapeso espiritual às unilateralidades do materialismo marxista — o que, colocado de maneira prudente, atesta uma leitura seletiva. Com isso, não se consegue deixar de constatar que mesmo um leitor eminente como Derrida deixou de perceber o foco da obra, que (seguindo o rastro de Alexandre Kojève e Leo Strauss) não é menos almejado do que a reconquista de uma psicologia política autêntica intrínseca à polaridade reproduzida entre *eros-thymós*. É natural que justamente essa psicologia política (que tem pouco em comum com a assim chamada "psicologia de massas" e com outras aplicações da psicanálise aos objetos políticos) tenha sido colocada no centro da carência atual por novas orientações teóricas.

Ninguém que conheça as regras do jogo da crítica literária se espantará com o fato do livro de Fukuyama, visto em seu todo, ter tido pouca sorte entre os críticos europeus. Na maioria das vezes, os críticos o compreenderam como um grito de vitória do liberalismo, um grito que atingiu um ponto distante demais, depois da implosão da União

---

39. Jacques Derrida, op. cit., p. 99.

Soviética e do desaparecimento da "alternativa socialista". Imputou-se ao autor que ele estaria fornecendo com a sua tese acerca do fim da história apenas uma versão atualizada da ideologia ianque, segundo a qual o *american way of life* significaria a consumação da evolução da humanidade — da savana ao *shopping center*, da pedra cuneiforme à mensagem vocal, da fogueira ao forno de microondas. Desde então, a ligação trocista com o título de Fukuyama se tornou uma piada corrente do folhetim político na Europa. Muitos comentaristas não se cansam de repetir que, na verdade, a história naturalmente não estaria no fim e que o Ocidente vitorioso não poderia descansar, depois de seu sucesso numa das etapas, na luta contra os monstros ideológicos — o que, aliás, está completamente correto, mas teria de ser compreendido de uma maneira totalmente diversa da que os autores em questão o pensam.

Não quero me limitar à observação de que essas objeções são normalmente apresentadas no tom de um sarcasmo neorrealista, como se os comentaristas desfrutassem de um sentimento de superioridade, logo que eles surpreendem um autor filosófico em meio ao anúncio de mensagens aparentemente ingênuas. Mesmo o empenho anti-intelectual junto àqueles que desprezam Fukuyama precisa ser observado *en passant*; e se os historiadores se rebelam contra a possibilidade de perderem o emprego por conta de um filósofo, isso não é de todo incompreensível. Na verdade, o autor antecipou as preocupações e as objeções de seus críticos nos pontos essenciais. No capítulo final de seu livro, que possui o título ominoso de "O último homem", ele aborda com uma sensibilidade impressionante a pergunta sobre se a democracia liberal momentaneamente exitosa está realmente em condições de oferecer a todos os seus cidadãos a completa satisfação de suas necessidades intelectuais e materiais. Sua resposta é a de um conservador cético, que sabe o seguinte: existem contradições "no cerne de nossa ordem liberal" que continuarão existindo "mesmo se o último ditador fascista, o último general com mania de grandeza e o último funcionário de partido comunista tiverem desaparecido totalmente da face da terra".[40]

Portanto, o diagnóstico acerca do tempo, que se esconde em *O fim da história*, não é para ser depreendido do *slogan* contido no título, um *slogan* que, como observei, não faz outra coisa senão citar uma interpretação engenhosa da filosofia hegeliana empreendida por Alexandre Kojève nos

---

40. Francis Fukuyama, *O fim da história*, op. cit., p. 380.

anos 1930 (que, por sua vez, tinha datado o "fim da história" como tendo acontecido no ano de publicação da *Fenomenologia do espírito*, em 1807). Ele consiste numa observação atenta das lutas por prestígio e das lutas movidas por ciúme entre os cidadãos do mundo livre, lutas que ganharam precisamente o primeiro plano, quando cessou a mobilização das forças civis para as lutas nas frentes externas. Em razão de sua melhor performance, as democracias liberais exitosas, reconhece o autor, sempre são atravessadas por correntes de insatisfação que seguem livremente ao sabor das ondas. Isso não pode ser de outro modo porque os homens estão condenados a uma inquietude timótica — e os "últimos homens" mais do que todos os outros —, apesar de a cultura de massas da história posterior se encontrar de início totalmente sob o signo do erotismo. É tão difícil aplacar as suas ambições quanto os seus ressentimentos — no caso de os outros terem maior sucesso.

No que cessam as batalhas físicas, irrompem as guerras metafóricas. Chega-se inevitavelmente a essas guerras porque a medida sumária para a satisfação do mundo liberal, o reconhecimento mútuo de todos por todos como concidadãos de uma comunidade em que todos possuem os mesmos direitos, permanece, na verdade, por demais formal e desprovida de especificidade para abrir aos singulares o acesso à consciência feliz. Também e antes de tudo num mundo de liberdades amplamente disseminadas, os homens não podem deixar de aspirar aos reconhecimentos específicos que se manifestam no prestígio, no bem-estar, nos privilégios sexuais e na superioridade intelectual. Como tais bens permanecem em todas as circunstâncias escassos, acumula-se entre os competidores inferiores no sistema liberal um grande reservatório de inveja e mau humor — para não falar daqueles que são realmente prejudicados e dos excluídos *de facto*. Quanto mais a "sociedade" é apaziguada em seus traços fundamentais, tanto mais rico em cores se mostra o florescimento da inveja de todos contra todos. Essa inveja enreda os candidatos aos melhores lugares em pequenas guerras, que penetram aspectos conjuntos da vida. Não obstante, o sistema da "sociedade aberta" possui a vantagem de que, nela, mesmo as energias mais obscuras criam postos de trabalho. A inveja gera incessantemente representações alternativas, em particular no setor da cultura e da mídia, que se diferencia diariamente de maneira cada vez mais ampla. Enquanto sistema expansivo de chances de vitória e de proeminência, o esporte também se tornou imprescindível para o estímulo e a canalização de excessos pós-modernos de ambição. De modo geral, podemos dizer: nas lutas insaciáveis por prestígio, características da história posterior, emergiram incessantemente elites a partir das não elites. Se uma esfera pública é dominada pela vida expressiva de inumeráveis atores que não podem realmente estar em cima e, contudo, chegaram bem longe, então podemos estar certos de que se trata de uma democracia florescente.

O mundo antigo conhecia os escravos e os homens sem liberdade — eles eram os portadores da consciência infeliz de seu tempo. Os modernos inventaram o perdedor. Esta figura, que se encontra a meio caminho entre os explorados de ontem e os supérfluos de hoje e amanhã, é a grandeza incompreendida nos jogos de poder das democracias. Nem todos os perdedores podem ser aquietados com a referência por seu *status* corresponder à sua posição numa competição. Muitos irão contrapor que nunca tiveram chance de tomar parte no jogo e de se posicionar de acordo com essa participação. Os seus sentimentos rancorosos não se dirigem meramente contra os vencedores, mas também contra as regras do jogo. O fato de o perdedor, que perde de maneira por demais frequente, colocar violentamente em questão o jogo enquanto tal é uma opção que torna visível a seriedade do caso da política depois do fim da história. O novo caso emergencial apresenta-se atualmente sob duas formas de ocorrência: no interior das democracias liberais, como política de ordenação pós-moderna, que se exprime como uma regressão da política para a polícia, e como transformação dos políticos em agentes de proteção ao consumidor; no interior dos estados fracassados, como guerra civil, na qual exércitos se dizimam mutuamente a partir de elementos supérfluos vigorosos.[41]

Neste ínterim veio à tona o fato de não serem apenas as "contradições" no cerne do próprio sistema que, em meio à situação pós-moderna, se veem às voltas com a cultura política do Ocidente e de suas civilizações filiais no Leste e no Sul, mas de serem os novos movimentos de reunião das insatisfações prontas para a luta e dos supérfluos energéticos, as rápidas conexões do ódio próprio aos perdedores, as proliferações subconscientes dos meios de sabotagem e destruição, que parecem cuidar do retorno do horror histórico e das esperanças correspondentes. É preciso conceber ante o pano de fundo de tais fenômenos os inúmeros tratados sobre o "retorno" ou o "recomeço" da História, que inundam

---

41. Cf. Gunnar Heinsohn, *Söhne und Weltmacht: Terror im Aufstieg und Fall der Nationen* [Filhos e poder mundial: terror na ascensão e queda das nações], Zurique, 2003; assim como idem, *Finis Germaniae*, Hamburgo, 2005, pp. 18-29.

há alguns anos o mercado de ensaios do Ocidente. O denominador comum de tais comentários sobre o nosso tempo reside na suposição mecânica de que um reinício da "História" apenas temporariamente paralisada estaria ligado às irrupções de violência nos palcos globais. Trata-se aqui inconfundivelmente de versões simplórias de hegelianismo: se a História até aqui foi justamente impelida para a frente por oposições em luta, tal como supõe a dialética popularizada, então a aparição de novas lutas nos leva a concluir que a História está progredindo.

Em contraposição a esses textos devemos deixar claro o seguinte: justamente a emergência coetânea do terrorismo nas relações externas da civilização ocidental e numa nova questão social em suas relações internas não pode ser compreendida como um indício do "retorno" da História. Em seus pontos essenciais, o *modus vivendi* do Ocidente e de suas culturas filiais é efetivamente pós-histórico num sentido técnico (ou seja: não é mais formalmente orientável pela epopeia e pela tragédia; não pode mais ser construído pragmaticamente com vistas aos sucessos do estilo unilateral de ação) e não há como reconhecer em parte alguma no atual estado das coisas uma alternativa a este *modus vivendi* que pudesse projetar as recaídas em roteiros cinematográficos históricos.[42] Em particular o assim chamado terrorismo global é um fenômeno totalmente pós-histórico. O seu tempo se inicia quando a ira dos excluídos se liga com a indústria do entretenimento informativo dos incluídos em nome de um sistema teatral da violência voltado para os últimos homens. Querer atribuir a esta fábrica do terror um sentido histórico seria um abuso macabro de reservas linguísticas esgotadas. O eterno retorno do mesmo, quer como ira cega de um olho ou como vingança míope dos dois olhos, não é suficiente para que possamos falar de uma restauração da existência histórica. Quem é que gostaria de imputar aos portadores de tapa--olhos negros a lucidez de definir o estado da evolução?

---

42. Aliás, o teorema acerca do fim da História já existe no mínimo em quarto versões: Kojève 1 (fim da história no stalinismo), Kojève 2 (fim da história no *american way of life* e no esnobismo japonês), Dostoiévski (fim da história no Palácio de Cristal), Heidegger (fim da história no tédio). Quanto às duas últimas versões, cf. Peter Sloterdijk, *Heideggers Politik: Das Ende der Geschichte vertagen* [A política de Heidegger: adiar o fim da história], conferência de encerramento do colóquio: *Heidegger: Le Danger et la promesse*, Estrasburgo, 5 dez. 2004; assim como idem, *Im Weltraum des Kapitals*: *Für eine philosophische Theorie der Globalisierung* [No universo do capital: para uma teoria filosófica da globalização], Frankfurt, 2005, pp. 258-348. Cf. também neste último a definição técnica da "história mundial" como fase de sucesso do unilateralismo e como fase de constituição do sistema mundial (1942-1944).

No que concerne à nova questão social, é evidente que um retorno aos erros do passado não trará a solução desses erros. Somente uma repetição do compromisso pós-histórico entre capital e trabalho, isto é, em termos do futuro, somente a domesticação da economia monetária especulativa (numa locução própria ao alemão moderno: a domesticação do *Heuschreckenkapitalismus*, do capitalismo de gafanhotos) e a implantação fluente de estruturas econômicas pautadas pela propriedade nos países em desenvolvimento produziriam nesta frente uma aquietação relativa. A referência à necessidade de ampliar o Estado social até dimensões supranacionais descreve o horizonte para uma nova política social séria — a única alternativa para tanto seria a virada autoritária do capitalismo mundial, com a qual certas opções fatais dos anos 1920 e 1930 retornaram à ordem do dia (não faltam absolutamente indícios de tal tendência em escala global).

Mesmo a segunda tarefa macropolítica do futuro, a integração dos atores não humanos, dos seres vivos, dos ecossistemas, das "coisas" em geral, no âmbito da civilização, não tem nada em comum com os questionamentos da história tradicional. Essa política, que foi por vezes denominada "política natural", repousa *per se* sobre a pressuposição de que problemas criados pelo homem são preparados de maneira significativa pelos causadores e pelos afetados — isto provoca, por sua vez, o surgimento de tarefas de organização, administração e civilização, não de epopeias ou dramas.[43] E, por fim, a terceira grande tarefa do futuro — a neutralização dos potenciais genocidas presentes nos Estados superpovoados por jovens homens irados do Oriente Médio e de outros lugares — só poderá ser enfrentada com o auxílio de uma política de desdramatização pós-histórica. Para todos estes processos necessita-se de tempo. No entanto, não no sentido de uma recaída na "História", mas exclusivamente como tempo de aprendizado para as civilizações.

Neste ponto, interrompemos nossas reflexões introdutórias. As referências à dinâmica timótica da *psyché* individual tanto quanto coletiva estimuladas por Friedrich Nietzsche, Alexandre Kojève, Leo Strauss,

---

43. Cf. Bruno Latour, *Das Parlament der Dinge: Für eine politische Ökologie* [O parlamento das coisas: para uma ecologia política], Frankfurt, 2001; Bruno Latour, Peter Weibel (orgs.), *Making Things Public: Atmospheres of Democracy* [Tornando as coisas públicas: atmosferas da democracia], ZKM Center for Arts and Media Karlsruhe, The MIT Press, Cambridge (Massachusetts)/Londres, 2005, p. 71.

Francis Fukuyama, Heiner Mühlmann e Gunnar Heinsohn terão realizado o bastante no contexto de uma exposição do problema, caso elas tenham ajudado a atualizar a realidade e a efetividade de uma dimensão não mais redutível da exigência por valor e por prestígio nos homens. O leitor ainda precisa ser alertado quanto à incompreensão que toma o recurso indicado acima como se ele implicasse um retorno ao idealismo grego. Platão é conclamado aqui *ad hoc* como mestre de uma visão mais madura das dinâmicas da ambição que são cultural e politicamente efetivas — prestamos atenção a ele como a um professor visitante vindo de uma estrela que se apagou. No mais, a virada para um realismo psicológico mais elevado precisa ser realizada com os meios teóricos de nosso tempo. Ela só se dá plenamente se resistirmos à tentação na qual adoravam cair e caíram com frequência os intelectuais europeus no século XX com uma obediência prévia às sugestões do realismo: à tentação de, em nome da sempre unilateralmente rebaixada "realidade", mostrar compreensão demais pelas ações normais, demasiado normais, de homens incitados pelo desejo e pelo ressentimento.

No que diz respeito à doutrina central de Nietzsche sobre a morte de Deus, ela assume no contexto aqui esboçado uma significação cujas implicações filosóficas se tornaram passíveis de serem pressentidas com um grande atraso. Deus está morto — isso significa, à luz de nossa experiência: vivemos num tempo no qual desaparece cada vez mais a absorção da ira por um além estrito que exige atenção. O adiamento da vingança humana em favor da vingança de Deus no fim dos tempos é sentido há muito tempo por inumeráveis homens como uma exigência não mais aceitável. Em tal conjuntura, os sinais apontam para a tempestade. Consequentemente, a política da impaciência continua conquistando terreno; e isso de fato junto a atores ambiciosos e fortes o bastante para a sublevação, que são da opinião de que podem passar ao ataque tão logo percebam que não têm nada a perder, nem de um lado, nem do outro. Quem poderia negar que a desgraça desmedida do século passado — denominaremos apenas os universos de aniquilação russo, alemão e chinês — estava fundada nos levantes ideológicos para a assunção da vingança por meio de agentes terrenos da ira? E quem se disporia a subestimar as nuvens que já se formaram, a partir das quais se descarregará a tempestade do século XXI?

Assim, o caminho para a compreensão das catástrofes que se deram num passado próximo e das catástrofes que estão se anunciando passa num primeiro momento pela lembrança da teologia. O elo entre ira e eternidade era um axioma cristão. Teremos de mostrar como pôde se desenvolver a partir daí o cenario de ira e tempo — ou de ira e história. Em nosso século religiosamente neoanalfabeto, as pessoas praticamente se esqueceram por completo de que o discurso sobre Deus no monoteísmo sempre incluía também um Deus irado. Ele é a grande impossibilidade de nossa época. E o que acontecerá se ele tiver trabalhado subterraneamente para se tornar mais uma vez nosso contemporâneo?

No entanto, antes de atentarmos novamente para esta figura encoberta pelos escombros da História, é útil visualizar mais precisamente as condições gerais do negócio da economia da ira.

1
Negócios da ira em geral

> *A vingança, ah a vingança*
> *é um prazer reservado aos sábios.*
> Da Ponte, Mozart, *Le nozze di Figaro*, 1786

Não há nenhum indivíduo contemporâneo que não tenha tomado conhecimento de que os Estados e as populações do mundo ocidental, e, por um desvio sobre estes, as outras regiões do mundo, estão há uma década irrequietos por conta de um novo tema. Desde então, numa apreensão que é apenas semiencenada, os bem-intencionados se encontram diariamente em estado de alarme: "De repente, o ódio, a vingança, a inimizade irreconciliável, vieram novamente à tona entre nós! Uma mistura de forças estranhas, imensuráveis como a má vontade, infiltrou-se nas esferas civilizadas."

Com um realismo que soa de modo repressivo, alguns homens engajados moralmente apresentam algo comparável. Colocam ênfase sobre o fato de as assim chamadas forças estranhas não poderem ser tão estranhas assim para nós. De acordo com os moralistas, aquilo que muitos afirmam vivenciar como uma terrível surpresa não é senão o outro lado do *modus vivendi* doméstico. O fim do disfarce é iminente. "Cidadãos, consumidores, passantes — é tempo de despertar da letargia! Não sabeis que continuais a ter inimigos e não o quereis saber, pois vós escolhestes a inocuidade!" Os novos apelos à consciência adulta querem impor a ideia de que o real não seria atenuado — nem mesmo no interior da grande bolha de irrealidade que se colocou em torno dos cidadãos do mundo do bem-estar como uma capa maternal. Se o que tem de ser considerado como real é aquilo que pode se contrapor a nós como doador da morte, o inimigo representa a mais pura encarnação do real e, com a ressurgência da possibilidade da inimizade, é iminente o retorno do real no estilo antigo. Em suma, podemos aprender a partir daí que um tema excitante só se impõe quando uma instituição surge a partir de uma irritação — com porta-vozes visíveis a distância e com colaboradores constantes, com um serviço ao cliente, com um orçamento próprio, com congressos para especialistas, com o trabalho da imprensa profissional e com relatórios contínuos sobre o *front* do problema. Tudo isso pode ser requisitado a seu favor pelo novo hóspede duradouro do Ocidente, pelo espírito de vingança. Ele pode dizer sobre si mesmo: irrito, logo sou.

Quem poderia negar que os alarmistas, tal como é comum acontecer, estão quase totalmente cobertos de razão? Os habitantes das nações abastadas perambulam na maioria das vezes como sonâmbulos num pacifismo apolítico. Passam seus dias numa insatisfação dourada. Entretanto, nas margens das zonas de felicidade, aqueles que os incomodam, sim, os seus carrascos virtuais, aprofundam-se em manuais de química de explosivos, emprestados das bibliotecas públicas dos países anfitriões. Se alguém chega a deixar o alarme atuar algum dia sobre si, então passa a se sentir como se tivesse diante dos olhos o número do canal em que vai passar um documentário aflitivo. O inofensivo e a sua contrapartida são dissecados um depois do outro por uma direção consciente dos seus efeitos em impressionante sequência pérfida. As imagens que escorrem e passam não exigem nenhum comentário: os novos pais abrem conservas para os seus filhos, as mães habilidosas duplamente sobrecarregadas colocam a pizza no forno pré-aquecido, as filhas vagueiam pela cidade para fazer valer a sua feminilidade em via de despertar. Belas vendedoras de sapato aparecem durante um minuto tranquilo com um cigarro diante da porta da loja e devolvem os olhares dos passantes. Nos subúrbios, estudantes estrangeiros petrificados cingem os cintos de material explosivo.

A montagem de tais cenas segue uma lógica que pode ser reconstruída sem esforço. Não são poucos os autores que se sentem conclamados a funcionar como educadores políticos; entre eles estão deslocados articulistas neoconservadores, políticos antirromânticos, exegetas irados do princípio de realidade, católicos tardios e críticos do consumismo movidos por náusea, pessoas que gostariam de aproximar uma vez mais dos cidadãos ultrarrelaxados, como observamos, os conceitos fundamentais do real. Para este fim, eles citam os exemplos mais recentes do horror sangrento. Eles mostram como o ódio penetra nas situações civis modelares e não se cansam de afirmar que, sob as fachadas bem organizadas, a fúria assassina vem há muito aprontando das suas. Neste caso, eles precisam gritar continuamente: não se trata de um exercício! Pois há muito o público se acostumou a traduzir de maneira rotineira a violência real em meras imagens, que entretêm e atemorizam, que advogam e informam. Ele percebe o movimento contrário à recaída de modo tão descrente quanto de mau gosto num dialeto há muitos anos extinto.

Ora, mas como podemos apresentar então seriamente a ira e os seus projetos, as suas proclamações e explosões como novidades? Quantas coisas não precisam ser intencionalmente esquecidas antes de despertar e tomar os homens, que se vingam efetivamente de seus inimigos, supostos ou reais, como visitantes de galáxias longínquas? Como pôde se impor afinal a opinião de que as pessoas teriam sido catapultadas desde o desaparecimento da oposição Oriente-Ocidente, depois de 1991, para um universo no qual os homens, enquanto indivíduos ou coletividades, abandonaram a sua vocação para os sentimentos rancorosos? O ressentimento não é, mesmo antes do *bon sens*, a coisa mais bem dividida do mundo?

Desde os dias míticos, tornou-se uma sabedoria popular o fato de o homem ser o animal que não consegue se haver com muitas coisas. Nietzsche diria que há algo de alemão no homem enquanto tal. Ele não consegue alijar certos venenos presentes na memória e sofre com experiências desagradáveis que são cunhadas a ferro. O ditado segundo o qual o passado por vezes não gosta de perecer retém a versão cotidiana da compreensão mais refinada, de acordo com a qual a existência humana não é de início outra coisa senão a ponta de uma memória cumulativa. A lembrança não significa simplesmente a realização espontânea da consciência interna do tempo, que, por meio de uma "retenção", ou seja, por meio de sua função interna retentora e automática, trabalha por dado momento em contraposição ao mergulho imediato e à dissolução do instante vivido; ela também está ligada a uma função de armazenamento que torna possível o retorno a temas e cenas não atuais. Por fim, ela também é um resultado das formações dos nós por meio dos quais o agora respectivamente novo se enreda de maneira compulsiva e viciosa em picos de dor. São comuns às neuroses e às sensibilidades nacionais tais movimentos no interior do curso circular do trauma. Em relação aos neuróticos, sabemos que eles sempre preferem ter um acidente na mesma curva. Nações inserem as lembranças de suas derrotas em locais de culto, lugares que os cidadãos frequentam periodicamente. Precisamos tratar com desconfiança todos os tipos de culto à memória, independentemente de saber se eles entram em cena com roupagem religiosa, civilizatória ou política, e isso, na verdade, sem exceção: sob o pretexto da recordação purificadora, libertadora ou mesmo apenas instauradora de identidade, eles favorecem necessariamente uma tendência velada qualquer para a repetição e a re-encenação.

A vitimologia popular conhece muito bem as reações daqueles que são feridos. Por meio de vivências ruins, eles são transpostos de um meio marcado por um esquecimento feliz para as margens escarpadas das quais não há mais nenhum retorno simples à normalidade. Compreendemos a dinâmica excêntrica por si mesma: não raramente o consolo no esquecimento se mostra para as vítimas de injustiça e derrota como inatingível e, quando atingível, então também como indesejável, até mesmo inaceitável. Daí se segue que o furor do ressentimento se atiça a partir do instante em que aquele que é ofendido resolve se deixar abater pela ofensa, como se ela fosse um privilégio dos escolhidos. Exagerar a dor para torná-la mais suportável; projetar-se da depressão própria ao sofrimento para a "soberba da miséria" — para citar uma expressão sensível e humorística de Thomas Mann acerca do patriarca Jacó[1]; empilhar o sentimento da injustiça sofrida até transformá-lo numa montanha, a fim de se colocar sobre o seu cume em triunfo amargo — tais movimentos de escalada e de inversão são tão antigos quanto a injustiça, que, por sua vez, parece tão antiga quanto o mundo. O "mundo" não é mesmo o nome para um lugar no qual os homens acumulam inevitavelmente memórias de um tipo desagradável, memórias de feridas, ofensas, molestamentos, assim como memórias de todos os episódios possíveis, nos quais sentiríamos mais tarde a vontade enorme de cerrar os punhos? E, aberta ou veladamente, todas as culturas não são sempre também arquivos de traumas coletivos? A partir de reflexões como essas podemos concluir que medidas para apagar ou obscurecer as lembranças crescentes do sofrimento precisam pertencer às regras de inteligência de toda civilização. Como é que os cidadãos poderiam ir tranquilos para a cama se eles não fossem chamados anteriormente para o *couvre-feu** relativo ao fogo interior?

Portanto, como as culturas sempre precisam oferecer sistemas de tratamento das feridas, é natural desenvolver conceitos que cubram todo o espectro de feridas, tanto das visíveis quanto das invisíveis. As ciências modernas ligadas ao trauma realizaram tal desenvolvimento partindo da compreensão de que, mesmo para objetos morais, analogias fisiológicas são úteis dentro de certos limites. Em ferimentos corporais abertos — para lembrar de algo conhecido —, o sangue entra em contato com o

---

1. Thomas Mann, *Joseph und seine Brüder*, Frankfurt, Der junge Joseph, 2004, p. 271. [Ed. bras.: *José e seus irmãos*, vol. 1 — As histórias de Jacó / O jovem José, trad. Agenor Soares de Moura, Rio de Janeiro, Nova Fronteira, 1983.]

* Em francês no original: "toque de recolher". [N.T.]

ar, o que faz com que, em seguida, reações bioquímicas o levem a se coagular. Posteriormente desencadeia-se um processo notável de autocicatrização somática, que pertence à antiga herança animal do corpo humano. Em ferimentos morais, poder-se-ia dizer que a alma entra em contato com a crueldade intencional ou não intencional de outros agentes — e mesmo em tais casos é possível evocar mecanismos sutis de cura mental da ferida; entre esses mecanismos temos o protesto espontâneo, a exigência de satisfação daquele que produziu o ferimento, ou, caso isso não seja possível, o propósito de criar para si uma reparação no tempo dado. Além disso, há o retorno a si mesmo, a resignação, a reinterpretação da cena como uma prova, o não querer admitir o acontecimento e, por fim, quando a única coisa que parece ajudar é um tratamento de choque, a interiorização do ferimento como uma pena inconscientemente merecida, até chegar à adoração masoquista do agressor. Além dessa farmácia caseira para o si próprio molestado, o budismo, o estoicismo e o cristianismo desenvolveram exercícios morais, com o auxílio dos quais a alma ferida deve se tornar capaz de transcender como um todo o curso circular entre ofensa e vingança.[2] Enquanto a História significar o movimento oscilatório sem fim entre golpe e contragolpe, a sabedoria se confundirá com o ato de fazer o pêndulo parar.

Não são apenas a sabedoria cotidiana e a religião que assumem para si a tarefa da cura moral da ferida. A sociedade civil também coloca à disposição terapias simbólicas, a fim de apoiar as reações psíquicas e sociais aos ferimentos por parte dos indivíduos em particular, assim como dos grupos. Desde tempos antigos, a instauração de processos judiciais cuida para que sejam apresentados às vítimas de violência e injustiça reparos diante do povo reunido. Por meio de tais procedimentos, realiza-se a transformação sempre precária de impulsos de vingança em justiça. Todavia, como há feridas supurantes, por meio das quais o mal se torna crônico e geral, também há a ferida psíquica e moral que não se fecha e que gera uma temporalidade própria e degradada — a má infinitude das queixas impassíveis de serem aplacadas. Assim, surge o processo desprovido de juízo reparador, o que evoca no queixoso a sensação de que a injustiça que lhe foi infligida ainda se tornaria maior no caminho processual. O que fazer, quando se vivencia o caminho do direito como um caminho falso? Será que a questão é resolvida com o sarcasmo, segundo o

---

2. Robert A. F. Thurman, *Anger: The Seven Deadly Sins*, Oxford/Nova York, 2005.

qual o mundo pereceria um dia pela via oficial — uma sentença que é sempre reinventada, todas as vezes que os cidadãos fazem suas experiências com a indolência dos serviços públicos? Não é antes natural que a ira pronuncie ela mesma o direito e, como o seu próprio executor judicial, até mesmo como um executor autonomeado, bata à porta daquele que a ofende?

Vingança narrada

Há um sem número de histórias ligadas a casos exemplares que atestam essa possibilidade. A busca por justiça sempre promoveu um segundo tipo selvagem de tribunal, no qual os molestados procuram ser numa única pessoa o juiz e o executor. A partir de nosso ponto de vista, o que é notável nesses documentos e em seus modelos reais é o fato de somente a modernidade emergente ter descoberto o romantismo da justiça feita com as próprias mãos. Quem fala dos tempos modernos sem levar em consideração em que medida esses tempos são marcados por um culto sem precedentes à vingança excessiva está sob o domínio de uma mistificação. É preciso admitir que esse culto permanece até hoje num ponto cego da história da cultura — como se o "mito do processo civilizatório" não quisesse apenas tornar invisível a liberação dos comportamentos mais vulgares na modernidade (tal como Hans Peter Duerr apresentou com imponente riqueza de provas), mas quisesse também a inflação dos fantasmas da vingança. Enquanto o traço global da civilização aponta para a neutralização do heroísmo, para a marginalização das virtudes militares e para o fomento pedagógico dos afetos pacíficos e sociais, abre-se na cultura de massas da época do Iluminismo um nicho dramático no qual a veneração das virtudes vingativas, se é que elas podem ser chamadas assim, é impelida a um nível bizarro.

Esse fenômeno precisa ser retraçado retroativamente até décadas antes da Revolução Francesa. O esclarecimento não desencadeia apenas a polêmica do saber contra a ignorância; ele também inventa uma nova qualidade de sentenças de culpa, visto que, ante a exigência por uma nova ordem, marca como injustas todas as antigas relações. Com isso, o ecossistema da resignação torna-se instável, um ecossistema no interior do qual os homens tinham aprendido desde tempos imemoriais a lidar com a infelicidade e a injustiça que inevitavelmente aparecem. Foi somente com presságios iluministas que se tornou possível a ascensão da vingança ao nível de um motivo de época — em questões privadas tanto quanto em questões políticas. Desde que o passado começou a se mostrar como fundamentalmente incorreto, cresceu a tendência a dar cada vez mais, embora nem sempre, razão à vingança.

É óbvio que a Antiguidade já tinha conhecido as grandes ações vingativas. Desde as fúrias de Oreste até a loucura de Medeia, o teatro antigo sempre pagou um tributo à potência dramática das forças vingativas. O mito também tomou bem cedo conhecimento do perigo por assim dizer naturalmente catastrófico que parte das mulheres ofendidas. Tal como o exemplo de Medeia bem o mostra, justamente a *psyché* feminina é atravessada com uma velocidade apavorante pelo caminho que leva da dor à loucura e da loucura ao crime. Foi isso que Sêneca quis mostrar com uma exemplaridade desalentadora em sua peça sobre a heroína furiosa. Na terminologia moderna apontar-se-ia para o fato de o caráter passivo-agressivo estar disposto a excessos, se é que ele deve se decidir excepcionalmente pela ofensiva — com isso, é chegada a hora das mulheres no palco da vingança. O privilégio das "grandes cenas" pertence há muito tempo ao gênero que se enfurece em meio à beleza. Os antigos da era clássica nunca tinham pensado em considerar tais exemplos como algo além de advertências quanto à necessidade de se orientar pelo meio e de se manter distante de exaltações.

Numa das peças-chave do drama ateniense, *Eumênides*, com a qual se encerra a trilogia atrida de Sófocles, o que está em questão não é nada menos que a ruptura completa com a cultura mais antiga da vingança e do destino e a instauração do cultivo político da justiça. No futuro, a justiça deve possuir a sua sede exclusivamente em tribunais civis. A sua instauração exige uma sensível operação teológica e psicossemântica, na qual as deusas da vingança que eram antigamente honráveis e extremamente cruéis, as Eríneas, são rebatizadas como as Eumênides, aquelas que são bem-intencionadas e belamente sensatas. A tendência para a transformação dos nomes é inconfundível: onde havia a compulsão à vingança deve passar a existir de maneira compensatória uma justiça prudente.

Podemos revistar as bibliotecas do mundo antigo munidos de todos os critérios possíveis: encontraremos aí uma profusão de referências ao poder elementar da ira e às batalhas campais do furor vingativo. No entanto, não descobriremos senão poucos ou mesmo nenhum rasto de um jogo meio sério com o fogo romântico da vingança. A partir do século XVIII, porém, na cultura emergente da burguesia, justamente esse jogo se torna um motivo que determina o tom geral, como se o espírito do tempo tivesse ele mesmo resolvido interpretar novamente os sonhos vingativos da humanidade. Desde então, sob a participação febril do público, um grande vingador caça o outro nas telas do imaginário moderno: desde o nobre ladrão Karl Moor até o veterano de guerra levado ao enfurecimento, John Rambo, de Edmond Dantès, o misterioso conde de Monte Cristo, até o Harmônica, o herói de *Era uma vez no Oeste*, que entregou sua vida a uma Nêmesis privada, do Juda Ben Hur, que se vingou do espírito próprio à Roma imperial com a sua vitória na ominosa corrida de bigas, até A Noiva, aliás Black Mamba, a protagonista de *Kill Bill*, que trabalha em sua lista de mortes. O tempo daqueles que vivem para a "grande cena" começou.[3] Se a velha senhora de Dürrenmatt chega para fazer uma visita, ela sabe exatamente quem entre os antigos conhecidos precisa ser eliminado. Jenny, o pirata sonhador de Brecht, conhece uma resposta ainda melhor para a pergunta sobre quem deve morrer: todos.

Histórias desse tipo estão presas a um caráter naturalmente romanceado. Por si mesmas, elas parecem exigir uma récita elevada e um detalhamento épico. Visto que as grandes ações de vingança mais recentes tornam visível a conexão entre injustiça sofrida e desforra justa, elas fornecem uma aula intuitiva sobre um conceito de causalidade do destino, ao qual mesmo os modernos não gostariam de renunciar, por mais que eles concordem, de resto, com o esclarecimento prático, ou seja, com a suspensão das fatalidades cegas. A história de vingança bem construída oferece o sublime ao povo. Ela entrega nas mãos do público uma fórmula compacta para contextos morais do tipo "se-então"; e isso mesmo pagando o preço de um alijamento do direito lentamente formal em favor de uma retribuição mais rápida. Ela satisfaz, além disso, o interesse particular pelos atos dos quais o agente pode se sentir orgulhoso: tais histórias observam o vingador, a vingadora, pagando com a mesma moeda uma ofensa e dissolvendo, com isso, uma parte do desconforto na cultura do direito. Elas apresentam a demonstração desagravadora de que os homens modernos não precisam percorrer sempre apenas o caminho tortuoso do

---

3. Cf. Juliane Vogel, *Die Furie und das Gesetz*: *Zur Dramaturgie der "großen Szene" in der Tragödie des 19. Jahrhunderts* [A fúria e a lei: para a dramaturgia da "grande cena" na tragédia do século XIX], Friburgo, 2002.

ressentimento e os graus íngremes da senda do direito para articularem as suas emoções timóticas. Em ofensas que adoecem*, a vingança é certamente a melhor terapia. Essa sensação constitui a base do prazer com objetos infames.

As ligações perigosas entre o tema da vingança e a narrativa popular não precisam ser exploradas aqui. Elas alcançam evidentemente uma dimensão tão profunda que por vezes a arte moderna assume aspectos da grande forma épica — tal como acontece na já citada obra do século da narrativa cinematográfica: *Era uma vez no Oeste*. As pessoas observaram de maneira justa que a arte do cinema forneceu com essa obra duas provas daquilo que outrora parecia impossível — por um lado, uma prova da capacidade de apropriação séria da ópera, e, por outro, uma prova de sua resolução de dar à epopeia perdida uma forma contemporânea.

A afinidade entre a vingança e as formas populares de narrativa precisaria ser explicitada a partir de uma quantidade inumerável de documentos de épocas mais recentes. E entre esses documentos, apenas para dar um exemplo, a história pitoresca de vida da rebelde indiana Phoolan Devi (1968-2001) possui certamente um caráter esclarecedor. Phoolan, proveniente do estado de Uttar Pradesh, já se tornara quando jovem a protagonista de um drama real recebido com tensão em todo o subcontinente indiano: depois de ter sido maltratada e estuprada coletivamente pelo seu brutal marido e por outros habitantes de sua aldeia, inclusive policiais, ela buscou abrigo junto a uma turma de bandidos e desenvolveu com eles um plano conjunto para atacar a aldeia, a fim de liquidar os culpados. O corpo de seu marido acabou sendo amarrado a um burro e arrastado pela aldeia. O povo simples festejou a rebelde como uma heroína da emancipação e viu nela um avatar da sublime e cruel deusa Durga Kali. A foto, que mostra a entrega das armas de Phoolan Devi às forças ordinárias indianas, está entre as imagens arquetípicas da imprensa do século XX. Vê-se aí a jovem combatente, que se entrega com toda a sua fúria concentrada a um destino aberto. Depois de onze anos de prisão sem processo, a *Bandit Queen* foi perdoada e então eleita para o parlamento indiano, onde serviu como figura de referência contagiante a um

---

*   Aqui há um jogo de palavras que se perde com a tradução. A palavra alemã *Kränkung* (ofensa, molestamento) possui uma relação etimológica com o adjetivo *krank* (doente). No fundo, o pressuposto semântico do termo é o de que ofender alguém é produzir uma espécie de ferida na alma e torná-lo doente. Assim, tomado ao pé da letra, toda ofensa (*Kränkung*) adoece (*macht krank*). [N.T.]

sem número de mulheres de seu país privadas de seus direitos. Em julho de 2001, ela foi assassinada no meio da rua em Deli, supostamente por um parente de um de seus estupradores mortos. Já em seu tempo de vida, o folclore se valeu da história dessa figura carismática e fez de Phoolan Devi a heroína de uma epopeia popular, que ainda hoje é cantada pelos rapsodos nas aldeias indianas.

Só muito raramente a interpretação arcaica e a interpretação moderna da ira vingativa se tocam tão diretamente numa única ação quanto aqui. No que se segue gostaríamos de perseguir a hipótese de que, no curso da modernização do modo literário e ideológico, o romance de vingança retorna cada vez mais frequentemente ao interior da vida da percepção individual e pública. Um exemplo muito sugestivo desse fato, um exemplo que mobilizou muito recentemente o público na Alemanha, na Suíça e nos Estados que surgiram a partir da União Soviética, foi fornecido pelo caso do engenheiro Vitáli K. da República caucasiana da Ossétia. Numa queda de avião provocada em parte por uma falha humana, Vitali perdera sua mulher e seus dois filhos. Assim, depois de mais de um ano de excessiva tristeza, ele decidiu passar à ação como vingador de sua família.

Em 1º de julho de 2002, um avião de passageiros russo vindo de Moscou colidiu a 11 mil metros de altitude sobre o lago de Constança com um avião de carga da firma DHL e caiu na localidade de Owingen. Nesse acidente, todos os 71 passageiros morreram. A tragédia aconteceu entre outras coisas por conta de uma falsa instrução dada pelo centro de controle de voo em Zurique-Kloten. Quando o controlador de voo de serviço notou que os dois aparelhos estavam em rota de colisão, ele deu instrução oral ao piloto do avião russo, solicitando que ele iniciasse imediatamente uma manobra de diminuição de altitude, enquanto a eletrônica de bordo da máquina dava ordem para que ele subisse. Como o capitão russo atribuiu maior autoridade à instrução oral, e já que o avião da DHL, de acordo com o comando eletrônico de pilotagem, também diminuiu a altitude, ocorreu a colisão fatal. Testemunhas observaram a bola de fogo no céu sobre o lago de Constança a até 150 km de distância. No dia 24 de fevereiro de 2003, um ano e meio depois do acidente, o homem nascido em 1956 na Ossétia, que em sua terra natal podia ser considerado antes como um dos vencedores da situação pós-comunista, apareceu no domicílio do controlador de voo dinamarquês e o matou com inúmeras facadas, no terraço de sua casa perto de Zurique.

Antes do drama de fevereiro de 2003, o futuro criminoso já tinha chamado a atenção pelo fato de se reportar vez ou outra a "métodos caucasianos" de resolução de conflitos. A responsabilidade pelo ato não foi atribuída evidentemente apenas à tristeza excessiva do homem, mas muito mais à conversão do processo de absorção psíquica da tristeza numa espécie de ruminação da vingança. A essa ruminação correspondia o veredicto de culpado contra o controlador no final de um curto processo diante do tribunal da própria intuição; o veredicto foi complementado por uma ideia de pena, na qual o juiz se alterna no papel de carrasco. Com isso, o criminoso se mostrou como recipiente de um modelo de ação que influencia desde o começo da modernidade cada vez mais a consciência pública. Não é de se espantar que a opinião pública russa tenha tomado parte de modo apaixonado no processo contra Vitali K. em outubro de 2005 em Zurique e tenha protestado violentamente contra a sentença que o condenou a oito anos de reclusão. O vingador ascendeu em sua terra natal, assim como em amplas partes da antiga União Soviética, ao nível de um herói popular, tornando-se para muitos objeto de empatia e de identificação.

Podemos retirar de casos como o descrito acima a conclusão de que impulsos vingativos não retornam simplesmente ao real enquanto uma codificação social não abre as vias para tanto. Podemos falar de um retorno e até mesmo de uma regressão, uma vez que tais atos não podem mais se reportar ao contexto cultural oficial: o tempo do mandamento tribal da vingança por morte existe há dois mil anos ou mais em termos de história das ideias, embora não se ache por toda parte em termos de história dos hábitos. O monopólio da violência do estado moderno é aceito pela grande maioria dos cidadãos como norma psicopolítica e apoiado quase sem objeções pela pedagogia oficial. Não obstante, não podemos desconhecer qual o espaço que o imaginário dos meios de comunicação de massa atribui ao fantasma do estado de exceção moral, juntamente com o seu domínio vingativo.

Para tornar plausível o retorno da vingança ativa é preciso supor que a força de ordenação da própria civilização política e jurídica tenha adquirido má fama. Onde a ordem pública se encontra sob suspeita de fracassar ou de estar comprometida com a perfídia (exemplar, para tanto, a repreensão por justiça de classes), os indivíduos podem se sentir conclamados a defender melhor, como juízes selvagens, a lei num tempo injusto. Neste aspecto, o moderno romantismo da vingança pode ser compreendido como um movimento parcial de uma volta mais abrangente ao heroísmo. Em tempos antigos, segundo o entendimento de Hegel, o herói era aquele que, como singular, já fazia o necessário que ainda não podia ser realizado pelo universal; o neo-heroísmo dos modernos vive da intuição de que, mesmo depois de erigir o caráter estatal, entram em cena situações nas quais o universal não é mais operativo. O fato mesmo de o Estado ou de as conduções estatais poderem ser determinadas pelos reflexos neo-heroicos e romântico-vingativos se revela no caso da primeira-ministra de Israel, Golda Meir. Dizem que Golda Meir, depois do ataque dos terroristas palestinos ao alojamento da equipe israelense nos jogos olímpicos de Munique em 1972, encarregou o Mossad, o serviço secreto de Israel, de seguir o rasto dos autores e dos homens que estavam por trás deles e liquidá-los sem processo. Essa operação (que recebeu o codinome "Ira de Deus") movimentou-se menos sobre o solo da razão de Estado do que sobre o solo do imaginário da cultura de massas. De fato, a cultura de massas apoia há muito tempo a transmissão dos atos do juízo final ao zelo humano.[4]

Não é apenas a tendência para o agir neo-heroico que está ligada à dúvida anárquico-popular quanto à realização da ordem por parte das "relações existentes". Dessa dúvida também se segue a suposição de um estado de exceção permanente — e *eo ipso* a inclinação dos atores a requisitar para si mesmos em suas situações singulares o direito de se ajudarem. De fato, alguns teóricos de esquerda, a saber, Walter Benjamin, e, em seguida, novamente Antonio Negri, desenvolveram a perigosa sugestão de que para a maioria dos homens, "sob o capital", o estado de exceção permanente seria o normal. Se a "ordem das coisas" perde inicialmente a sua legitimidade, então são sugeridas improvisações, e, entre essas, algumas bastante toscas. Só precisamos dar um passo a partir da perda de legitimidade político-moral das relações para chegar à sua perda de legitimidade ontológica, uma perda graças à qual não são subtraídas apenas as instituições do *ancien regime*, mas também os tesouros do passado juntamente com o seu solo normativo. Se esse momento entra em cena, aquilo que, por assim dizer, existe na totalidade é liberado para a revisão e, em caso de necessidade, para a demolição. Diante disso, a fórmula de militância do século XX redigida por Sartre, *on a raison de se révolter** precisaria ser

---

4. Cf. abaixo p. 127 et seq. e p. 155 et seq.

* Em francês no original: "tem-se razão de se revoltar". [N.T.]

traduzida de maneira um pouco diversa do habitual: não é quem se insurge contra o que existe que tem razão, mas quem se vinga dele.

Com vistas às implicações dos estados de exceção vingativos, a nossa investigação deve perseguir inicialmente a questão de saber de que maneira precisa ser pensada a transformação da ira atual numa vingança praticada — e sob que condições a matéria-prima "ira" é trabalhada e transformada em produtos extremamente valiosos, até o nível de "programas" que requisitam uma significação político-mundial. Em meio ao delineamento desses processos, vêm à luz os contornos de uma economia elaborada da ira.

O agressor como doador

A análise da ira volta-se numa primeira fase para o seu lado energético, a fim de se inserir nos passos seguintes nos seus aspectos temporais e pragmáticos. Isso exige uma certa ascese em relação a reações cotidianamente treinadas e padrões de interpretação adquiridos. Precisamos suspender inicialmente a inclinação para acentuar na ira antes de tudo a sua dinâmica destrutiva. Em todo caso, seria preciso excluir o conceito de "destruição" de toda avaliação moral e aplicá-lo como uma espécie de fenômeno metabólico, que precisa ser investigado para além de elogio e repreensão. A inclinação suposta ou real da ira para uma descarga cega em termos de futuro também não pode ser colocada precipitadamente no primeiro plano. Por fim, é preciso deixar de lado até segunda ordem as habituais suposições psicológicas motivacionais e os diagnósticos de caráter.

Graças a essa abstinência, uma visão mais tranquila do acontecimento da ira se apresenta. Essa visão toma conhecimento de que se trata em primeira linha de uma forma intensiva de disponibilização e de transferência de energias. Se nos deixarmos guiar pela imagem da efervescência, uma imagem que já tinha levado os autores antigos a falar de *furor*, de ferver e de lançar-se arrojadamente para a frente, então veremos o quanto a noção de ira possui um traço marcado pela ação de presentear, sim, um traço paradoxalmente generoso. Como pura "extraversão", a ira expressa sem reserva, "borbulhante", acrescenta à existência dos fatos do mundo complementos extremamente ricos em energias. De acordo com a sua natureza, esses complementos mostram-se na maioria das vezes sob uma luz negativa, visto que não parecem ser constituídos à primeira vista senão de barulho e sofrimento. Percebemos mais facilmente o traço dadivoso no acontecimento da ira, quando consideramos o sujeito irado sob o aspecto de sua semelhança com um doador.

A ira, sem se importar com o fato dela entrar ou não em cena de maneira momentânea e explosiva ou de maneira crônica e previdente (de acordo com a sua transformação num projeto, provocada pelo ódio), haure forças a partir de um excesso de energia que aspira ao esgotamento concentrado. Com frequência, é inerente à ira descarregada em atos que punem ou produzem ferimentos a convicção de que haveria no mundo, pensado em termos locais ou globais, muito pouco sofrimento. Essa quantidade pequena demais segue deduzida a partir do juízo segundo o qual certas pessoas, assim como coletividades, "mereceriam" ter sofrido em determinadas situações, mas não sofreram. Junto a tais indivíduos ou grupos desprovidos de sofrimento, o portador da ira descobre suas metas mais convincentes. Ele nunca consegue se satisfazer com o fato de a dor ser distribuída de maneira desigual. Ele quer redistribuir uma parte justa do demasiado que se acumulou nele mesmo àqueles que se mostraram como a causa de algo, mas não foram punidos. Ele é perpassado pela certeza de que os homens desprovidos de dor existem num estado de carência aguda — falta-lhes o sofrimento para a sua plenitude. A visão daqueles que não foram feridos e permanecem sem punição desperta no irado a ideia de que ele possui o que lhes falta. Olhando para eles, ele quer se tornar aquele que presenteia, aquele que esbanja — mesmo quando precisa impor aos seus receptores as suas doações. O hábito de se recusar a aceitar fornece à ira e ao ódio um motivo adicional para se voltar contra os interpelados.

Há aqui inconfundivelmente uma ligação entre ira e orgulho, graças à qual a raiva apresenta para si mesma um atestado moral de legitimidade. Quanto mais elevadamente vem à tona o fator do orgulho na ira, tanto mais efetivamente o "você pode" se transforma no "você deve". Por isso, a ação irada plenamente motivada seria aquela que experimentasse a si mesma como realização de uma necessidade irrecusável e nobre. O seu modelo empírico é fornecido pelas mortes por vingança no nível familiar e pelas guerras religiosas ou de libertação no nível étnico e no nível nacional.

O portador da ira possui, tal como apontamos, a evidência imediata de poder auxiliar com os seus meios o preenchimento da falta intrínseca aos outros. Horas que não são passadas em agonia, uma perda ardente que precisaria ser primeiro sofrida, uma casa que se encontra em seu lugar sem ser explodida, uma faca que ainda não se acha cravada no corpo de um ofensor: é preciso auxiliar a correção desses estados falhos. Mais ainda do que na inveja, que visa ao rebaixamento e à desapropriação, está em jogo na ira (assim como no ódio, que representa a sua forma de conservação) uma virada intensiva para o destinatário; e, visto que se trata de autênticos esgotamentos dos meios, fala-se com razão de uma dor que é "infligida" a um homem. O infligidor irado sente-se, de maneira comparável a um fanfarrão que em algum momento fica efetivamente sério, rico o suficiente para doar algo de sua plenitude ao mundo compartilhado.

Normalmente, a ação de presentear com a dor é dirigida a um endereço preciso. No entanto, o presente se lança na maioria das vezes para além do receptor imediato e também afeta o seu mundo compartilhado. Não é raro ver aquele que presenteia com a dor consentir neste excesso: se um objeto particular designado levou até aqui uma existência sem sofrimento, então os que estão à sua volta certamente também devem ter se comprazido com uma falta semelhante. Assim, nunca parece totalmente falso àquele que presenteia com a dor também colocar esses homens em estado de compaixão. Quanto mais desesperadamente o desejo de presentear próprio ao portador da ira quer se expressar, tanto menos ele é restrito por um endereçamento determinado. Tal como o entusiasmo civil se imagina por vezes abarcando milhões, a ira ampliada no ódio se volta para um universo de desconhecidos. Ela é um afeto que está em condições de formar por assim dizer conceitos universais obscuros e se elevar a vagas abstrações.

Quando a ira se transforma em ódio, entram em campo operações de base de formação de ideologias, uma vez que fixações conceituais fornecem reconhecidamente o melhor meio de conservação para emoções efêmeras. Quem quer ter presente para si a sua ira, precisa mantê-la em conservas de ódio. Conceitualizações da ira oferecem a vantagem de poderem ser ricamente despendidas, sem esgotar o fundo. No ódio absoluto, na forma extrema do ter-uma-sobra para os outros, não é preciso que se tenha, por fim, nenhum objeto determinado diante dos olhos. Precisamente o seu caráter abstrato, que está na fronteira da ausência de metas, garante a sua fluência e a sua passagem para o universal. É suficiente para ele saber que se volta para o endereço-universal, o real repudiado em toda a sua amplitude, para estar seguro de não se dissipar em vão. Aqui alcança-se o estágio no qual se pode falar de um esgotamento dos meios em geral, de um esgotamento dos meios *sans phrase*.⁵ Em declarações desse tipo, não é raro ver aquele que presenteia iradamente a dor inserindo na conta a sua própria vida. Em tais casos, o presenteador faz de si o suplemento físico para a bomba que deve produzir o sofrimento que falta.

Portanto, não faz sentido algum relacionar o ódio autoconsciente a conceitos como niilismo — apesar de este ser um modo dileto de explicação. Em seu conjunto, o conceito de ódio se mostra como analiticamente inútil, uma vez que ele deriva de fenômenos da ira e só pode se tornar inteligível como forma de sua conservação. Precisamos insistir no fato de a ira ampliada e transformada em ponto de vista, sim, em projeto, não manter de maneira alguma um caso com o nada — tal como se gosta de imputar ao ódio. Ela não é simplesmente uma forma militante de indiferença em relação a si mesma e aos outros. Mesmo quando a ira demonstra falta de consideração, seria equivocado pensar que para ela tudo é um e o mesmo. A ira cristalizada no ódio é a boa vontade resoluta de cuidar para que surja um crescimento aparentemente necessário de dor no mundo — de início como ataque pontual, que evoca uma dor local postulada com urgência —, a fim de dar continuidade, em meio a rumores terríveis, a notícias sobre o horror e outras ampliações midiáticas. Neste aspecto, ela é a figura subjetiva e apaixonada daquilo que a justiça punitiva quer corporificar de maneira objetiva e desprovida de paixão. As duas repousam sobre o axioma de que o equilíbrio do mundo depois de sua perturbação só pode ser reproduzido por um acréscimo de dor nos lugares certos.

Em doações particulares da ira, aquele que odeia retira inicialmente as suas forças de seu próprio estoque, correndo o risco de consumir a sua fortuna pessoal de ira. Nada garante àquele que simplesmente se enfurece a inesgotabilidade de suas fontes. Enquanto a energia irada não passa para a forma de projeto e, para além dessa, para a forma de partido (que, como veremos, inclui a forma bancária), acha-se o tempo inteiro aberta ao particular a possibilidade do retorno à paz por meio da satisfação ou do esgotamento. O pequeno movimento circular entre raiva e alívio pertence aos fatos básicos dos transcursos energético-emocionais.

---

5. Quanto à fonte da fórmula X em geral — *X sans phrase* cf. Karl Marx, *Grundrisse der Kritik der politischen Ökonomie*, Berlim, 1974, p. 25. [Ed. bras.: *Grundrisse. Esboços da crítica da economia política*, São Paulo, Boitempo Editorial, 2011.]

Sob esse ponto de vista, o crime que expressa um alívio pode ser compreendido como a manifestação de uma força que requer o direito de se descarregar, mesmo quando ela se coloca nesse caso numa posição moralmente injusta. Por isso, em virtude de tais situações impulsivas, os criminosos tendem por si mesmos ao esgotamento depois do ato. Logo que a vítima escapa do raio de visão do criminoso, ele já é mesmo capaz de esquecê-la. Não se diz dos irmãos de José, depois de eles o terem vendido para o Egito, o seguinte: "pois eles foram tomados pelo ódio e, com o tempo, só se lembravam de maneira indistinta o quanto os irritava o tolo"?[6] Como a ira representa inicialmente um recurso finito, a sua satisfação por meio de um ato é com frequência o começo de seu fim. Isso inclui a virada edificante na qual um agente irado se entrega voluntariamente à reação dos poderes legais.

Friedrich Schiller descreveu o retorno exemplar de um irado fatigado ao padecimento de sua punição na narrativa *O homem que, por ter perdido sua honra, se tornou criminoso*, de 1792.[7] Quando Hegel, um leitor atento da novela, designou mais tarde a punição como a honra do criminoso, podemos pensar imediatamente no pobre "hoteleiro de verão" de Schiller, o tirano* convertido que revela sua verdadeira identidade a um alto funcionário numa virada sentimental e se entrega em seguida à justiça. Kleist apresentou algo semelhante, apesar de se achar sob preságios mais obscuros, em *Michael Kolhaas*, uma história alemã sobre a paixão intrínseca ao anseio por continuar tendo razão. A narrativa do vingador hipersensível de seus dois cavalos roubados mensura o arco por meio do qual a ira de um indivíduo privado é impelida até uma metafísica da autojustiça. O fato de o cidadão liberto, que vê a sua obstinação satisfeita, sair da vida como um pequeno-burguês contente — sugestão apoiada por Kleist —, não expressa outra coisa senão o pressentimento da transvaloração de todos os valores. Os românticos, que se abrem à estética do excesso, já se agarram bem cedo à impressão de que a justiça divina não é mais confiável. Eles mostram compreensão quando os ofendidos desta terra realizam as suas contribuições para o juízo final durante o seu tempo de vida e com as próprias mãos.

---

6. Thomas Mann, op. cit., p. 270.
7. A primeira edição de 1786, no segundo fascículo da *Thalia*, foi publicada com o título *Verberecher aus Infamie, eine wahre Geschichte* [Criminoso por infâmia, uma história real].
* A palavra *Wüterich* caiu em desuso. Inicialmente era usada para significar "tirano". Sua formação etimológica, porém, possui um significado específico relevante para o presente contexto. *Wüterig* provém de *Wut* (raiva, fúria, furor) e significa literalmente "o enfurecido". [N.T.]

Ira e tempo: a simples explosão

Se o esgotamento dos meios da ira assumir formas mais desenvolvidas, as coisas chegam a tal ponto que as sementeiras da ira passam a ser conscientemente semeadas e os frutos da ira a ser cuidadosamente colhidos. Por meio da cultura do ódio, a ira ganha o formato de projetos. Onde amadurecem propósitos vingativos, as energias obscuras se estabilizam ao longo de períodos temporais mais longos. O que Nietzsche disse sobre a gênese da consciência, o fato de essa gênese ter por pressuposição o homem que pode prometer, vale mais ainda para a memória do vingador. O sujeito vingativo é um agente que não nota apenas a injustiça que lhe foi infligida, mas também arquiteta os planos para pagar essa injustiça na mesma moeda. O homem "que pode prometer", de acordo com a caracterização nietzschiana extremamente complexa, é o sujeito com "uma longa vontade". No que esse sujeito se constitui, propósitos vingativos podem se manter durante períodos de tempo mais longos — sim, eles são até mesmo transmissíveis de uma geração para outra. Quando o grau de transmissão aos agentes subsequentes é alcançado, forma-se uma autêntica economia da ira. Nesse momento, o bem da ira não é mais acumulado de maneira contingente e dissipado de modo ocasional; ele se transforma em objeto de uma produção e de um cuidado projetivos. Enquanto tal, forma um tesouro, que descortina aos seus possuidores acessos a motivações suprapessoais. Logo que as quantidades de ira protegidas coletivamente assumem a forma de estoques, tesouros ou patrimônios, é natural questionar se tais valores acumulados também podem ser aplicados como capitais passíveis de serem investidos. Responderemos a essa pergunta mais à frente com o auxílio de uma definição psicopolítica dos partidos de esquerda: de fato, precisamos compreender esses partidos como bancos de ira que, quando entendem de seu negócio, conquistam com os depósitos de seus clientes ganhos relevantes em termos de poder político e em termos timóticos.

Se aceitarmos a realidade e a efetividade de uma função bancária ou de uma função de poupança para as fortunas de ira próprias a certos proprietários particulares, também compreenderemos como a ira pode se desenvolver desde a sua figura inicial difusa até os graus de organização mais elevados. Por meio desse progresso, o que é percorrido não é apenas o caminho da emoção local e íntima até os programas públicos e políticos. Mesmo a estrutura temporal dos potenciais de ira experimenta uma modificação mais ampla. As massas de ira percorrem a metamorfose desde o esgotamento cego dos meios no aqui e agora até o projeto histórico-mundial lucidamente planejado de uma revolução em favor dos humilhados e ofendidos.

Não obstante, enquanto a ira permanece no nível da explosão, ela se descarrega sob o modo do "arder em chamas": "Neste momento ergueu-se violentamente a ira de Aquiles." A descarga timótica direta representa uma versão de um presente preenchido. O homem irado, assim como o homem feliz, perde a possibilidade de avaliar realmente a situação. O enfurecimento no aqui e agora neutraliza as *ekstases* retrospectivas e prospectivas do tempo, de modo que as duas desaparecem no fluxo atual de energia. Esse fato torna o furor muito atraente para aquele que se enraivece. A vida do sujeito do furor é o espumar no cálice da situação. Para os românticos ligados à noção de energia, o agir em fúria significa uma versão de *flow*. Essa versão implica o retorno ao tempo místico e animal. Além disso, tal como asseguram os especialistas, esse tempo possui a qualidade do agora que flui constantemente.

Forma projetiva da ira: a vingança

A instauração de um tempo qualificado ou existencial — de um tempo vivido que é dotado de um caráter de retenção e de tensão inicial — acontece por meio do adiamento da descarga. O potencial da ira transforma-se num vetor que gera uma tensão tendencial entre o outrora, o agora e o depois. Por isso, podemos dizer: o irado que se retém provisoriamente é o primeiro a saber o que significa ter algo em vista. Ele é ao mesmo tempo o primeiro a não apenas viver histórias, mas também fazer histórias — uma vez que o verbo "fazer" significa aqui tanto quanto: deduzir do passado os motivos para se preocupar com o que está por vir. Segundo esse ponto de vista, não há nada que possa ser comparado com a vingança. Por meio de sua exigência por desagravo, o *thymós* ativado descobre o mundo como campo de jogo para projetos que se lançam para a frente — projetos que tomam impulso naquilo que foi para a sua irrupção posterior. A ira transforma-se em *momentum* de um movimento em direção ao futuro, um momento que podemos compreender pura e simplesmente como matéria-prima de uma mobilidade histórica.

Por mais elementares que essas observações possam parecer, as suas implicações atingem o cerne dos motivos mais intimamente articulados com a filosofia do século XX. Se são pertinentes, então trazem consigo modificações sensíveis num dos teoremas mais conhecidos da filosofia moderna. Neste caso, não podemos conceber absolutamente o tempo existencial de imediato como o ser-para-a-morte, tal como Heidegger o sugeriu numa interpretação tão célebre quanto precipitada. O poder-ser-todo próprio ao ser-aí, aquilo que está verdadeiramente em questão para o pensador, não depende de maneira alguma do fato de o indivíduo singular levar em consideração a própria morte, a fim de se assegurar de seu direcionamento para algo que é incondicionalmente iminente. O ser-aí também pode se orientar igualmente pelo fato de percorrer como um todo o trajeto que vai da ofensa à vingança. De tal ligação tensa com o instante decisivo emerge o tempo existencial — e essa instauração de um ser-para-a-meta é mais poderosa do que qualquer meditação heroica e vaga sobre o fim. Quando se enfurece, o ser-aí não possui a forma do lançar-se antecipadamente em direção à própria morte, mas antes a forma da antecipação de um dia irrecusável da ira. Precisaríamos falar aqui antes num lançar-se antecipadamente em direção ao desagravo. Se pensarmos a partir daí retrospectivamente no protagonista da *Ilíada*, então fica claro que um ser-para-a-aniquilação belicoso se tornou para ele uma segunda natureza. A sua irrupção na última batalha diante dos muros troianos descreve o começo de uma sequência de ação na qual se apontava para o declínio do herói. Segundo esse ponto de vista, é legítima a tese de que o Heidegger do ser-para-a-morte pertence à série de europeus que trabalharam através dos tempos no mito de Aquiles.

A partir da forma projetiva da ira surge a vingança. Esse conceito também exige que o investiguemos inicialmente de maneira neutra e ecológica. Podemos tranquilamente considerar a exigência de vingança como uma das emoções mais desagradáveis do homem. A História nos ensina que ela está entre as causas do maior dos males, visto que a vingança não presta o seu serviço como "mestra da vida". Sob o nome de ira, essa emoção está entre os pecados capitais. Todavia, se tivéssemos de apresentar algo proveitoso sobre ela, então esse algo seria a constatação de que, com ela, a possibilidade da subocupação desaparece da vida do vingador. Quem porta em si um firme propósito de vingança irrealizado está por ora seguro em relação a problemas de sentido. Uma vontade duradoura exclui o tédio. A profunda simplicidade da vingança satisfaz a carência demasiadamente humana por uma forte motivação. Um motivo, um agente, uma ação necessária: é isso que traz à tona o formulário para o projeto perfeito. A característica mais importante da existência organizada inteiramente sob a forma projetiva mostra-se no fato de nela ser eliminada a arbitrariedade. Permanece poupada ao vingador a "penúria da ausência de penúria", uma penúria que Heidegger afirmara ser o signo de uma existência deixada na mão pelo sentido da maleabilidade para o necessário.* De fato, não se pode afirmar que o vingador viveria como uma folha ao vento. O acaso não possui mais poder algum sobre ele. Assim, a existência vingativa conquista uma significação metafísica residual: graças à vingança realiza-se a "utopia da vida motivada" num meio no qual um número cada vez maior de homens é tomado pelo sentimento de estar sendo deixado vazio. Ninguém conseguiu tornar esse fato mais claro do que o camarada Stalin, ao se dirigir aos colegas Kamenev e Djerzinski: "Escolher a vítima, preparar cuidadosamente o golpe a ser empreendido, aplacar inexoravelmente a sede de vingança e se deitar, então, para dormir [...] Não há nada mais doce no mundo."[8]

Forma bancária da ira: revolução

A forma projetiva da ira (que se denominaria autojustiça policial ou lógica de bando, anarquismo político ou romantismo da violência) pode ser desconstruída e transformada em forma bancária. Com esta expressão

---

* Esta passagem apresenta algumas dificuldades de tradução. Em primeiro lugar, porque temos a expressão heideggeriana *Not der Notlosigkeit*. Heidegger joga nessa expressão com uma ambiguidade constitutiva do termo *Not*, que significa tanto "necessidade", quanto "penúria" e "indigência". *Not der Notlosigkeit* designa a penúria de um tempo que reduz tudo à riqueza aparentemente multiforme e multicolorida do plano ôntico e que não tem mais nenhum sentido para a penúria do ser, ou seja, para o caráter incompleto e infundado de todas as possibilidades de abertura do ente na totalidade, de todos os projetos históricos de mundo. Para Heidegger, a penúria da ausência de penúria é a penúria mais radical porque vive justamente de uma aparente riqueza oriunda da supressão mesma das forças históricas essenciais ao que o homem é e pode ser. Em segundo lugar, porque temos a hifenização do termo *Notwendigkeit* que traduzimos correntemente por "necessidade". *Not-Wendigkeit* significa o jeito para a necessidade constitutiva de um estado de penúria, para a maleabilidade que nos articula com essa necessidade. Assim, para acompanharmos a riqueza do original, optamos neste último ponto por uma locução explicativa. [N.T.]

8. Apud Robert Conquest, *Der Große Terror: Sowjetunion 1934-1938* [O grande terror. União Soviética 1934-1938], Munique, 2001, p. 72; lá deparamos também com dúvidas em relação à autenticidade da frase.

designamos a suspensão* da fortuna local em termos de fúria, assim como dos projetos do ódio dispersos numa instância abrangente, cuja tarefa, tal como acontece em todo banco autêntico, consiste em servir como lugar de reunião e como agência de valorização de depósitos. Essa passagem forçosamente afeta uma vez mais a estrutura temporal dos potenciais ligados aos projetos singulares. Do mesmo modo que a vingança enquanto forma projetiva da ira já entrega a esta uma extensão temporal mais longa e permite um planejamento pragmático, a forma bancária da ira exige das emoções vingativas que elas se insiram na ordem de uma perspectiva superior. Essa perspectiva reclama para si orgulhosamente o conceito de "História" — obviamente no singular. Por meio da criação de um banco da ira (compreendido como depósito para explosivos morais e projetos vingativos), os vetores singulares caem sob o comando de um governo central, cujas requisições não concordam sempre com os ritmos dos atores e das ações. Agora, porém, a subordinação se torna irrecusável: as inúmeras histórias de vingança devem finalmente ser reunidas numa história unificada.

Nesse nível, constatamos a passagem da forma projetiva para a forma histórica da ira. A própria "História" assume a forma de um empreendimento de um grau de ambição maximamente elevado, logo que se constitui um coletivo que investe os seus potenciais de ira — assim como as suas esperanças e ideais — em operações comuns de longo prazo. Com isso, a história narrada toma sobre si a tarefa de prestar contas dos feitos e sofrimentos do coletivo normativo irado. Para dizer isso mais ou menos com as palavras de dois célebres colegas do ano de 1848: toda História é a história de valorizações da ira.

Se a economia da ira é elevada ao nível de um banco, os empreendimentos anárquicos do pequeno proprietário da ira e dos grupos organizados localmente enfurecidos recebem uma crítica rigorosa. Ao mesmo tempo, com o alçar da organização da ira, realiza-se uma racionalização das energias vingativas: essa racionalização percorre o caminho da pura

---

* O termo que traduzimos aqui por "suspensão" é um dos conceitos mais centrais do pensamento hegeliano: *Aufhebung*. Essa palavra serve para designar uma opção que, ao mesmo tempo, algo é eliminado, algo é conservado e algo é elevado. Para dar conta desse termo, alguns tradutores se valem do neologismo "suprassunção". O problema dos neologismos em traduções é, muitas vezes, sua ligação puramente etimológica com o termo original. Eles só são aconselháveis quando não há nenhuma outra opção. Como, no entanto, temos em português a palavra "suspensão", que possui em seu campo semântico os três matizes citados acima, descartamos o uso de neologismo. [N.T.]

impulsividade, passa pelo golpe pontual até chegar à concepção de ataques contra a situação mundial. A partir do ponto de vista do banqueiro da ira, as ações de agências locais da fúria não são mais do que cegos dispêndios de meios, dispêndios cujo contrassenso se revela no fato de elas quase nunca renderem um lucro apropriado. O que provoca esse estado de coisas é efetivamente o fato de a concretização anárquica das forças da ira provocar regularmente a intervenção de forças ordenadoras, que não precisam na maioria das vezes de muito esforço para neutralizar irrupções individuais de ódio e revoltas locais.

Nesse nível, as ações da ira ainda são habitualmente castigadas como delitos e punidas como crimes. Portanto, não adianta nada destruir cabines telefônicas ou colocar fogo em carros, se não se persegue uma meta com essas ações que integre o ato vândalo numa perspectiva histórica. A fúria dos destruidores de cabines telefônicas e dos incendiários consome-se em sua própria expressão — e o fato de ela se regenerar com frequência por meio das rudes reações da polícia e da justiça não reduz em nada a sua cegueira. Essa fúria restringe-se à tentativa de bater em nuvens com um pedaço de pau. Mesmo um movimento de massas como o do líder de escravos Espártaco entre os anos de 73 e 71 a.C. não pôde alcançar mais do que um recrudescimento entusiasta do ódio contra os proprietários de terra romanos. Apesar de os gladiadores rebeldes de Cápua terem infligido várias derrotas aos exércitos romanos, o derradeiro resultado desse levante passou pelas vias do horror, nas quais seis mil rebeldes crucificados perderam suas vidas em agonias que duraram dias. As suas consequências consistiram numa repressão crescente e num profundo desânimo. A revivificação da lenda de Espártaco e o seu acolhimento no arsenal simbólico das modernas lutas de classe revelam, contudo, que se conta com uma "herança" milenar nos arquivos da ira. Observemos: quem quer cultivar e herdar a ira precisa transformar os seus descendentes em parte de uma história de vítimas que exige desforra.

O resultado da experiência histórica não deixa espaço para nenhuma dúvida: o pequeno artesanato da ira está condenado a se esgotar em lambanças repletas de perdas. Enquanto as fortunas locais das paixões rebeldes não são reunidas em sintetizadores de ira que operam de maneira ampla e que são coordenados por um governo previdente, elas se consomem em seus rumores expressivos. As quantidades isoladas de raiva são cozidas em panelas pífias até se volatizarem ou deixarem para trás sedimentos queimados que não podem mais ser reaquecidos. É isso que nos mostra de maneira inequívoca a história dos pequenos partidos de protesto. É somente quando as energias discretas são investidas em grandes projetos superiores, e quando diretores visionários, suficientemente calmos e diabólicos, cuidam da administração das fortunas coletivas de ira, que pode surgir uma central energética a partir dos muitos focos isolados de fogo, uma central que fornece energia para ações coordenadas até alcançar o nível da "política mundial". Para tanto, são necessárias palavras de ordem visionárias que não falem apenas para a raiva aguda dos homens, mas também para as suas amarguras mais profundas, assim como para as esperanças e para o seu orgulho. A ira mais fria prepara os relatos de suas atividades no estilo do mais caloroso idealismo.

Tal como a economia monetária, a economia própria à ira também ultrapassa o limiar crítico quando a ira ascende do estágio de sua acumulação local e de seu dispêndio pontual e chega até o estágio do investimento sistemático e da ampliação cíclica. No caso do dinheiro, descreve-se essa diferença como a passagem da forma de tesouro para a forma de capital. No que concerne à ira, a transformação correspondente é realizada, logo que a produção vingativa da dor passa da forma da vingança para a forma da revolução. Revolução, no sentido extensivo da palavra, não pode ser coisa do ressentimento de indivíduos isolados, apesar de tais afetos também surgirem às suas custas no instante crítico. Ela implica a fundação de um banco de ira cujos investimentos precisam ser tão detalhadamente refletidos quanto as operações militares diante da batalha decisiva — ou quanto as ações de um conglomerado mundial de empresas diante da aquisição hostil da concorrente.

Considerado à luz dos acontecimentos de 1917, o conceito de "revolução" por vir põe um termo à passagem do atualismo para o futurismo da ira. Ele implica a recusa completa ao princípio da expressão, pois, numa perspectiva de negócios, ações expressivas vingativas não significam outra coisa senão uma dissipação narcisista de energia. Quem trabalha como revolucionário profissional, ou seja, como funcionário de um banco de ira, não expressa as suas próprias tensões. Ao contrário, ele segue um plano. Esse fato pressupõe a plena subordinação dos afetos revoltosos à estratégia empreendedora. Não é mais suficiente "embelezar o mundo com horrores" — para usar uma formulação lúcida e sarcástica apresentada por Karl Moor, o herói da peça de Schiller *Os ladrões* — caracterizando a máxima de sua insurreição contra a lei insuficiente. Quem quiser no futuro embelezar o mundo precisará ir muito além em seu embrutecimento do que poderia sonhar o romantismo dos rebeldes e dos terroristas. Flores do mal individuais não bastam mais — precisa-se de todo um jardim.

O poder descomunal do negativo

Com o conceito de revolução, que continua sempre fascinante a distância, apesar de também soar cada vez mais desprovido de conteúdo, designamos uma concepção, melhor, um fantasma, que pairava à frente dos dois homens mais bem-sucedidos entre os empreendedores da ira que surgiram até hoje: Lenin e Mao Tsé-tung. Por meio das ações disciplinadas do ódio, poderia se produzir um dia junto aos poderes ordenadores tanta dor adicional, tanto horror extravasante, tanta dúvida paralisante em relação a si mesmo, que tudo aquilo que existe se amalgamaria ao dia não mais distante da ira das massas. No momento em que o ocorrido até agora perde a firmeza característica de um estado aprumado, o mundo apodrecido pode ser criado novamente pelo fogo da transformação. A condição para tanto é a seguinte: a aniquilação precisa levar a cabo a sua obra até o derradeiro fim. É somente se o velho tiver sido eliminado sem restos que a reconstrução das relações corretas pode começar, sobre um alicerce que foi completamente varrido e esvaziado.

Aquilo que Hegel denominou o poder descomunal do negativo conquista nessa especulação religiosa e juntamente condicionada contornos mais claros. De acordo com o cálculo bizarro dos grandes banqueiros da ira, a ira humana, reunida a partir de todas as fontes e organizada de uma maneira efetiva, oferece a energia para uma nova criação. O fim terrível, contanto que funcione de maneira suficientemente terrível, deveria então, consequentemente, passar como que por si mesmo para um início epocal.

Quem, à altura de sua impecável desconsideração, está em condições de acompanhar a legitimidade de reflexões desse tipo entra em contato com uma preocupação que paralisaria o sangue nas veias dos garridos rebeldes, assim como dos sequazes de projetos locais do ódio, se eles fossem capazes de ter presentes para si as perspectivas estratégicas. O empreendedor apocalíptico da ira precisa impedir até onde for possível que a ação de células locais coloque em perigo, por meio de precipitação, o grande plano. Essa necessidade lhe impõe uma ascese extrema — e essa ascese precisa ser transposta para o séquito. O revolucionário do mundo precisa estabelecer constantemente planos contra os sentimentos espontâneos, ele precisa alijar de maneira pertinaz as suas primeiras reações. Ele sabe: sem a mais profunda desapropriação no agora, ele jamais chegará um dia à suprema apropriação. Quanto mais a sublevação local tiver razão, tanto mais injusta ela será do ponto de vista global. Se planejarmos a transformação de todas as coisas, a impaciência dos partidos vingativos particulares precisará ser abafada a qualquer preço. O importante aqui é muito mais obrigar todas as facções prontas a explodir a se comprometerem com a manutenção da calma e o permanecer em forma até o amadurecimento do dia da ira.

Por conseguinte, a estrutura temporal da revolução precisa ser pensada como um advento abrangente. Aquilo que conduz à revolução pertence ao tempo qualificado da História propriamente dita. O seu curso corresponde à queima de um morrão. Precisa-se de uma grande experiência histórica e de uma boa dose de intuição para poder julgar até que ponto a mecha da ira está pronta para ser acesa. Quem possui as duas coisas está apto para as tarefas de liderança no interior do banco da ira. A partir de sua plataforma soberana, tal chefe tem o direito de ordenar a seus colaboradores que mantenham a pólvora seca. Para a dupla estratégia da reunião político-mundial da ira, ter sangue frio é em todo caso a primeira condição. Por um lado, tal reunião precisa atiçar constantemente o ódio e a sublevação; por outro lado, ela precisa igualmente lhes impor retenção. Assim, a existência em tempos pré-explosivos exige a afinação da espera pronta à violência.

Onde podemos estudar essa economia mais elevada? Ninguém acreditará: um estudo acadêmico sobre Heidegger bastará para que nos apossemos de tais perigosas sabedorias. Por mais que seja evidente a sua afinidade com o tenor das investigações de *Ser e tempo*, o mestre de Messkirch* só se aproximou de modo bem formalista do ressentimento revolucionário, antes de ter se desviado por um tempo rumo ao negro idílio da "revolução nacional". Heidegger nunca conquistou clareza suficiente quanto às implicações lógicas e sistêmicas do conceito de revolução, assim como nunca penetrou na conexão entre a historicidade e o caráter ressentido do ser-aí. Sua investigação sobre as estruturas temporais do ser-aí que

---

* Cidade ao sul da Alemanha onde nasceu Martin Heidegger. [N.T.]

cuida, que projeta e que morre não fornece nenhum conceito apropriado acerca do nexo profundo entre ira e tempo. O nascimento da História a partir da forma projetiva da ira e, mais ainda, o conjunto dos processos que conduzem à capitalização do ressentimento, permaneceram obscuros em sua obra.

Ao lado de Heidegger, precisaríamos obviamente introduzir Marx e Lenin como autoridades na dinâmica da negatividade pré-revolucionária e revolucionária. Estranhamente, o estudo desses autores é hoje praticamente impossível; não porque os seus textos estejam inacessíveis, mas porque o muro do espírito de nosso tempo obstrui tão maciçamente o acesso a eles, e mesmo o mais paciente dos homens teria grandes dificuldades em conseguir superar esse muro com suas próprias forças. Abstraindo-se de algumas "passagens" que continuam recitáveis, os textos clássicos marxistas se tornaram hoje praticamente ilegíveis para homens com reflexos intelectuais, morais e estéticos contemporâneos. Eles parecem por assim dizer escritos numa língua estrangeira ilusória e são perpassados em tal medida por polêmicas obsoletas que seu efeito repulsivo prevalece por ora sobre a curiosidade dos pesquisadores mais bem-dispostos. Além disso, oferecem uma aula plástica sobre o significado de uma crença conceitual que só é de resto observável em seitas fundamentalistas. Apesar de se reportarem à ciência da "sociedade" e às suas "contradições", muitos textos saídos das penas dos clássicos de esquerda (com exceção de alguns textos técnicos basilares como *O capital*) continuam sendo recebidos apenas como paródias involuntárias. É somente graças a uma ascese totalmente intempestiva que poderíamos nos submeter ao programa de deduzir dos textos de Marx e Lenin chaves para uma teoria do presente (sendo que precisaríamos riscar da lista de leituras razoáveis as toscas elaborações de Mao Tsé-tung). Apesar disso, os trabalhos desses autores representam um compêndio maciço do saber sobre a ira, sem o qual os dramas do século XX não seriam apropriadamente descritíveis. Nós abordaremos esse *corpus* que foi a pique na terceira e na quarta seção deste ensaio, uma vez que essas seções elucidam indiretamente coisas vindouras.

Uma das últimas oportunidades de experimentar algo mais sobre os cálculos impopulares da grande economia da ira ofereceu-se no mundo ocidental ao final dos anos 1960 e início dos anos 1970 — época macabra e gloriosa em que as mil flores da radicalidade como que tiveram a sua última florescência plena. Durante esses anos, as pessoas teriam podido se convencer facilmente da verdade da observação marxista, segundo a qual os períodos históricos, depois de sua realização original em estilo trágico, se repetem regularmente como farsa. Neste caso, a farsa mostrou-se como a tentativa de projetar as circunstâncias próprias aos anos 1930 sobre as circunstâncias intrínsecas a 1968 e ao período imediatamente subsequente, a fim de deduzir dessas circunstâncias regras para a "resistência" contra o "sistema dominante". Nos debates profundamente esotéricos dos grupos formados a partir dos quadros partidários sempre se ouvia que a paciência tem de ser a primeira virtude do revolucionário. Em tais advertências refletia-se o conflito geral entre a antiga guarda e a juventude que protestava numa vertente radical de esquerda. Os sábios stalinistas tardios dirigiam a essa juventude a informação edificante de que, apesar de a revolução já ter "começado" e precisar ser no futuro constantemente computada "a partir de agora", a sua irrupção manifesta não poderia de modo algum ser acelerada de maneira voluntarista.

Somente hoje, no início do século XXI, quando a paz perpétua do consumismo real se vê ameaçada pelo "recomeço da história", um recomeço tão proclamado em tantos lugares (e ao qual também pertence um sussurrar fascista de esquerda que vem emergindo às margens da academia), nós encontramos uma nova chance de conceber o que significou o elogio da virtude revolucionária. A paciência designava a postura do sujeito histórico da ira, que se libertou de seus motivos pessoais por meio de uma ascese fria e quase idealista. Caso se misture um fator privado à vingança irrecusável contra as relações vigentes (de acordo com o jargão do tempo: caso se misture um fator privado à *praxis*), o voluntarismo e os dispêndios prematuros serão as consequências inevitáveis — as famigeradas "doenças infantis" da revolução crescente. Por mais que esses episódios eruptivos possam parecer justificados sob o ponto de vista dos atores, quando são considerados a partir da perspectiva de um colaborador dirigente do banco mundial da ira, eles são o que de pior pode acontecer antes do dia D. Está claro para os altos funcionários que, com base nas erupções prematuras, não se poderia construir aquele arco extremo de tensões que seria o único elemento capaz de possibilitar a inserção do saldo da ira espalhada pelo mundo todo numa só ação final denominada "revolução mundial". A tomada hostil do "mundo" por meio daqueles que são prejudicados pressupõe que suas múltiplas facções não dissipem mais a partir de agora as suas forças em empreendimentos particulares espontâneos.

O mais célebre exemplo de uma advertência quanto à dissipação anárquica do saldo da ira foi oferecido pelos autores de um atentado que matou no dia 1º de março de 1881 o tzar Alexandre II, o libertador dos servos. As consequências imediatas desse ato foram a intensificação da repressão e a construção de um sistema policial onipresente. Ainda mais pesado em termos de consequências foi o dispêndio sem sentido de uma fortuna de ódio por parte dos imitadores dos autores do atentado de 1881, um grupo de estudantes da Universidade de São Petersburgo que planejara para o dia 1º de março de 1886 um ataque ao sucessor do tzar assassinado, Alexandre III — os dias da ira política seguem reconhecidamente um calendário próprio. Entre eles se encontrava Alexander Uliánov, de 21 anos. O propósito foi descoberto pela polícia antes de sua execução. Alexander foi preso juntamente com outros quatorze conspiradores, apresentado à justiça e enforcado em maio de 1887 com quatro outros insurretos não arrependidos; segundo os costumes da autocracia maleável ao perdão, os outros dez condenados se safaram com vida e foram desterrados. Vladimir Uliánov, o "irmão do enforcado", experimentou posteriormente uma transformação da qual emergiu como "Lenin", o primeiro político integral da ira na história mais recente. Dotado dessa propriedade, ele compreendeu que o caminho para o poder passa necessariamente pela tomada do aparato do Estado, não pelo relevante assassinato, embora em última instância apenas simbólico, de seus representantes.

A expressão muito citada do jovem Lenin depois da morte de seu irmão, "não vamos seguir este caminho", expressão provavelmente antedatada ou inventada, é considerada com razão a primeira sentença da revolução russa.[9] Com ela inicia-se o século dos negócios da ira em grande estilo. Quem abdicar do assassinato do príncipe recebe um dia, como adendo ao poder conquistado, sem qualquer ônus o príncipe morto.

---

9. Quanto às dúvidas em relação à autenticidade do dito clássico, cf. Christopher Read, *Lenin: a Revolucionary Life* [Lenin: uma vida revolucionária], Londres e Nova York, 2005, p. 11.

2

O Deus irado: o caminho para a descoberta do banco metafísico da vingança

No final da introdução, afirmamos que a constelação político-psicológica envolvida nas noções de ira e tempo (ou ira e história) seria anterior à constelação teológica presente em ira e eternidade. Agora, precisamos desenvolver o significado dessa afirmação. Não nos espantemos com o fato de obtermos no decorrer da investigação visões nada triviais da função e do modo de construção das religiões monoteístas.

O fato de a teologia querer, poder e precisar ser uma grandeza política vem à tona a partir de uma simples constatação: as religiões que são relevantes para o curso da história ocidental europeia, a religião mesopotâmica tanto quanto a religião mediterrânea, sempre foram religiões políticas, e, enquanto sobreviveram, permaneceram assim. Nelas, os deuses são partidários de seus povos e protetores de suas construções imperiais. Eles exercem essa função mesmo correndo o risco de precisarem primeiro inventar para si o povo adequado e o seu império. Isso vale particularmente para o Deus dos monoteístas, que atravessa um amplo arco geopolítico desde os precários momentos iniciais egípcios até o seu triunfo romano ou norte-americano; e isso apesar de os seus adoradores afirmarem com frequência que ele não seria um mero Deus imperial (como se sabe, impérios são mercadorias degradantes), mas o criador supratemporal e suprapolítico, assim como o pastor de todos os homens.[1]

De fato, o Deus único de Israel foi de início um Deus sem reino. Como o aliado de um pequeno povo, cujas ambições de sobrevivência Ele tinha transformado em tarefa sua, Ele não parecia representar num primeiro momento mais do que um deus provinciano entre outros. Com o tempo, contudo, acabou por se transformar no Deus politicamente mais virulento que havia nos céus acima da Mesopotâmia e do Mediterrâneo. Consciente de sua onipotência, por mais que quase imperceptível sobre a terra, ele se colocou numa posição ofensiva diante do reino dos deuses magnificamente encarnados do Oriente Médio e de Roma e apresentou rigorosas pretensões de superioridade. Como pretendente a uma posição

---

1. Cf. Régis Debray. *Dieu, un itinéraire: Matériaux pour l'histoire de l'Éternel en Occident*, Paris, 2003.

única reluzente, Ele convidou o antigo povo de Israel a viver religiosamente muito além de suas relações políticas e, confiando nele, levantar a cabeça mais alto do que os mais poderosos senhores de império que se encontravam à sua volta. Ele se revelou a partir daí como um *deus politicus* pura e simplesmente, o partidário de todos os partidários, a âncora de uma unilateralidade sacral, que se articulava num conceito prenhe de consequências: o conceito de "laço". Tal como o dogma de que a ciência marxista unificaria em si objetividade e interesse de classe transmitiu-se de mão em mão nos tempos áureos do comunismo, as teologias judaica e cristã, como sabemos sempre frutos florescentes, deram desde o princípio a entender que a justiça universal de Deus se expressaria em sua predileção por um dos dois povos aliados.

Em meio ao desenvolvimento de um gerenciamento da ira de amplitude global (ou seja, visto a partir de um ponto de vista moderno, em meio à subordinação do político à moral, da arte do possível à arte do desejável) é preciso assumir a existência de uma primeira fase constituinte que se estende por mais de dois mil anos. Nessa fase, ganha forma a representação sublime e ameaçadora de um Deus soberanamente governante e dirigente, mas também participante, excitável e capaz de "tomar ardorosamente o partido a favor ou contra algo ou alguém", a representação de um Deus que interviria constantemente no curso dos conflitos humanos, isto é, no curso da História; e como a história dos homens é em grande medida um sinônimo daquilo que irrita Deus, essas intervenções acontecem na maioria das vezes sob a forma do enfurecimento, contra os seus não menos do que contra os respectivos adversários. Ele mostra a sua ira, uma vez que coloca em movimento guerras, epidemias, fome e catástrofes naturais (dito em termos técnicos: causas secundárias que cumprem a missão dada por uma majestade que se mostra como causa primeira). Diz-se mais tarde do mesmo Deus que ele aplica no juízo final penas corporais e anímicas eternas àqueles que perderam a oportunidade de expiação em seus dias terrenos e que se subtraíram à justa pena por seus atos.

A partir das representações do além oriundas do antigo Egito e do Oriente Médio, o tema do tribunal em sua culminação própria ao barroco e à alta Idade Média foi elevado ao nível das mais ofuscantes colorações plásticas. Se fôssemos designar o caminho particular em termos de história das ideias que foi assumido pela inteligência cristã, então seria preciso certamente dizer: cristão é (ou foi até bem pouco tempo atrás) o pensamento que, por conta da preocupação com a salvação, também imagina o seu contrário, o inferno. Ainda no século XX, o irlandês James Joyce construiu um monumento ao horror metafísico e descreveu o encontro da dor torturante com a infinitude nas cores mais brilhantes e mais negras.[2] Sob a influência dessa ideia, o conceito de infinitude é associado com a imagem do estabelecimento final de uma pena e de uma tortura, uma imagem que se apoia sobre uma ampla memória divina da injustiça e sobre uma competência correspondente para a vingança. Com o auxílio desse complexo representacional, o temor entre os cristãos escreveu uma história da alma.[3] É fato pertinente dizer que a teologia do século XX se despediu discretamente das desconfortáveis hipotecas da dogmática do inferno. A figura do Deus irado, porquanto seus rastros elementares seguiram até os alicerces da memória contemporânea, continua evocando a lembrança do inferno cristão por excelência.

Se a ira de Deus é retraduzida no tempo e acolhida por um governo humano universalmente orientado, surge uma "história" com um clímax revolucionário cujo sentido é vingar-se da injustiça que desencadeia a ira, abatendo-se sobre os seus autores, ou, mais ainda, sobre os seus pressupostos estruturais. Poderíamos definir a modernidade como a época na qual se fundem os temas da vingança e da imanência. Esse elo evoca a existência de uma agência da vingança dotada de uma amplitude global — na próxima seção, vamos descrever o partido que sempre tem razão enquanto corporificação de uma tal instância. O dito schilleriano, segundo o qual "a História do mundo é o tribunal do mundo", só poderia ser colocado em prática por uma central de ação desse nível. De início, contudo, não se deve falar da tradução da ira sagrada na história terrena, mas de sua reunião na eternidade.

Prelúdio: a vingança de Deus contra o mundo secular

Se é pertinente dizer que a globalização da ira teve de percorrer uma fase inicial teológica extensa antes de se tornar transportável para o governo do mundo, deparamos aqui com uma aporia que desemboca

---

2. James Joyce, *Retrato do artista quando jovem* (1916).
3. Jean Delumeau, *Angst im Abendland: die Geschichte kollektiver Ängste im Europa des 14. bis 18. Jahrhunderts*, Reinbeck (Hamburgo), 1985. [Ed. bras.: *História do medo no Ocidente*, São Paulo, Companhia das Letras, 2009.]

numa dificuldade de compreensão de caráter principial. De início, tentamos mostrar a razão pela qual é impossível para os homens modernos reconstruir a ira de Aquiles como uma das condições da época homérica. O que virá nas seções seguintes é uma demonstração análoga quanto ao profetismo da ira biblicamente documentada do judaísmo e quanto à teologia da ira escolástica e puritana de talho cristão. Para os homens contemporâneos de hoje está fora de questão honrar a ira de um Deus, tal como ela foi transmitida de maneira doutrinária pelos exegetas do monoteísmo triunfante no ápice de sua certeza de si. Quem se dispõe a acreditar que seria possível abdicar de um retrocesso à história antiga do *horror metaphysicus*, uma vez que o islamismo atual fornece uma aula intuitiva substituta, equivoca-se fundamentalmente. No máximo, a onda de violência sustentada pelos islamistas revela algo sobre as mais recentes reencenações das figuras conhecidas desde os dias do judaísmo antigo, reencenações da figura do Deus encolerizado e da cólera por Deus. No entanto, ela permanece muda quando o que está em jogo é a questão de saber como Deus pôde adquirir o atributo da ira.

Se quiséssemos honrar a autêntica doutrina da ira de Deus, seria necessário preencher dois conceitos com um sentido literal. Esses conceitos possuem uma significação que, no máximo, ainda se acha presente para nós de maneira metafórica: magnificência e inferno. É impossível para os homens de hoje concretizar o conteúdo dessas expressões, que designavam em outros tempos os extremos do elevado e do profundo num mundo marcado pela presença de Deus; e isso mesmo que eles apresentem a maior boa vontade possível para tanto. Se um homem moderno fosse capaz de empregá-los de acordo com a sua seriedade metafísica, ele precisaria poder se haver com a sentença mais terrível da literatura mundial — aquela inscrição no portão de entrada do Inferno de Dante, que anuncia para toda a eternidade: "Quem me criou foi a primeira sabedoria e o primeiro amor." A impossibilidade de uma concordância plenamente consciente com essas palavras do terror dá uma ideia do caráter fatídico da tarefa que seria preciso resolver — e cuja solução justamente, tal como acreditamos, não chega mais a termo. Ver essa dificuldade significa entrar numa consideração sobre o preço do monoteísmo. Antecipadamente poder-se-ia dizer que esse preço precisava ser pago por meio de duas transações em relação às quais não seria fácil dizer qual delas era a mais fatal: por um lado, por meio da inserção do ressentimento na doutrina das coisas últimas e, por outro lado, por meio da interiorização do terror na psicopedagogia cristã.

Antes de nos aproximarmos dessas zonas precárias, é preciso que empreendamos a tentativa de distender a censura do espírito do tempo, pois essa censura faz questões teológicas de todos os tipos serem excluídas do âmbito das coisas seriamente discutíveis entre homens esclarecidos. O "discurso sobre Deus" foi reconhecidamente banido das conversas à mesa em boa sociedade na Europa há mais de 150 anos — apesar de todos os boatos que periodicamente circulam sobre um retorno da religião. A frase espirituosa de Flaubert, inserida em seu *Dicionário de lugares comuns*, uma frase que se transformou em palavra de ordem para a "conversação", que afirma que "política e religião não se discutem", continua caracterizando a situação dada.[4] Pode-se falar o quanto quiser sobre a "revitalização" do elemento religioso. A verdade, porém, é que ainda está muito longe de emergir alguma crença em coisas extra ou supramundanas a partir do desconforto amplamente difundido no mundo desencantado. Quando João Paulo II vez ou outra observava de modo melancólico que os homens na Europa viviam como se não existisse Deus, ele revelou mais sentido para as relações reais do que os criptocatólicos ativos na cultura folhetinesca alemã, que prefeririam eleger o Senhor no céu como a personalidade do ano.

Para a mensagem cristã vale especialmente dizer que ela não é mais, há muito, admitida no espaço secular e naquilo que vai além desse espaço: ela não é mais plausível. Ela só pode continuar alcançando a sua clientela nos meios especializados — por que não também em canais reservados às seitas? Esse enunciado provocará o protesto de alguns representantes eclesiásticos que não gostam de conceder à Igreja o *status* de um meio no mercado da comunicação, como se a crença no redentor equivalesse a uma mera predileção, algo como assistir a filmes de horror ou treinar cães de briga. Essa reserva é bem compreensível, mas altera pouco o modo de existência subcultural da questão cristã. O que está em jogo aqui não pode ser expresso simplesmente por meio de uma inquirição estatística sociológica. A estranheza do Evangelho para o público de hoje vai muito além da confissão de São Paulo de que o discurso sobre o Cristo seria um escândalo para os judeus e uma tolice para os gregos. Para além de tolice e escândalo, constrangimento é o modo de ser do elemento religioso nos tempos de hoje. Faz muito tempo que o sentimento religioso retirou-se para as zonas íntimas da *psyché* e é apreendido como o *pudendum*

---

4. Cf. Gustave Flaubert, *Le Dictionnaire des idées reçues*, Paris, 2005, p. 41.

propriamente dito dos modernos. Depois do Iluminismo, o homem precisou atravessar um amplo umbral de impasses para continuar sendo seriamente tocado pela questão "daquela essência mais elevada, que veneramos". Teólogos gostam de reagir a essa situação com uma referência profunda ao fato de o homem moderno viver justamente na "situação histórica do distanciamento de Deus". No entanto, já a palavra é uma escolha errônea. O problema entre Deus e os homens de hoje não reside no fato de estes estarem muito distantes de Deus. Na verdade, eles precisariam permitir que Deus chegasse muito perto deles, caso tivessem de levar a sério as Suas ofertas. Não há nenhuma propriedade do Deus dos teólogos em que possamos ver isso melhor do que na mais constrangedora entre todas elas: sua ira.

Dito isto, a tese seguinte provavelmente se mostrará como elucidativa: a manifestação aparentemente mais concludente de um novo peso da religião, sim, de uma nova religiosidade enquanto tal — a atenção devotada pelo público mundial à morte do papa João Paulo II e à escolha de seu sucessor, Bento XVI, em abril de 2005 — não teve no fundo senão muito pouco em comum com o lado religioso da rendição da guarda no posto de São Pedro. *De facto*, a fascinação provinha preponderantemente, se não exclusivamente, das liturgias romanas que se apoiam sobre relíquias do mito imperial e cesarino. Sem prestar contas quanto a esse ponto com conceitos claros, tanto as massas quanto os meios de comunicação pressentiram na ocasião como a aura pessoal do papa ainda continuava irradiando o carisma da posição de César. Quem observou atentamente o pontificado de João Paulo II deve ter percebido que, no culto ao papa atualizado por ele de maneira astuta, o cesarismo midiático foi a característica marcante. Apesar de toda afirmação insistente da intensidade mística, sempre foi evidente que a mensagem cristã é que forneceu a forma religiosa para o conteúdo cesariano. Foi só por causa disso que a *Roma aeterna* pôde vir à tona durante algumas semanas como o *content provider* mais efetivo de todos os fornecedores mundiais de rede. No entanto, o que isso prova senão que a Igreja só almeja uma vitória no campo da luta por atenção quando ela representa um programa passível de ser mal interpretado no sentido mundano, trágico, espetacular? Não obstante, será que se trata realmente apenas de uma incompreensão, quando os "atores de Deus" se lançam uma vez mais à frente? Como o catolicismo, enquanto catolicismo romano, continua sendo em última instância muito mais império — mais exatamente uma cópia de império — do que Igreja, o caráter constrangedor do discurso religioso pode ficar em segundo plano em meio às suas ações centrais e estatais, a fim de deixar o palco inteiramente para o aparato senhorial.

Em que pese: no clima pós-iluminista, "Deus" é precisamente aquele tema que, em todas as circunstâncias, não pode ser tema algum — se deixarmos de lado a distribuição de exemplares isolados de jornais culturais elitistas. Com maior razão, um discurso público sobre "propriedades" do objeto impossível é impensável. Ainda mais impossível, caso possamos estabelecer aí um comparativo, seria a exigência de imaginar um Deus irado ou quiçá um Deus da vingança — computado num tempo no qual um Deus convivial já representa uma hipótese enfraquecida. Mas mesmo com essa figura impopular — nós gostaríamos de designá-la como uma "figura de pensamento" —, precisamos nos contentar em conceber a gênese da economia da ira com vistas aos estágios prévios de sua construção numa estrutura bancária formal.

A mais recente oportunidade de ver os conceitos de "Deus" e "vingança" entrarem juntos em cena numa configuração atual foi oferecida pelo debate sobre o novo fundamentalismo religioso-político, cuja visibilidade pública intensificada remonta ao final dos anos 1980. Um título significativo de um livro dessa época é *Die Rache Gottes: Radikale Moslems, Christen und Juden auf dem Vormarsch* [A vingança de Deus: muçulmanos, cristãos e judeus radicais em ofensiva], publicado em Munique, em 1991. O original francês chegou dois anos antes ao mercado com o título *La Revanche de Dieu*. Seu subtítulo não falava apenas sobre uma ofensiva, mas precisamente sobre uma *reconquête du monde* — remetendo ao padrão histórico da Reconquista. O autor do livro, Gilles Kepel, desde então uma das vozes mais requisitadas em questões de cultura e política do Oriente Médio, investiga nele as estratégias de mobilizações radicais monoteístas em diversas regiões do mundo. O aspecto oriental do tema aqui aparece ainda inserido numa percepção ecumênica dos antigos e dos novos fanatismos.

É impossível desconsiderar o tom irônico da expressão *revanche de Dieu*. O autor não deixa nenhuma dúvida quanto ao fato de que trata de seus objetos exclusivamente com os meios de alguém que faz um diagnóstico do tempo e que se mostra como cientista cultural. Se ele fala da "vingança de Deus", não está em jogo aí nenhuma ligação positiva com a teologia do Deus irado. No centro da investigação encontra-se o retorno de grupos militantes ao palco político mundial, grupos cuja emergência estamos acostumados a interpretar como "reações fundamentalistas"

— se quisermos: como vingança de meios religiosos agitados contra o meio secular dominante. Num ponto de vista cronológico, a *revue* dos fundamentalismos começa com a entrada em cena dos fundamentalistas evangélicos nos Estados Unidos, que denunciam obstinadamente a visão de mundo das modernas ciências da natureza como obra do diabo e que vêm ampliando a sua influência sobre a sociedade americana há décadas; ela prossegue com os judeus ultraortodoxos de Israel, que prefeririam o quanto antes o seu Estado secular transformado numa rabinocracia — suas agitações não podem mais ser desconsideradas por nenhum governo; ela termina inevitavelmente com os fenômenos islamistas mais recentes. Em verdade, assim como a sua contrapartida cristã, os islamistas mostram uma inclinação para a beataria militante — não há como deixar de perceber logo de início as ressonâncias com os anos de luta e de resistência do catolicismo romano no final do século XIX e início do século XX. No entanto, os islamistas acrescentam um novo elemento às suas incursões políticas. Eles lançam mão do Islã tradicional como um *ready-made*, a fim de instrumentalizá-lo ao seu bel-prazer numa campanha de propaganda terrorista por intermédio da opinião pública mundial. Aquilo que Marcel Duchamp realizou para a história da arte no início do século XX é repetido por Osama Bin Laden, apoiado por seus técnicos religiosos, em nome do Islã no final do século XX. A significação do procedimento *ready-made* para a moderna economia cultural foi apresentada por Boris Groys em análises sutis — análises cuja reconstrução por meio das ciências da cultura atuais se encontra apenas no início.[5] No Islã, por conta do lidar subversivo com a tradição sagrada, surge o fato de a autoridade religiosa do ulema, o conselho de conhecedores das escrituras e de juristas, ser soterrada pela fascinação fascista e golpista de piratas religiosos (que se servem antes de tudo da internet).

Todavia, essa "vingança de Deus" — lançada na mídia ávida por eventos da sociedade do entretenimento ocidental por meio de surrealistas

---

[5]. Boris Groys, "Marcel Duchamps 'Readymade'", in: *Über das Neue: Versuch einer Kulturkommune* [Sobre o novo: tentativa de uma comuna cultural], Munique, 1992, p. 73 et seq.; idem, "Simulierte Ready-mades von Fischli und Weiss", in: *Kunstkommentare*, Viena, 1977, p. 131 et seq.; idem, "Fundamentalismus als Mittelweg zwischen Hoch- und Massenkultur" [Fundamentalismo como caminho intermediário entre cultura erudita e cultura de massas], in: idem, *Logik der Sammlung: am Ende des musealen Zeitalters* [Lógica da coleção: no fim da era dos museus], Munique, 1997, p. 63 et seq., assim como idem, "On the new", *Research Journal of Anthology and Aesthetics*, n. 38, 2000, pp. 5-17.

políticos, terroristas e fanáticos de todas as cores — forma, como mostraremos, apenas uma prorrogação meio estranha, meio macabra, de tradições teológicas milenares, nas quais se falava histórica e apocalipticamente com uma seriedade bem ponderada, característica de uma disciplina refletida em todos os seus aspectos, da ira de Deus e de sua interferência nas questões humanas. Com a lembrança de tradições desse tipo começa para nós a descida às catacumbas da história das ideias. Nós nos movimentaremos nessas catacumbas nas próximas páginas, mas não sem sermos tocados vez ou outra pela sensação de que as frontes com seus risos sardônicos esculpidas em nichos de fachadas portariam os traços de personagens históricas.

O rei irado

De acordo com a natureza da coisa em questão, as inúmeras referências do Antigo Testamento à figura do Deus irado não podem nos interessar aqui senão numa perspectiva extremamente limitada. Mesmo as fontes neotestamentárias e a dogmática católica posterior não podem ser consultadas senão de maneira seletiva e de um ponto de vista estreito. Deixaremos de lado aqui totalmente os reflexos dessas tradições no Alcorão porque, medidas a partir do *corpus* dos enunciados judeus e cristãos, eles não apresentam nada realmente novo. No presente capítulo, portanto, só poderemos perseguir algumas poucas viradas teológicas que foram significativas para o desenvolvimento do "Deus" uno e dos povos de Deus correspondentes e para a sua transformação em meios de armazenamento da ira. As outras referências abundantes à vida afetiva divina no sentido eufórico tanto quanto disfórico não nos interessam de modo algum neste contexto.

Para conhecedores e leigos é uma trivialidade dizer que os antigos retratos de Javé, o Senhor de Israel, estão eivados de robustos antropomorfismos (melhor, antropopsiquismos). Todo leitor da Bíblia pode se convencer do modo como o Deus do Êxodo ainda unifica em si os traços de um demônio do tempo teatral com os traços de um *warlord* retumbantemente indômito. Decisivo para tudo o que vem depois é certamente de que maneira se cunham nessa imagem primitivo-energética e meteorológico-militar de Deus os primeiros traços de uma inspeção moral superior. Pertence a este ponto o surgimento de uma função retencional que deve impedir o mergulho e o desaparecimento do passado naquilo que pura e simplesmente passou. Por meio da retenção divina surge o primeiro ponto de partida para uma "História", que significa mais do que o eterno retorno do mesmo — mais também do que o ritmo do bater das ondas da megalomania e do esquecimento no qual impérios vão e vêm. O caminho em termos de história das ideias que leva até o "Deus onisciente" transcorre em longos trechos paralelamente à senda que conduz ao Deus da boa memória.[6] A emergência e a explicitação de uma atividade fixadora, reposicionadora, conservadora e rememorante em Deus designa ao mesmo tempo a transformação de seu exercício de poder do estilo eruptivo para o hábito cavalheiresco-real.[7] Para um Deus que sempre corre rapidamente para assumir vez ou outra o papel de trovejador, a ira pode representar um atributo plausível, apesar de incidental. Para um Deus que, enquanto juiz real, deve despertar atenção e medo com uma aura de majestade numinosa, o poder irar-se é constitutivo. Com vistas a ele, seria preciso dizer em primeiro lugar: soberano é quem consegue ameaçar de maneira fidedigna.

Por meio da conquista árdua da função cavalheiresca de Deus transforma-se o perfil temporal de sua atuação: se, num período anterior ele era considerado como protetor de seu povo ou como intervencionista impulsivo (pensemos na derrocada do exército egípcio em meio às enchentes enviadas por Deus ou na extinção de todo o gênero humano com exceção de Noé durante o dilúvio), então ele se distinguia inicialmente por suas exaltações, que eram levadas a termo segundo o direito de aplicação da pena capital — de acordo com o ponto de vista psicológico poderia se falar de descompensações momentâneas. O tempo que vai da raiva de Deus em relação à humanidade pecadora até a queda da chuva mortal é precisamente o tempo de uma cochilada. Já a menção ao arrependimento que Deus sentiu por ter criado o homem insinua uma relação desproporcional entre expectativa e cumprimento — visto que o arrependimento implica uma modificação do sentimento temporal divino. A situação altera-se fundamentalmente logo que se considera a cena final do acontecimento do dilúvio. Nessa cena, Deus estabelece com o arco-íris

---

6. Cf. Raffaele Pettazzoni, *Der allwissende Gott: zur Geschichte der Gottesidee* [O Deus onisciente: para a história da ideia de Deus], Frankfurt/Hamburgo, 1960.
7. Cf. Jan Assmann, *Politische Theologie zwischen Ägypten und Israel* [Teologia política entre Egito e Israel], Munique, 1992, em particular p. 85 et seq.

um símbolo de paciência que é significativo para os dois lados, um símbolo que expressa a sua vontade de que tal ação de aniquilamento nunca mais se repita; e isso apesar de a humanidade depois do dilúvio, no que diz respeito ao seu perfil moral, não se distinguir da humanidade anterior ao dilúvio de uma maneira que seja digna de nota. Rüdiger Safranski resumiu esse fato de maneira muito pertinente e com um desrespeito muito respeitoso ao observar que Deus teria se "transformado" por meio da experiência do dilúvio "de fundamentalista em realista". O realista é aquele que admite que todas as coisas carentes de aprimoramento precisam de tempo — e que coisas não seriam carentes de aprimoramento?[8]

Em consequência da virada para a compreensão do Deus vingativo-cavalheiresco são realçadas cada vez mais junto ao Senhor no céu as suas qualidades "retencionais". Assim como intenções remontam a algo presente, as retenções apontam para algo que foi e para pretensões a algo por vir. As competências reais-arquivárias e justiciais de Deus aparecem a partir de agora poderosamente em seu perfil. Elas incluem a capacidade de notar a justiça e a injustiça, de protocolar atos que ferem a lei, mas sobretudo a prontidão para reservar a si o julgamento sobre a medida correta da pena, computando aí o direito de perdoar, e para deixar em aberto o instante da punição. Concepções desse tipo só podem surgir numa cultura que dispõe há mais tempo de dois arquétipos da técnica "retencional", por um lado, o celeiro ou, mais genericamente, o depósito, e, por outro lado, o livro ou, mais genericamente, a escrita e a sua coletânea em bibliotecas (complementada pelas técnicas judiciais de descoberta do que é justo). É a partir desses dois padrões fundamentais que a função do arquivo encontra o seu ponto de partida. Como instituição e como função cultural, o arquivo desenvolve-se logo que sistemas nervosos interagem com memórias externas e sistemas de anotação; dito de outro modo, quando o trabalho conjunto entre as memórias subjetivas e objetivas é empreendido em decursos formais. Por isso, o Deus juiz é naturalmente o arquivista originário no reino da moralidade. O seu serviço consiste em fixar a lembrança de coisas discutíveis para a retomada posterior.[9]

---

8. Rüdiger Safranski, *Das Böse oder das Drama der Freiheit* [O mal ou o drama da liberdade], Munique/Viena, 1997, p. 32.
9. O conceito de "arquivo" é explicitado mais detidamente um pouco mais adiante, p. 184 et seq., com uma referência a sua nova determinação por meio dos trabalhos filosófico-culturais de Boris Groys.

Apesar da teologia imanente da Bíblia já manifestar bem cedo a tendência para colocar Javé acima dos tempos, a saber, acima das fantasias de permanência e das brilhantes genealogias dos impérios ao seu redor, como juiz e presidente dos processos, Ele permanece para o seu próprio séquito um agente que "irrompe" nos destinos históricos do povo e dos povos. Por esta razão, o Deus juiz do judaísmo precisa ser representado como um rei dominante, sem levar em consideração o contrassenso empírico de um reinado por princípio invisível. Por meio da transformação de Deus em rei, o horizonte temporal de sua intervenção entra em tensão. As anotações divinas em relação à injustiça e as capacidades de conservação da ira tornam possíveis amplos arcos que se estendem entre o momento do "pecado" e o momento da "vingança". No entanto, elas ainda não significam o reposicionamento da violência punitiva no final dos tempos ou mesmo a sua armazenagem para toda a eternidade.

A interrupção da vingança

O livro bíblico do Gênesis firma um corte que traz consigo consequências de largo espectro para a organização da memória humana da ira. O relato sobre o primeiro assassinato, cometido pelo agricultor Caim contra seu irmão mais jovem, Abel, predileto de Deus e pastor de ovelhas, é ao mesmo tempo o mais antigo documento sobre os segredos da injustiça. Deus aparece pela primeira vez nessa história de uma maneira totalmente aberta como o Senhor da facticidade: Ele contempla com complacência o sacrifício de Abel, mas não dá importância ao de Caim. Falta todo e qualquer rastro de motivação para esta diferença. É constitutivo do conceito de Deus a liberdade de discriminar onde e quem ele quer. (Nós nos deparamos com o próximo exemplo, um exemplo igualmente rico em consequências, na história de Esaú e Jacó: aí também, sem indicar as razões, Deus ama um e odeia o outro — de fato o quadro não pode dizer para o pintor: por que me fizeste de tal modo[10] que precisaste me rejeitar?) Exige-se do discriminado o controle do afeto provocado pela ofensa:

---

10. Cf. Carta de São Paulo aos romanos, 9:20.

O Senhor disse para Caim: por que tu te exaltas e por que abaixas teus olhos? Se ages corretamente, tu podes levantar a cabeça; se não ages corretamente, o pecado se esgueira à tua porta como um demônio. Ele te tem em vista, mas tu precisas te tornar senhor sobre ele.[11]

O sentido dessa advertência introduzida antes da narrativa do ato é evidente: o assassinato do irmão não deve ser mal compreendido como uma ação afetiva espontânea. Ao contrário, ele precisa ser considerado como o resultado de uma suspensão da advertência distintamente pronunciada. O ato não acontece na inocência relativa do sentimento acalorado. Para cometê-lo, o autor precisa ultrapassar levianamente limites estabelecidos de forma clara — e é somente com esse gesto transgressor que o fato se mostra como um pecado. É difícil expor isso de maneira suficientemente explícita: Caim não segue a lei da inércia que é inerente a um forte impulso afetivo; ele premedita o seu ato — com um pretexto, ele atrai seu irmão para o campo aberto, a fim de matá-lo. A partir de então, ele vive no tempo particular da culpa; ele é preso à estaca de seu próprio ato: "Sem descanso e sem repouso tu andarás pela terra", diz-lhe o Senhor; "sem descanso e sem repouso andarei pela terra e quem me encontrar me matará", responde o criminoso.[12] Em seguida, Deus coloca uma marca em Caim, "para que ninguém que o encontre o mate".

Historiadores da religião associam a marca de Caim aos sinais de advertência próprios a uma antiga estirpe oriental, na qual era usual a mais rigorosa vingança de sangue. Essa advertência sinalizava o seguinte: quem levantasse a mão contra o portador do sinal precisaria estar preparado para que caísse sobre ele e sobre os seus uma vingança séptupla. Entre os descentes de Caim, a ameaça de vingança acirra-se a tal ponto que ela se transforma em grotescos jogos com números. Seu bisneto Lamech anuncia heroicamente: "Mato um homem por uma ferida e um menino por um vinco. Se Caim for septuplamente vingado, então Lamech será setenta e sete vezes mais."[13]

Esses números explosivos expressam uma situação ambivalente: na verdade, a marca de Caim é legível como o sinal de uma proibição geral de vingança; não obstante, ameaça-se com uma punição excessiva aquele que

---

11. Gênesis 4:6-7.
12. Gênesis 4:12-14.
13. Gênesis 4:23-24.

vai além da proibição. Se a vingança por um lado é suspensa, subsiste, por outro lado, para o caso de desconsideração desse mandamento, a perspectiva de uma vingança extrema. Esse paradoxo pode ser compreendido como sintoma da falta de um monopólio efetivo da violência. Onde ainda não existe uma autoridade punitiva central, a proibição da vingança só pode ser realçada — de maneira experimental — por intermédio de uma ameaça excessiva de reação. Precisamos esperar pela introdução de uma cultura jurídica estável dotada de um sistema judicial formal, antes de as conhecidas equações taliônicas poderem se tornar efetivamente ativas: "Vida por vida, olho por olho, dente por dente, mão por mão, pé por pé, queimadura por queimadura, ferida por ferida, escoriação por escoriação" (Êxodo 21:23-25). Os sinais de igualdade entre o lado esquerdo e o lado direito das fórmulas expressam o fato de a justiça dever ser concebida futuramente como aquilo que é apropriado. A medida pressupõe um moderador, normalmente o Estado antigo, como garantia de direito.

Se o grau de punição é deduzido direta e materialmente do padecimento da injustiça que é infringida, surge um conceito de justiça como equivalência simples. Com isso, a compulsão à elevação em meio à desforra pode ser anulada. Ao invés do 1 por 7 ou 1 por 77 barroco passa a valer futuramente o simples 1 por 1 sublime. Para assegurar a desforra moderada, necessita-se de uma forte autoridade judicial e essa autoridade só é de início corporificada por um forte domínio real. Observadores modernos podem considerar tal sistema, em certa medida uma economia natural das crueldades, primitivo e desumano. De qualquer modo, é preciso levar em conta o fato de, com as ordens mosaicas, ter sido dado um passo para a racionalização do cálculo da desforra. Além disso, o sinal de igualdade entre o valor da injustiça e o valor da desforra possui um sentido temporal implícito, uma vez que as coisas só podem se restabelecer novamente se for produzida uma equivalência entre sofrimento pelo ato e sofrimento com a punição. A espera pela justiça matiza agora o sentido do tempo. Por meio da equação produzida pela justiça entre culpa e punição, ao menos segundo um ponto de vista ideal, desencadeiam-se junto à vítima ou ao queixoso tensões locais marcadas pela ira. Quando depois disso o sol desponta, ele continua brilhando, na verdade, como sempre, sobre os justos e os injustos, mas seu despontar acompanha ao mesmo tempo o novo começo entre partidos que zeraram suas contas.

Acumulação original da ira

A situação mostra-se de uma maneira totalmente diversa quando os sofrimentos provocados pela injustiça se acumulam de maneira unilateral, sem que se encontre à disposição de suas vítimas um *modus operandi* efetivo para a reprodução do equilíbrio. Assim, formam-se com elevada probabilidade tensões crônicas marcadas pela ira que se acumulam numa espécie de capacidade negativa. A tradição do Antigo Testamento oferece ao menos dois exemplos repletos de consequências dessa possibilidade. O primeiro está ligado às lembranças de Israel relativas ao tempo em que os hebreus foram aprisionados pelos babilônicos no século VI a.C., lembranças para as quais a palavra "exílio" forma um símbolo rico em tons superiores; o segundo aponta para o complexo da apocalíptica judaica, que conduziu, a partir do século II a.C., a uma intensificação do profetismo. Em seu exagero excessivo, esse profetismo estendeu-se até a exigência de uma vingança aniquiladora por parte de Deus contra a consistência incuravelmente corrupta do mundo.

Tanto os sedimentos mentais do exílio israelita quanto os acirramentos apocalípticos do anti-imperialismo profético (que se voltou inicialmente contra os senhores estrangeiros helênicos e, depois, romanos) se incutiram profundamente na tradição religiosa da civilização ocidental. Os dois permanecem incompreensíveis sem a suposição da formação de um tesouro de ira. Por força de sua dinâmica tenaz chega-se a uma mudança estrutural da ira própria à vítima, uma ira que se transforma em ressentimento duradouro. Essa transformação acabou por alcançar para a atmosfera específica da religião, da metafísica e da política ocidentais uma significação que não é fácil de ser superestimada.

Os textos do Antigo Testamento oferecem uma rica evidência para a formação de um tesouro em ira que se formou durante o exílio babilônico e nos tempos subsequentes; e isso em articulações em parte sublimes, em parte maciças. Do lado sublime, precisamos inscrever antes de tudo a narrativa do Gênesis formulada no período babilônico e acolhida na Escritura Sagrada num tempo pós-babilônico, uma narrativa em relação à qual se supõe injustamente que ela precisaria ter formado desde sempre o início lógico do cânone judaico. Na verdade, ela é o resultado de uma manobra teológica de sobrepujamento relativamente tardia, com a qual os porta-vozes espirituais de Israel requisitaram para o seu Deus, na época do exílio imposto, a superioridade cósmica contra os deuses do império dominante. Aquilo que aparece à primeira vista como um relato sereno sobre as coisas primeiras é na verdade o resultado de um trabalho de redação teológico concorrente, cujo sentido reside em trazer à luz o Deus dos perdedores políticos como o vencedor *a priori*. Por conseguinte, os reis pagãos, apoiados por sua companhia politeísta, podem reinar sobre os seus territórios e sobre os seus povos escravos: nenhum de seus decretos nem sequer conseguirá tocar a distância o plano do "faça-se" verdadeiramente divino. Por meio do triunfal *teologoumenon* de luta Gênesis, a teologia judaica festejou a sua mais sutil vitória sobre as doutrinas divinas dos impérios mesopotâmicos.

No que concerne às modulações menos sublimes da acumulação bíblica da ira, nos satisfaremos em lançar um rápido olhar sobre os famigerados salmos de amaldiçoamento e sobre as orações para a aniquilação dos inimigos oriundos do livro dos Salmos do Antigo Testamento, aquela coletânea de 150 hinos exemplares, panegíricos e clamores a Deus, que servem há mais de 2 mil anos tanto aos judeus quanto aos cristãos como fonte primária de suas culturas de oração. Esse *corpus* textual forma um tesouro espiritual que não precisa temer a comparação com os mais sublimes documentos da literatura religiosa mundial. Apesar de seus fragmentos particulares estarem formulados inteiramente sob o modo da prece e, *eo ipso*, seguirem o hábito de uma relação não teórica com Deus, eles mostram riquezas espirituais singulares em termos psicológicos, teológicos e de sabedoria — como o atesta a grande história exegética, desde os *Enarrationes in Psalmos* de Agostinho até os estudos de Hermann Gunkel e Arnold Stadler. À guisa de escolha de um testemunho, o salmo 139 está entre os escritos mais comoventes e profundos até hoje já firmados sobre o fato de a existência humana estar cercada pelo meio criador e sobre o fato de a consciência humana ser acometida em toda parte por um saber de ordem mais elevada. No que diz respeito às suas compreensões metafísicas e existenciais latentes, esse texto lírico não fica atrás de nenhum testemunho de compreensão especulativa de proveniência indiana ou chinesa. No entanto, essa meditação não é menos dilacerada por um apelo à vingança, com uma violência tamanha que não se encontra nada equivalente no contexto da literatura religiosa. De início, aquele que ora atualiza para si a sua própria criação:

15a Não estavam velados para ti os meus membros,
15b quando em segredo fui criado.
15c Engenhosamente fui tecido nas profundezas da terra,
16a minha gênese viram os seus olhos
16b E em livro estão todos eles escritos,
16c meus dias, antes de terem se formado, quando nenhum deles ainda estava presente!

Imediatamente após essas palavras, a meditação se volta para os inimigos daquele que ora. É para eles que o devoto dirige incessantemente a sua atenção em razão de uma dupla "compulsão ao relacionamento": por um lado, porque o inimigo se apresenta aos seus olhos como um adversário político incontornável, no caso atual como o senhor babilônico do jugo; por outro lado, porque o inimigo político também representa um adversário religioso, já que concede a si mesmo a liberdade de se manter junto aos seus deuses ou ídolos culturalmente próprios e a desprezar a monolatria judaica. Os dois aspectos desse *front* estão presentes quando a oração se converte repentinamente na mais violenta maldição:

19a Mas se tu matasses, ó Deus, o pecador!
19b "Vós, homens sanguinários, afastai-vos de mim!"
20a Eles Te nomeiam para iludir,
20b elevam Teu nome à iniquidade, são Teus opositores
21a Não odeio aqueles que te odeiam, JAVÉ?
21b E não detesto aqueles que se levantam contra ti?
22a Sim, com todo ódio os odeio:
22b inimigos meus eles se tornaram.[14]

Compreenderíamos de maneira totalmente equivocada essa declaração de inimizade em versos se quiséssemos supor nela a presença de uma erupção espontânea de afetos crítico-dominantes. Ela não se mostra senão como um entre os muitos nós numa rede de memória na qual são fixadas lembranças de abusos e humilhações. Na mesma rede são estabilizados impulsos à desforra com formas recitáveis. A formulação inicial do salmo 94, "Deus, a quem pertence a vingança, aparece" (segundo a

---

14. Apud Erich Zenger, *Ein Gott der Rache? Feindpsalmen verstehen* [Um Deus da vingança? Compreender os salmos inimigos], Friburgo/Basileia/Viena, 1994, p. 81.

versão inexcedível de Lutero), poderia servir como motivo principal e como guia para uma boa parte do Livro dos Salmos. Essa formulação retorna, ao lado de muitas outras passagens, no salmo 44 (6a, b), no qual, remetido ao endereço do Deus da aliança, se diz: "Contigo subjugamos nossos opressores, com Teu nome destruímos nossos adversários"; em seguida (24a, b): "Acorda! Por que dormes, Senhor? Desperta enfim! Não nos repudie para sempre!". A retórica da oração de vingança atinge o seu acirramento mais denso no salmo 137, em cuja conclusão encontram-se os versos:

8a   Filha Babel, tu violenta:
8b   Bem-aventurado aquele que paga com a mesma moeda
8c   teus atos, aquilo que fizeste conosco!
9a   Bem-aventurado aquele que agarra e esmaga
9b   tuas crianças no rochedo.

Estamos lidando aqui com uma figura artística marcada por locuções polêmicas expressas sob a forma de orações, uma figura que parece estranha à compreensão religiosa moderna. Não obstante, é possível acompanhar a razão de ser dessas locuções se traduzirmos (melhor: realocarmos) tais formulações para um contexto que seria denominado na linguagem de hoje "condução de uma guerra psicológica". Como a antiga Israel viveu por longos períodos em crônicas tensões de guerra, a sua religião também precisou ser incontornavelmente uma religião do *front*. Como a condução da guerra sempre desenvolve um aspecto psicossemântico, a sua elaboração e o seu assentamento encontram-se junto aos líderes religiosos — uma vez que a religião e a psicossemântica convergem. As duras formulações dos Salmos procuram compensar a improbabilidade psicopolítica da sobrevivência de Israel num tempo de derrotas.

A partir daí explica-se a observação, de início espantosa, segundo a qual orações também podem ser polêmicas. Não menos estranho e, contudo, plausível em termos psicodinâmicos também é, então, o fato de mesmo a meditação se mostrar como apropriada para os meios da propaganda. Em seu retorno a si, os que oram descobrem o seu ódio e o confiam ao seu Deus, para que ele retire as consequências corretas — marciais antes de tudo, como se compreende a partir das circunstâncias dadas. É quando o grupo que ora se eleva a ponto de pintar imagens desejáveis de aniquilação, nas quais o opressor se encontra no chão como um poder suplantado, que surge da maneira mais clara possível a função autoplástica do apelo presente na oração. É isso que nos indica de maneira particular o salmo amaldiçoador incomparável no que tange ao sentido problemático, o salmo 58:

7a	Deus, esmaga os seus dentes na boca,
7b	a mordida dos leões destroça, JAVÉ!
8a	Eles devem perecer como água que se esvai,
8b	eles devem secar como grama, que se pisa,
9a	como a lesma, que no muco se perde,
9b	como de uma mulher o aborto, que o sol não vê.
10a	Antes de ferrões lançarem como uma coroa de espinhos:
10b	quer fresco, quer queimado, leva essa coroa com o vento!
11a	Deve se alegrar o justo, ao olhar a vingança
11b	Ao seus pés banhar no sangue do pecador.

Segundo a sua função, poderíamos descrever tais figuras como endopropaganda. Apesar de não apresentarem à primeira vista outra coisa senão discursos de ódio, de acordo com a sua dinâmica efetiva, elas só apontam para o inimigo real de maneira mediatizada. É de se supor que nenhum babilônico jamais tenha tomado conhecimento dos fantasmas hostis dos escravos judeus; segundo uma medição psicológica, não poderia mesmo ter havido nenhum membro dos povos inimigos que tivesse sido ferido fisicamente em razão de tais orações de ódio. A significação desses atos de força verbais restringe-se quase que exclusivamente em sua reação ao coletivo que fala. Uma vez que o grupo acossado toma parte nos amaldiçoadores jogos de linguagem religiosos, ele mobiliza os efeitos autoplásticos da récita coletiva (ou os efeitos da escuta à leitura em voz alta ou ao canto), reconstruindo-se, neste caso, como remetente/destinatário da mensagem combativa e irada.

Genealogia do militantismo

Em nosso contexto, a única coisa relevante nestas observações é o fato de haver nas figuras dos salmos judaicos voltados para os inimigos (aos quais foram dedicadas recentemente notáveis tentativas de interpretação redentora)[15] um testemunho destacado da história originária do fenômeno da militância. Quem quiser empreender uma bem abrangente genealogia do militantismo precisa se deter inicialmente na dinâmica própria às comunicações psicológicas internas dos perdedores. É possível deduzir dessas comunicações o modo como os inferiores nas confrontações históricas entre os povos, impérios ou facções ideológicas reelaboram as suas derrotas e as convertem em programas de sobrevivência — entre esses programas, atitudes de uma arrogância transplantada retornam tão frequentemente quanto a figura da esperança adiada e o sonho de uma revanche final.

O fenômeno do perdedor, que assume em relação à sua derrota uma posição divergente, é evidentemente tão antigo quanto o fenômeno da espiritualidade política. Para essa figura, assim como para as suas figuras não religiosas subsequentes, introduziu-se no século XX o conceito de resistência — quem não sabe o que significa *résistance* não tem nada em comum com o espírito de esquerda. No contexto da civilização ocidental, os testemunhos quanto a este ponto alcançam ao menos até a teologia do judaísmo do exílio e do período pós-exílio; os seus testemunhos mais recentes são quase contemporâneos — eles podem ser observados nos textos dos românticos marxistas e pós-marxistas, para os quais está decidido que a luta prossegue particularmente quando tudo está perdido. Em seu ápice visível encontra-se em nossos dias um veterano veemente como Antonio Negri que, com as suas sondagens sugestivas no campo da assim chamada *multitude*, gostaria de difundir sobre a Terra presumidamente integrada num único império pelo capitalismo um arco-íris de micro-oposições.

Para a configuração de ira e tempo, o militantismo, de longa e de nova data, oferece uma das chaves mais importantes, porque é com as suas primeiras formas que tem início a história efetiva das memórias cumulativas da ira. Por isso, ele pertence à história originária daquilo que Nietzsche chamou de ressentimento. Esse ressentimento começa a se formar quando a ira vingadora é impedida de alcançar uma expressão

---

15. Antes de tudo o livro citado de Erich Zenger, que se volta veementemente, e com boas razões hermenêuticas, contra a eliminação das orações de ódio judaicas do cânone cristão e das horas de oração da igreja. Os argumentos teológicos do autor não são todos igualmente convincentes: o que pode significar, afinal, a afirmação de que os "tons agudos dos salmos voltados para os inimigos" procuram "despertar como que por um susto a cristandade do bem temperado sono de sua amnésia estrutural em relação a Deus" (p. 145)?

direta e se vê forçada a tomar um desvio por sobre um adiamento, uma interiorização, uma tradução ou um deslocamento. Onde quer que um sentimento de revés esteja submetido à compulsão ao adiamento, à censura e à metaforização, formam-se armazenamentos locais da ira, cujo conteúdo só é conservado para o posterior esvaziamento e retradução. A conservação da ira coloca a *psyché* do vingador obstruído diante da exigência de ligar o refluxo da ira com a sua prontidão para um momento do tempo indeterminadamente adiado. Essa exigência só pode ser cumprida por força de uma interiorização que se apoie sobre exteriorizações bem-sucedidas. Como algo assim pode ter êxito é o que nos mostra a cultura judaica da oração pós-babilônia, junto à qual o desejo de vingança se torna por assim dizer interno e avança até a conversa íntima da alma com Deus. Ao mesmo tempo, os padrões de tal diálogo interno objetivam-se numa coletânea de textos e são assim legados por gerações.

De resto, é nas defesas mais recentes dos salmos voltados aos inimigos, feitas por teólogos católicos, que podemos constatar a tendência em colocar a oração judaica e a associação livre em analogia no divã psicanalítico. A necessidade natural de censura é rejeitada por esses autores com o argumento de que os desejos expressos por aniquilação possuiriam um valor de veracidade que fala a favor de uma relação terapêutica produtiva — com Javé como analista e supervisor. Portanto, não se pode retirar dos escravizados os seus clamores por vingança e as suas queixas contra os violentadores, nem hoje nem nos tempos antigos, uma vez que já "a Bíblia, a palavra revelada de Deus, coloca (esses clamores e essas queixas) em suas bocas".[16]

Junto ao grupo de salmos voltados para o inimigo e para o amaldiçoamento pode-se falar de uma autêntica formação de tesouro da ira. Um tesouro é um estoque de valores que são acumulados para que se possa recorrer a eles em tempos de falta. Criar a partir deles significa trazer à tona o sofrimento de ontem para a reaplicação de hoje. Se tal formação de tesouro cumpre a sua finalidade, é possível reanimar uma ira esvaecida a partir de economias reunidas.

Para dignificar a formação do tesouro aqui descrita, é importante que nos conscientizemos de que ela não pode se restringir em circunstância

---

16. Ralf Miggelbrink, *Der Zorn Gottes: Geschichte und Aktualität einer ungeliebten biblischen Tradition* [A ira de Deus: história e atualidade de uma tradição bíblica não apreciada], Friburgo, 2000, p. 450.

alguma ao plano humano e à sua memória mortal. O depósito de ira erigido pelos fanáticos não está assentado apenas nas lembranças dos portadores do desejo de vingança; ele também não é apenas documentado pelas coletâneas textuais correspondentes. Muito mais decisiva é a ideia de um arquivo transcendente paralelo às coletâneas terrenas inevitavelmente lacunares, um arquivo no qual se conduz minuciosamente um livro sobre os feitos e os crimes dos judeus e de seus inimigos. Espera-se consequentemente com toda a determinação do Deus judeu, que a teologia pós-babilônica, como observamos, elevou à nossa volta tanto em termos da cosmologia da criação quanto em termos político-morais muito além dos deuses dos impérios, que ele disponha em sua propriedade como juiz, e, nesse papel também como rei do arquivo, de uma completa visão das atas em relação a todos os seres vivos particulares, a saber, os pecadores e os inimigos soberbos. Dessa maneira, o depósito empírico da ira, ou seja, a lembrança traumática nacional juntamente com as suas exigências de vingança, pode ser acoplado ao arquivo transcendente, à memória divina da injustiça. Portanto, este *páthos* da fidelidade que é típico da religião da antiga aliança não expressa apenas a experiência segundo a qual a aliança entre Deus e povo é interiorizada novamente por cada geração; ele também acentua ao mesmo tempo a requisição de não se esquecer as antigas escolas enquanto elas estiverem inscritas sem serem extintas no livro da vingança.

A massa de ira autoagressiva

A formação judaica do tesouro de ira — sem a qual simplesmente não se consegue compreender o conceito de justiça em sua tonalidade religiosa que ressoa até hoje — desdobra-se em partes mais ou menos iguais em termos de grandeza em dois depósitos separados, entre os quais é possível perceber transferências complicadas. No primeiro depósito, encontramos as quantidades de ira já citadas, que se dirigem no ponto principal contra inimigos externos, contra invasores e adoradores de outros deuses. Sob o título característico da ciência bíblica "palavras sobre os povos estrangeiros", os livros proféticos fixam de início todo um arquivo de discursos marcados pelo ódio e por maldições sacras — o desejo de aniquilação é declinado aí em todos os seus casos. Nesses textos, observemos bem, não é cultivado apenas o ódio enquanto tal por meio de sua articulação cuidadosa. As suas fundamentações, as terríveis lembranças, a abominação e as críticas religiosas aos estrangeiros e aos que possuem outras crenças também são particularmente acumuladas e colocadas à disposição para a reaplicação no devido momento.

Ao lado desse depósito, também se forma uma segunda posição de reunião, que podemos descrever da melhor forma possível como um depósito para massas de ira autoagressivas. Esse tesouro de ira precisa ser acumulado naturalmente no próprio Deus — e serão principalmente os membros do povo judeu que pressentirão em tempos de aflição as consequências das acumulações de ira. Dessa vez, são as "palavras proféticas sobre Israel e Judeia" que comentam de maneira significativa a ira de Deus contra o seu próprio povo. A acumulação da ira em Deus segue um princípio simples: visto que Deus observa atentamente a mudança de vida das crianças de Israel, represa-se junto a Ele um potencial tão grande de ira que a sua ativação não pode ser literalmente senão "uma questão de tempo". No instante crítico, os profetas são necessários a fim de anunciar a desgraça punitiva que está por vir — ou para interpretar como sinais de punição a desgraça política, as catástrofes naturais e as decomposições da ordem vital que já irromperam.

A direção autoagressiva desses acúmulos de ira é cunhada de maneira inconfundível na literatura profética ligada às escrituras desde o primeiro Isaías. Essa ira que atua de cima para baixo é confiada aos oradores escolhidos para a interpretação. O profeta Ezequiel recebe do Deus de Israel a missão de anunciar o seguinte:

> Ai de todas as atrocidades cometidas pela casa de Israel! Por sua causa, eles morrerão pela espada, pela fome e pela peste. Quem está longe morrerá pela peste; quem está próximo cairá pela espada. Quem restar e tiver sido poupado morrerá de fome. Assim manifesto a minha grima sobre eles. Quando os abatidos estiverem soterrados sob as imagens de seus ídolos, em torno de seus altares [...] então reconhecereis que eu sou o Senhor. Estendo minha mão contra eles e suas terras se transformam num ermo deserto [...]. Então, eles reconhecerão que eu sou o Senhor.[17]

---

17. Ezequiel, 6:11-14 (*Nova Bíblia de Jerusalém*, Friburgo/Basileia/Viena, 1985, p. 1202).

Com frequência, o povo de Israel é comparado a uma prostituta que se entrega a inumeráveis pretendentes. Esses pretendentes são intimados um dia ao julgamento da pecadora e o profeta não se mantém senão muito pouco reservado na ilustração das consequências:

> Eles te apedrejarão e te partirão em pedaços com suas espadas. Eles queimarão tuas casas e executarão em ti a sentença diante dos olhos de muitas mulheres [...]. Ao aplacar minha ira em ti, o meu ciúme cessará de se enfurecer contra ti. Terei paz e não me irritarei. Porque tu [...] me impeliste por meio de teus atos. Por isto, deixo o teu comportamento recair sobre ti [...][18]

Esses discursos ameaçadores seriam mal interpretados se quiséssemos ver neles meros sintomas de um exterminismo imaturo. O tom duro do discurso profético não deve nos iludir a ponto de desviar o nosso olhar do quanto o próprio Deus trabalha para conquistar os predicados paciente, misericordioso e imperturbável — apesar de, segundo um ponto de vista moderno, estas não aparentarem ser caracterizações totalmente plausíveis. De fato, mesmo nas piores ameaças de aniquilação mantém-se uma perspectiva pedagógica. O Deus uno começa a compreender que a crença nele não pode fincar pé da noite para o dia nem mesmo em seu povo escolhido. A sua tão implorada misericórdia contém desde sempre uma reflexão sobre as suas metas educacionais tão elevadamente estabelecidas. Assim, Javé, enquanto cronista de sua história com o povo de Israel, lembra-se com frequência de um momento crítico em que quis aniquilá-lo depois da saída do Egito por causa de uma desconsideração do mandamento do sábado — e em que deixou de cumpri-lo:

> Neste momento disse: quero despejar sobre eles no deserto a minha ira e aniquilá-los. Mas agi de modo diverso em virtude de Meu nome [...]. Meus olhos mostraram compaixão por eles: não os extingui completamente no deserto.[19]

Todavia, não se pode censurar a pedagogia monolátrica por nenhuma frieza de coração. Ela inclui extermínios parciais do povo, assim como as

---

18. Ezequiel, 16:40-43 (ibid.).
19. Ezequiel, 20:13-17.

medidas mais extremas de reeducação. A batalha de exterminação ao pé do monte Sinai fornece o exemplo inesquecível do primeiro caso: a metade do povo em retirada, que tinha cultuado de maneira egipcianizante o bezerro de ouro, é massacrada pela metade fiel sob a liderança de Moisés com um fervor consoante com o dever. O terror educativo também não conhece, por outro lado, qualquer inibição em empregar os povos inimigos para a vingança do Senhor contra o seu próprio povo. Quanto a isso proclama Isaías:

> Por isso, inflama-se a ira do Senhor contra seu povo; ele estende sua mão contra o povo e bate. Nesse momento, as montanhas tremem e os cadáveres ficam nas ruas como lixo. Mas em meio a tudo isso a sua ira não se arrefece, a sua mão permanece estendida. Ele ergue um baluarte ao longe para um povo, ele o chama para si com um assovio vindo do fim da Terra, e eles já se aproximam rapidamente [...][20]

> Israel, por mais que teu povo seja tão numeroso como a areia no mar — só uma pequena parte dele retornará. A aniquilação está decidida, a justiça aflui para cá. Sim, Deus, Senhor dos exércitos, executa por toda a terra a aniquilação, que decidiu.[21]

O sentido das autoagressões articuladas pelos profetas a partir do desvio que passa pelos ataques dos povos inimigos dirige-se de uma maneira inflexível para a reeducação moral do povo no sentido do direito deuteronômico. Uma vez que um povo de santos não surge nem da noite para o dia nem em poucas décadas ou séculos, as medidas de transformação mais violentas parecem sempre uma vez mais indicadas. É isto que o discurso admoestador de Ezequiel converte em imagem:

> Assim como se reúne prata, cobre, ferro, chumbo e zinco em fornos de fundição e se acende aí o fogo, a fim de fundir tudo, quero reunir-vos em minha ira e grima, quero colocar-vos no forno e derreter-vos.

---

20. Isaías, 5:25-26.
21. O argumento de Isaías de que Deus só mantém uma pequena parte é retomado por Agostinho na passagem decisiva de sua impiedosa doutrina da graça de 397 (*De diversis quaestionibus ad Simplicianum* I, 2).

Colocarei a vós todos aí dentro e deixarei o fogo de minha ira se levantar contra vós [...]. Então, vós reconhecereis que Eu, o Senhor, despejo a Minha ira sobre vós.[22]

A alegoria alquímico-metalúrgica tem menos por meta a extinção dos mal-educados do que a sua purificação e nova conformação. Apesar de o fogo da ira queimar a grande maioria daqueles que querem permanecer como sempre o foram, ele deixa regularmente um resto com o qual a história das revoltas religiosas contra as probabilidades políticas e antropológicas pode ter prosseguimento. Ainda hoje, os teólogos possuem por vezes a admirável capacidade de colocar sob uma luz atraente tal estado de coisas: o Deus de Israel seria "o fogo ardente de uma energia ética", um fogo que gostaria de acender o amor ao próximo. Quem prefere as coisas mais frias acaba preparando teimosamente para si mesmo o inferno.[23]

Ira hiperbólica: a apocalíptica judaica e cristã

Como quer que as duas formações correlatas do tesouro de ira no universo do judaísmo pós-babilônico possam ser julgadas sob pontos de vista psicológicos, sociológicos e psicopolíticos (a fim de afastar por agora a pergunta acerca de sua avaliação espiritual), quase não se poderá contestar que elas possibilitaram concomitantemente, em virtude de seus efeitos ofensivos, expressivos, autoplásticos e dinâmico-militantes, a sobrevivência de Israel numa era de aflições crônicas. Elas formam a base da razão pela qual o povo religioso *par excellence* pôde se tornar o portador de uma sabedoria complexa da ira, se é que me é concedido o direito de usar essa expressão — e, para além disso, a partir do começo da era cristã, ao lado da Grécia, a razão pela qual esse povo pôde se transformar na nação mais significativa em termos de exportação no interior dos sistemas de processamento da ira.

A operação fundamental da interpretação profética da desgraça, a recondução da miséria manifesta dos judeus em tempos de uma aflição política à ira punitiva e purificadora de Javé, precisava se deparar,

---

22. Ezequiel, 22:20-22.
23. Gerd Theißen, Annette Merz, *Der historische Jesus: Ein Lehrbuch* [O Jesus histórico: um manual], Göttingen, 1996, p. 249.

contudo, cedo ou tarde, com os limites de sua capacidade de realização. Mesmo em seu ápice, na era do profetismo da escritura e nos tempos de penúria babilônicas e pós-babilônicas, o seu sucesso estava sempre ligado a operações psicossemânticas precárias. Uma atmosfera que oscilava cronicamente entre esperança, horror e desespero precisava ser pressuposta para criar uma aceitação espiritual para as interpretações dos profetas, interpretações que tendiam à desmedida e que se mostravam como estruturalmente masoquistas. O preço pago pela compreensão dos destinos, que se mostravam com bastante frequência esmagadores para Israel como parte de uma pedagogia da ira de Deus contra o seu próprio povo, consistia numa interiorização de expectativas de violência repleta de consequências. Além disso, uma confusão hipermoral estava pré-programada, uma vez que o limite entre a punição de pecadores individuais (nós assumimos a expressão tradicional sem compromisso) e a extinção do coletivo era continuamente dissolvido. Por que é que o povo como um todo deveria sofrer por causa de pecadores provocadores individuais? Não pôde faltar o fato de, sob o apelo duradouro do profetismo, a comunidade ter formado um hábito de culpa que não se encontrava em nenhuma relação significativa com os perecimentos possíveis de seus membros. No entanto, uma agitação profética tão característica não conseguiu assegurar para sempre a interiorização das emoções autoagressivas. Portanto, não é de se espantar que, numa situação de vida particularmente revoltante, desesperada e crônica, o paradigma profético tradicional tenha entrado em colapso e fosse substituído por uma concepção completamente nova.

Isso aconteceu na segunda metade do século II a.C., quando o mundo ligado ao Oriente Médio, inclusive a antiga Israel, foi incorporado ao âmbito de domínio dos despotismos helenistas que vieram logo depois da improvisação decompositora do Império de Alexandre. Nos tempos do domínio seleucida sobre Israel, a insuficiência dos processamentos proféticos, moralistas e autoagressivos se tornou tão evidente que foi preciso buscar incontornavelmente novos rumos na lida com a miséria acossante. O primeiro novo rumo consistiu no desenvolvimento de uma *résistance* militar maciça, ligada ao nome dos macabeus (que introduziram ao mesmo tempo o terror contra os colaboradores oriundos do próprio povo); o segundo consistiu na produção de um esquema radicalmente novo de interpretação da História mundial, um esquema para o qual se aplica até hoje o conceito da apocalíptica.

Onde quer que formas de pensamento e de sensibilidade apocalípticas roubem a cena, a participação dos homens preocupados com a sua salvação nas turbulências políticas de seu povo perde todo o sentido, uma vez que, segundo a convicção da nova escola, o tempo do mundo como um todo entrou numa fase conclusiva de curto prazo. Em tal tempo final, o moralismo profético torna-se desprovido de objeto. Não haverá mais nenhum futuro no qual o crente poderia se empenhar por sua purificação; não haverá mais nenhum porvir no qual se poderia comunicar a doutrina; não haverá mais nenhum inimigo contra o qual as pessoas precisariam se afirmar enquanto povo.

De fato, para a história maior do militantismo, o século II a.C. precisa ser visto como uma era-chave, porque desde aquela época o espírito da insatisfação radical com as relações existentes se encontra diante de uma escolha que permanece por princípio a mesma. Desde esse tempo, que funciona como um eixo, os homens irados dispõem de uma alternativa epocal entre a opção macabeica e a opção apocalíptica, em suma: entre o levante secular anti-imperial e a esperança religiosa ou pararreligiosa de um ocaso conjunto dos sistemas — uma alternativa à qual os modernos não acrescentaram senão um terceiro valor, com certeza decisivo: o valor da superação reformista, interpretada com vistas a espaços de tempo medianos, de inconvenientes crescidos historicamente por meio da aplicação de procedimentos democrático-liberais. Não é preciso explicar por que a terceira opção representa a única estratégia civilizatória promissora a longo prazo.

Sob o ponto de vista da formação do tesouro da ira, três são as razões pelas quais o apocaliptismo pré-cristão possui um grande peso: por um lado, ele dissolve a teologia política tradicional da ira de Deus, que repousava sobre a equiparação entre a história popular confederativa e a história da jurisdição penal. Por outro lado, ele transfere as massas acumuladas de ira do arquivo de Deus de volta para os centros de poder da política — razão pela qual, junto aos horrores anunciados do tempo final, as agências terrenas da fúria se eriçam umas contra as outras, até a aniquilação do mundo e a autoaniquilação se interpenetrarem completamente (aqui vem à tona a ideia da "guerra mundial"). Por fim, ele coloca em movimento sobre o plano terreno dos conflitos uma zona intermediária ricamente articulada de poderes angelicais e de demônios, que leva pelos ares, para além da dança de combate do fim dos tempos, uma guerra mundial sutil.

Nos *fronts* dessa guerra mais elevada, aquele anjo rebelde da soberba, Satã, Lúcifer, Iblis, o demônio para o Islã, ou como quer que ele possa ser chamado, entra no palco da história das ideias a fim de assegurar para si um papel principal nos 1.500 anos subsequentes. Nós nos satisfazemos aqui com a observação de que o nascimento do diabo a partir do espírito das lutas apocalípticas contra os demônios acabou por se tornar decisivo para a história futura das agências de ira. Por meio de sua aparição, a topologia do além transforma-se da maneira mais rica possível em consequências. Onde há diabos, suas residências não podem estar muito distantes. Quando diabos se estabelecem, surgem infernos — dito de outro modo, arquivos de culpa, nos quais massas de ira e impulsos de vingança são preservados para a repetição constante. Os europeus devem ao gênio de Dante a compreensão de que, nesse regime, arquivo e inferno são uma e a mesma coisa. Cada indivíduo culpado é queimado ali pela vida eterna juntamente com a sua própria ata.

Por meio da personificação da ira sob a figura daquele ser grandioso que confunde tudo — "eu sou o espírito que constantemente nega" — foi criada uma central da ira da qual deveriam partir impulsos inesgotáveis até o limiar do Iluminismo. Uma vez que o diabo se tornou competente para os interesses da timótica humana, emprestou ao repúdio cristão, às necessidades humanas de validade, aos desejos de combate e às inclinações à concorrência — *superbia! ira! invidia!* — o mais maciço apoio. Não foi numa medida atenuada que a sua figura conferiu a mais enfática cunhagem ao domínio do mundo por parte da ira. O axioma segundo o qual o diabo é o príncipe desse mundo intermedeia um conceito relativo à abrangência de suas competências. Com o abandono do mundo à condução diabólica dos negócios e à diabolização daí inseparável do elemento timótico surgiu uma elevação do nível da imagem de Deus, acompanhado de uma depreciação do nível da esfera humana: desde que as emoções timóticas de Deus foram depositadas em grande parte num epicentro diabólico, Deus se elevou completamente às esferas mais sublimes. Assim, o círculo das propriedades divinas pôde se fechar completamente em torno dos arcanos mais sublimes — como o mostram as rosas celestes no espaço supremo do Paraíso de Dante. Da ira tradicional só se conservou em Deus mesmo aquilo que era necessário para a afirmação de sua "magnificência".

O preço pago por essa desoneração de Deus da executiva de sua ira é o crescimento de um mundo oposto ao mal que é totalmente configurado em termos formais. Esse mundo não pôde requisitar nenhuma autonomia ontológica plena — de outro modo teria sido necessário admitir a existência de um Deus contrário ou de um segundo princípio, o que é impossível no interior do monoteísmo. No entanto, mesmo numa posição subordinada, o mal exerce um poder suficiente para chamar a atenção para si como fonte de um dano incalculável. Desde então, as ligações entre Deus e as violências adversárias são determinadas pela dialética de subordinação e revolta. As duas emoções caracterizam um mundo no qual a hierarquia tinha se desenvolvido em forma de pensamento e de vida dominante. Somente num universo no qual tudo deve ser ordenado de acordo com as posições estabelecidas em níveis hierárquicos pôde se fazer valer aquela interpretação do mal como tentativa de inversão hierárquica, que não caracteriza apenas a imagem cristã de Satã, mas que continua viva até o cerne da crítica nietzschiana às inversões ressentidas.

É determinante para o nosso questionamento o fato de, com a invenção do mal — como figura e como religião —, terem se descortinado possibilidades radicalmente novas de conservação e de realização da ira. Graças ao crescimento de seu poder, o reino do mal conquista uma multiplicidade e um colorido que não possibilitam nenhum termo de comparação no interior da história das ideias assim como dos temores. Como vimos, não era certamente estranho à realidade monolátrica e monoteísta mais antiga o uso didático, terapêutico e político-majestoso do pavor. Todavia, é somente com a aparição do mal na teologia cristã que é possível falar de uma história comum entre religião e terror.

Receptáculos da ira, depósitos infernais: sobre a metafísica dos depósitos finais de resíduos

Gostaríamos de fechar estes recortes psico-históricos com um sucinto resumo das doutrinas cristãs da ira de Deus e das figuras correspondentes da ira diabólica. Para as duas, como indicamos, o ponto de partida residia na apocalíptica do tempo dos seleucidas, quando a concepção dramática do fim do mundo imediatamente iminente foi formulada de maneira penetrante junto aos chassidianos. O pressuposto para a criação desse novo arquétipo religioso foi uma interiorização aprofundada da crença. Tal deslocamento de acento impõe-se em face de um horizonte político e social no qual é possível descobrir os indícios mais tênues de uma virada exterior para o melhor.

A apocalíptica é a forma religiosa do abandono do mundo. Essa forma não pôde surgir senão numa conjuntura na qual os indivíduos e os grupos só se sentiam como espectadores impotentes de lutas de poder entre forças violentas superiores. Há boas razões para a tese de que a descoberta do espectador na Antiguidade só alcançou o seu ponto de conclusão por meio da apocalíptica judaica: por mais que os gregos tenham criado o teatro e o estádio, aos quais os romanos acrescentaram as sangrentas lutas na arena, foi apenas graças à reserva apocalíptica diante do jogo final do mundo desertificado que se desdobrou uma espécie de observação apontando para muito além do acompanhamento dos espetáculos artísticos e relativos ao culto ou dos espetáculos esportivo-cruéis.

Os apocalípticos inventam uma ironia que atinge um ponto mais profundo do que a ironia socrática. Eles se arrogam como estando em sintonia com um Deus que tem um plano para o conjunto do mundo, que é diverso daquele no qual os filhos do mundo gostariam de acreditar. Pertence a essa ironia a recusa aos valores vigentes. À sensação apocalíptica segue-se a interrupção de todos os investimentos espirituais "neste mundo"[24] (em contrapartida, os apocalípticos políticos e os milenaristas anárquicos, dos quais falaremos mais adiante, se dedicam ao agravamento ativo). Depois que o crente retirou do mundo os seus depósitos afetivos, ele os entregou ao seu curso supostamente impassível de ser detido — que segue ao encontro do fim próximo e iminente. Participar de tal processo significa se transformar num visitante de um tipo deveras particular de teatro. Entre todos os espetáculos possíveis, o ocaso do mundo é o único junto ao qual não precisamos nos empenhar expressamente por um lugar privilegiado. É suficiente ter nascido no final dos tempos e saber que se trata do final dos tempos para que se possa sentar constantemente na primeira fila. Quem tomou assento aí pode estar certo de, no que diz respeito ao seu ressentimento anti-imperial, anticósmico, antiontológico, sair satisfeito em suas expectativas. Tal satisfação só não ocorre se a peça não funcionar do modo como o espectador esperava.

A esperança dos apocalípticos é reconduzir a uma suposição simples e excessiva: a suposição de que poderão vivenciar bem cedo ou um pouco

---

24. Quanto às implicações metafísicas da figura discursiva "este mundo" (ou "esta vida"), cf. Peter Sloterdijk, "Ist die Welt verneinbar? Über den Geist Indiens und die abendländische Gnosis" ["O mundo é negável? Sobre o espírito da Índia e a gnose ocidental"], in: idem, *Weltfremdheit* [Estranheza do mundo], Frankfurt, 1993; em particular a seção 1, "Fingerspitzengedanken" [Pensamentos refinados], pp. 220-233.

mais tarde, em todo caso ainda em seus períodos de vida, o ocaso "deste mundo". A sua inteligência é estimulada pela tarefa de ler os sinais que anunciam a desgraça ansiada de modo ardente. A partir dessa disposição surge a ideia do diagnóstico do fim dos tempos, que converte coisas em sinais e sinais em presságios — a matriz de toda "teoria crítica". O sentimento vital dos apocalípticos é dominado pela febre da expectativa próxima e pela insônia alegre daqueles que sonham a aniquilação para o mundo e a salvação para si mesmos. Por isso, apocalípticos podem se abstrair de praticamente todos os inconvenientes mundanos. Eles só não conseguem se abstrair de um: o fato de o mundo não pensar em obedecer à sua determinação para o ocaso. O que se recusa a perecer se chamará um dia "o subsistente". Conservar a si mesmo é o vício do mundo. Dessa forma, o lema entre os iniciados é: "Prosseguir assim é que é a catástrofe."

Se a apocalíptica fracassa, o começo do reino de Deus precisa ser adiado; e ela fracassa inexoravelmente se o dia anunciado da ira faz com que esperemos demasiadamente por ele. Neste caso, a impaciência vingativa para com o mundo e a esperança por aquilo "que seria diverso" veem-se requisitadas a selar compromissos pós-apocalípticos com "aquilo que subsiste". No momento em que tais arranjos são encontrados, começa a era cristã. Por isso, antes de qualquer introdução à história do cristianismo, seria preciso encontrar um capítulo com o título *When apocalypticism fails*. A partir desse capítulo viria à tona por que o cristianismo e a gnose são fenômenos paralelos que se explicam mutuamente, visto que os dois retiram suas próprias e respectivas consequências do estorvo de o mundo (por que não dizer agora simplesmente o Império Romano?), apesar da pressa dos guerrilheiros que desejam o seu fim, ter se mostrado resistente ao ocaso.

Sobre o pano de fundo daquilo que foi dito, torna-se compreensível a razão pela qual o cristianismo entrou em cena inicialmente como uma dissolução ousada da constelação apocalíptica aguda entre tempo restante e ira de Deus. De início, o anúncio de Jesus foi obviamente penetrado, por assim dizer, pelo pressuposto de que a paciência de Deus com o mundo se havia esgotado. Daí a mensagem de que o julgamento estaria iminente, apesar de o dia e a hora ainda permanecerem velados. A suposição, segundo a qual no dia do ajuste de contas grandes partes da humanidade se mostrariam como impassíveis de salvação, não é colocada em dúvida por nenhum daqueles tomados pela febre do final dos tempos, nem por João Batista nem pelo próprio Jesus, nem tampouco por João, o autor do apocalipse cristão. (Neste aspecto, o posterior pai do medo, Aurélio Agostinho, não pode ser considerado de modo algum o inventor de terríveis complementos para uma doutrina originariamente benevolente; ele é apenas o intérprete mais atento e mais zeloso dos documentos fundacionais). Se o reino dos céus já está próximo, então também está próxima com maior razão a catástrofe, uma vez que é por meio de sua aparição que esse reino dos céus erige o seu presente. A partir de agora, a palavra "presente" não pode mais ser pronunciada sem temor e tremor. Depois da execução do messias, a catástrofe salvadora é equiparada ao retorno magnífico dos humilhados. Assim, a tese da ira de Deus pode ser aguçada por premissas cristãs — e o próprio Cristo, como aquele que traz a espada, presidirá o julgamento no final dos dias.

Se pudéssemos empregar categorias como originalidade a figuras da história sagrada, essa categoria precisaria ser atribuída antes de tudo àquela renovação jesuíta com base na qual se chegou a um adiamento engenhoso e a um reendereçamento do Reino de Deus. Com a mensagem decisivamente nova, o reino que pode advir já teria sido, na verdade, alcançado e teria a partir de agora a sua realidade efetiva "em nós" e "entre nós". Dessa forma, a tensão apocalíptica pelo fim iminente foi ao mesmo tempo mantida *e* dissolvida, de modo que a questão acerca da data acabou sendo deslocada, dado o caso, para uma posição secundária — como aconteceu de fato na segunda e na terceira gerações jesuítas e nas gerações pós-jesuíticas. Por meio dessa virada original, tornou-se inicialmente possível a comunidade de Jesus, em seguida a rede missionária paulina e, por fim, a Igreja cristã. Todas essas três versões da mesma figura de pensamento produzem em sua interpretação espacial a tese: "O novo mundo já se alocou no antigo espaço", por mais que, vista segundo uma perspectiva temporal, essa interpretação contivesse em si a seguinte sentença: "O mundo futuro já está presente no atual." Apesar da consolidação da Igreja num estabelecimento sacro, o fato de o antigo mundo como um todo merecer a sua dissolução e o seu ocaso não pode ser perdido de vista nem por um segundo sequer. Neste aspecto, o cristianismo — como a formação de um compromisso a partir de uma apocalíptica e de doutrinas messiânicas de cumprimento — não é outra coisa senão um longo exercício da revolução. Em consequência da ligação de motivos presentes com motivos adventistas interpenetram-se mutuamente presença e distância, presente e futuro, de uma maneira inabarcavelmente rica em consequências. Desde então, podemos dizer, o curso das coisas foi marcado no âmbito de influência dessas representações pela figura temporal do presentismo adventista. Nada advém que já não esteja de alguma maneira presente. Nada está presente que não esteja de certa maneira primeiramente advindo.

O preço a ser pago pelo compromisso histórico dos cristãos entre paciência e impaciência ou amor e ira era naturalmente elevado. Somente quem tiver vislumbrado as consequências da cisão cristã entre os dois "estados" que se está acostumado a diferenciar desde Agostinho como a comunidade de Deus por um lado e os complexos do Reino terrestre por outro estará em condições de ter uma ideia de sua soma total. No sentido mais verdadeiro da palavra, os custos são incalculáveis — eles escorrem há milênios para a conta dos adversários. Com vistas a estas realizações, o conceito de "imposto paroquial" assume uma significação descomunal. Ele não designa apenas os gastos econômicos dos grupos seculares com o negócio eclesiástico paralelo, mas mais ainda os pesos psíquicos com os quais a existência da Igreja e de seu trás-mundo transcendente foi comprado. Pode-se falar aqui da mais cara transferência da história da economia mundial.

Deixemos em aberto o esquema da operação: o cristianismo pós-apocalíptico assegurou para si a sua sobrevivência como Igreja, visto que submeteu o meio de sua sobrevivência, o mundo ou o *saeculum*, a uma desvalorização integral. Para que Deus pudesse alcançar junto ao mundo oposto eclesiástico a sua propriedade, o mundo primário precisou ser entregue a um demônio agora responsável por ele — ao *diabolus*, que é interpelado pelo protocolo cristão, como vimos, corretamente como o príncipe desse mundo. Na traição do mundo terreno ratificada por Agostinho, motivos oriundos da apocalíptica, da gnose e do dualismo articulam-se com um complexo nocivo numa medida extrema. Quando Voltaire disse um dia que a história da humanidade equivaleria a extratos dos anais do inferno, ele extraiu um elegante resumo das consequências (ou ao menos das consequências paralelas) do abandono cristão do mundo.

Em nosso contexto, uma história detalhada das representações do inferno não seria adequada. Junto ao complexo das imagens cristãs do inferno aqui é significativo apenas o fato de a institucionalização crescente do inferno no longo milênio entre Agostinho e Michelângelo ter conduzido o motivo do arquivo transcendente da ira à sua consumação. O acolhimento dos mortos nessa grande reunião acontece como necessidade metafísica. Ninguém pode morrer futuramente sem que aquilo que resta dele ou para ele seja submetido a uma prova final relativa à condição de conservação. O local próprio ao além articula-se, como os leitores de Dante o sabem, em três categorias: inferno aniquilador, inferno purificador e paraíso; e o internamento dos recém-chegados na seção responsável por eles é o resultado de uma classificação extremamente judicial. Todas as três seções têm em comum o caráter de arquivo. Enquanto o inferno aniquilador e o paraíso se constituem como arquivos estáticos, nos quais o presente eterno da ira ou da bem-aventurança é determinante, o inferno purificador representa um reino intermediário dinamizado, no qual o grande grupo dos pecadores médios passa por sete fases de torturas purificadoras (de acordo com os sete pecados capitais), a fim de alcançar, por fim, o portal do céu.

Por que a busca por fundamentos para a ira de Deus se equivoca — paralogismos cristãos

Não é de se espantar que a peça doutrinária recodificada em termos neotestamentários já exigisse explicações adicionais no tempo das primeiras comunidades. Uma vez que o cristianismo em seus textos propagandistas mais antigos se apresentava como a religião do amor ao inimigo, do perdão, da recusa à vingança, a contradição entre o seu anúncio amistoso e a sua escatologia furiosa logo despertou irritações. A posição proeminente dos discursos apocalípticos ameaçadores na reunião das autênticas palavras de Jesus tornou o conflito inevitável. Mesmo se não compartilharmos com Oswald Spengler a opinião de que as palavras ameaçadoras de Jesus restituiriam da maneira mais autêntica possível o seu tom original[25], não se pode contestar que o furor apocalíptico empresta aos seus discursos um timbre característico.

Assim, já nos documentos teológicos mais antigos referentes ao novo movimento, nas cartas de São Paulo, de uma forma que não possui absolutamente nada de casual, tratou-se desse impasse. Mesmo aqueles que explicam posteriormente a ira, em sua ponta Tertuliano e Lactâncio, chamam

---

25. Oswald Spengler, *Der Untergang des Abendlandes: Umrisse einer Morphologie der Weltgeschichte* [O declínio do Ocidente: esboços de uma morfologia da história do mundo], Munique, 1972, p. 818 et seq.

para si a tarefa de tornar compatível o *thymós* de Deus ou a sua *orgé* com as outras propriedades do supremo. Três fios vermelhos atravessam as explicações oferecidas, fios que, segundo a opinião dos autores, só precisam ser desenrolados de maneira consequente para que se torne completamente compreensível por que o Deus dos cristãos não é apenas potencialmente capaz de irar-se, mas precisa se zangar oportunamente. Cada um desses fios corresponde a um conceito central teológico: o primeiro desdobra as implicações da onipotência divina, o segundo, as implicações da justiça divina, e o terceiro, as implicações do amor divino. Se as coisas transcorressem de acordo com os teólogos, a partir de cada um deles deveria se elucidar com uma evidência suficiente por que a ira não pode ser alijada do espectro das propriedades de Deus.

Na verdade, contudo, a necessidade da ira de Deus não pode ser formulada de maneira concludente de modo intrateológico. Ela não resulta de maneira alguma das "propriedades" de Deus, das quais, de mais a mais, como a teologia negativa desde sempre o sabia, nunca podemos falar senão de um modo impróprio e analógico. Aquilo que a tese da ira efetivamente realiza precisa ser apresentado por uma análise funcional que teria de ser executada numa perspectiva meta-teológica ou na linguagem da psico-politologia. De fato, com a cristianização da ira de Deus, um banco transcendente é instituído para o depósito de impulsos timóticos humanos adiados e de projetos de vingança pospostos, cujo *design* global se encontra para além do horizonte de representação dos outros trabalhadores do banco. Mais ainda: o modo de funcionamento do banco de modo algum teve como ser compreendido por seus funcionários, porque esses negócios relativos a uma restituição lançada para o além só puderam ser empreendidos sob o modo da ingenuidade. Eles realizaram os seus negócios sob a forma de atos de fala, que acentuam tanto a existência da ira divina quanto as razões para levá-la a sério. Tais atos precisam naturalmente ser executados de boa-fé, uma vez que não desdobram de outra maneira o seu efeito ameaçador desejado. Neles, o exagero pertence à própria questão, uma vez que todo sopro de ironia lhes seria fatídico. Os discursos sobre a ira de Deus apresentam-se em termos do cuidado com a alma sob a figura de sermões comoventes e, teologicamente, como discursos dogmáticos. Com esses discursos busca-se uma demonstração do princípio doutrinário da ontologia católica, um princípio segundo o qual o inferno realmente existente representa uma organização necessária e imprescindível, que não pode ser alijada sob circunstância alguma pela existência conjunta daquilo que é real. A partir desse ponto de vista, ainda subsiste entre o inferno e o plano conjunto da criação elos mais estreitos do que os existentes entre o Banco Ambrosiano e o Vaticano.

No que tange às deduções teológicas da ira trata-se inteiramente de pseudoargumentos, que são significativos apenas em termos psico-históricos e que só são compreensíveis sob a luz de uma análise funcional dos dogmas, ainda que algumas dessas deduções tenham sido formuladas de modo novo no século XX e oferecidas como o estado mais recente da sofística teológica. Em tais perspectivas abaladas, elas continuam sendo sempre elucidativas, porque permitem uma inserção do olhar em zonas mais obscuras da antropologia histórica, a saber, nos modos da produção do mundo junto ao *homo hierarchicus*, na psicologia da servidão voluntária, na dinâmica mental do masoquismo ontológico, na economia do ressentimento e nas condições genéricas ecológico-culturais da conservação da ira.

Só a crença confere asilo às três deduções da ira a partir da onipotência, da justiça e do amor de Deus, enquanto elas rapidamente entram em colapso no campo da prova lógica. Já o mais antigo documento do impasse cristão em face do predicado da ira revela a fragilidade das bases. Como se sabe, no capítulo IX de sua Carta aos Romanos, São Paulo redigiu a primeira palavra cristã em defesa da ira de Deus — e, na verdade, por ocasião de uma descoberta desagradável que, mal acabara de ser feita, precisou uma vez mais ser encoberta por causa de suas implicações fatais: o fato, justamente, de as propriedades divinas "onipotência" e "justiça" não serem mutuamente compatíveis.

Nós atentamos para essa perigosa incompatibilidade no momento em que verificamos o conceito do poder divino infinito em vista de suas implicações ontológicas. Neste caso, mostra-se que o poder absoluto gera um excesso de posicionamentos livres (segundo uma perspectiva humana: de decisões arbitrárias) que não podem ser reconduzidos a critérios racionais e universalmente passíveis de aprovação — de outro modo, Deus não seria senão o secretário do conceito que a razão humana pode fazer dele. Consequentemente, a onipotência livre de Deus é responsável por muito mais estados de coisa no mundo do que se pode descobrir por meio do princípio da justiça. Os exemplos para tanto atravessam o Antigo Testamento e a literatura apologética. De fato, Deus ama Jacó e dedica o seu ódio a Esaú; e se as fontes são confiáveis, Ele prefere Israel e deixa o Egito sucumbir, uma vez que bloqueia o faraó. Obviamente, Ele poderia ter feito as coisas de outro modo, mas as fez justamente como queria. A questão é apenas: por quê?

A única resposta correta é (em São Paulo e numa quantidade inumerável de oradores posteriores a ele): não se pode levantar nenhuma pergunta ligada a um "por que" em face dos posicionamentos do Todo--Poderoso. Quem és tu, homem, para querer discutir com Deus? Num aspecto arquitetônico ligado à imagem de mundo, Deus é exatamente aquilo que os funcionalistas denominam fundamento da contingência: nesse fundamento terminam todos os regressos lógicos, por mais longe que eles possam ser impelidos. O intelecto pode se aquietar junto à última informação: a vontade de Deus e o acaso coincidem no infinito. Aqui nos deparamos novamente com o segredo da discriminação acima mencionado, que os teólogos denominam com voz grave o *mysterium ininquitatis*. Só podemos de fato falar de onipotência se ela expressa uma liberdade absoluta de discriminação ou preferência. Se essa liberdade se torna atual, as expectativas de justiça e de equinanimidade dos clientes são colocadas fora de ação. Onipotência significa *unfairness* ao absoluto.

São Paulo compreende as implicações de seu tema de maneira extremamente exata. Por isso, conhece o perigo para o outro atributo imprescindível de Deus: a justiça. Como Deus não pode ser injusto, é preciso encontrar um espaço para o fato de sua onipotência cobrir por vezes a sua justiça. Assim, no capítulo IX da Carta aos Romanos, Paulo escreve sobre a verdade legada de que o próprio Deus suscitou o ânimo do faraó (*obdurare*):

> 19. Tu me objetarás: como é que Ele [Deus] ainda pode, então, se queixar? Pois quem pode resistir à sua vontade? 20. Ó homem, quem és tu para quereres discutir com Deus? Vai acaso a obra dizer ao artífice: por que tu me fizeste assim? 21. O oleiro não possui sobre o barro o poder de fazer a partir da mesma massa um vaso para um uso honroso e um outro para um uso vil? 22. Deus, querendo mostrar sua ira e dar provas de seu poder, suportou com grande longanimidade os vasos da ira, que são determinados para a aniquilação, 23. a fim de dar provas da riqueza de sua glória com os vasos da misericórdia, que ele determinou previamente para a glória.

O jogo duplo é evidente: o apóstolo precisa da onipotência do criador a fim de explicar com ela a falta de equinanimidade em relação aos homens; e ele precisa requisitar a justiça de Deus, assim como o seu amor, para atenuar o caráter insuportável da onipotência. É fácil compreender o fato de, nessa oscilação, a explicação da ira de Deus acabar por fracassar. Pois se inúmeros homens foram criados como receptáculos de ira, isso só pode ser logicamente justificado por meio da conclusão de que a ira antecede os seus ensejos e causas. Em certa medida, Deus já se enfurece só de pensar que uma de suas criaturas ainda não criadas iria lhe recusar um dia o respeito. Não obstante, Ele cria tais recipientes marcados pela falta de respeito a fim de poder demonstrar então junto a eles a sua ira justa. Com isso, quem se pergunta como é que a ira consegue se fazer sentir contra o pecador empedernido, antes que o pecador destinado ao pecado ganhe a existência, deveria colocar à prova se ele mesmo não é um vaso determinado à destruição.

A solução do enigma pode ser deduzida da leitura do vocabulário do autor da Carta aos Romanos, em particular do vocabulário dos versos 9:22 e 9:23. Fala-se aí com grande ênfase da "glória" de Deus (*potentia, divitias gloriae*), assim como de sua vontade de "tornar conhecido" (*notam facere*) e de demonstrar (*ostendere*) o seu próprio poder e glória. É preciso tomar essas locuções literalmente. O negócio divino da ira repousa consequentemente sobre a necessidade de expor de maneira tão intensa quanto possível o poder inerente à capacidade de enraivecer. Segundo a sua estrutura profunda, ele é "ostentador" — ele só pode ser mantido em curso e com validade como performance de poder, como demonstração de fama e glória. O espetáculo da ira está certamente condenado a correr como um anúncio de um programa principal constantemente adiado. Isso é plenamente adequado a um aspecto do gesto ameaçador que só muito raramente falta, mesmo em exteriorizações profanas da ira: a ira atualmente extravasada tende a anunciar que tudo ainda pode ficar muito pior. Por si só, a ira é um afeto determinado a mostrar e a impressionar e isso a partir do plano da expressividade animal que também é, aliás, realçado por Sêneca em *De ira*, visto que Sêneca fala da impossibilidade de reprimir os sintomas físicos da ira. Toda repressão de seu ímpeto à manifestação intrínseca conduz a um adiamento das energias iradas.

No caso presente ocorre uma transposição do plano humano para o plano divino. Uma vez que os cristãos interiorizam a proibição à ira e à vingança que lhes é imposta, desenvolve-se neles um interesse apaixonado pela capacidade da ira. Eles percebem que o enraivecer-se é um privilégio, ao qual eles renunciam em favor do único ser que pode se enraivecer. Tanto mais intensamente acontece a sua identificação desse privilégio com a glória de Deus, quanto essa glória se desvelará no dia da ira. Os cristãos nunca conseguem imaginar de maneira suficientemente violenta a ira do ser supremo, porque eles mesmos só podem expressar junto ao *dies irae* a sua própria renúncia à ira a fim de saciar seus olhos com o último espetáculo. Não é à toa que a ilustração do juízo final acabou por se tornar a disciplina padrão da imaginação cristã.

As duas outras deduções da ira divina a partir da justiça e do amor de Deus conduzem de maneira igualmente veloz a contradições e a um círculo vicioso. O fato de a ira não poder ser deduzida da justiça vem à tona a partir da simples referência ao princípio da proporcionalidade, que se encontra acima do campo daquilo que é justo e daquilo que é apropriado como uma ideia reguladora: de uma culpa finita nunca pode seguir uma punição infinita. No entanto, como as pessoas são ameaçadas com punições desse tipo, a injustiça abismal de Deus (digamos novamente: a sua onipotência) se empenhará em demonstrar a sua justiça. O fracasso do argumento é evidente. Mesmo esse argumento revela que é somente a passagem para a disciplina performativa que é responsável pelo aguçamento teológico da ira. De fato, nada pode deixar uma impressão mais forte do que a ilustração pictórica dos *terrores* divinos — e esses terrores entram imediatamente em jogo logo que a representação de torturas insuportáveis é combinada com a ideia de eternidade. A ira, exposta como consequência da justiça, obedece, na verdade, a uma lógica político-majestosa. Essa lógica corporifica-se num teatro imaginário da crueldade, que deixa perdurar eternamente aquilo que não seria suportável no tempo nem mesmo por um segundo. Daí a significação destacada do fogo para o *terror perpetuus*. A necessidade psicopolítica que já era evidente para os cristãos antigos; a necessidade de apresentar Deus no ápice de sua capacidade de ira sempre foi alimentada por argumentos teológicos — com certeza, foi o grande polemizador Tertuliano quem fomentou o mais abertamente possível uma tal necessidade ao não se impor nenhuma trava quanto à promessa de pleno desagravo no além para a volúpia de vingança dos fiéis, uma volúpia que fora estimulada pela renúncia à vingança. Logo falaremos mais sobre isso.

Resta a dedução da ira divina a partir do amor de Deus. Mesmo nesse elo entre ira e amor, são apenas os modos de seu fracasso que se mostram interessantes, uma vez que a dinâmica do ressentimento responsável por todo esse campo salta aos olhos aqui com uma evidência particular. Desde Lactâncio, os apologetas do teorema da ira concluíram a partir do amor de Deus a Sua não indiferença em relação ao comportamento do homem e, a partir daí, exigiram a bipolaridade de Sua vida afetiva: se Deus não odiasse os ateus e os injustos, ele não poderia amar os tementes a Deus e os justos. Portanto, Deus é irado, o que precisava ser demonstrado.

Quem não quiser se deixar deter pela ingenuidade psicológico-afetiva desta tese também pode ver a dedução da ira a partir do amor de Deus fracassar numa variante mais refinada, que é, além disso, quase contemporânea. Hans Urs von Balthasar associa a doutrina da ira de Deus diretamente ao teologúmeno cristão mais elevado, a doutrina da trindade, uma vez que interpreta a indiferença do homem em relação à comunicação trinitária como ofensa à honra de Deus, uma ofensa para a qual a ira se mostraria como a única resposta adequada. O desejo do Todo-Poderoso de vincular todos os homens à comunicação de Seu amor precisa ser lido como sinal de generosidade. Essa generosidade, contudo, só se torna duvidosa quando é acompanhada por uma pretensão de penetração mágica, em relação à qual a resistência se mostra como o preenchimento do fato da ofensa à trindade. Nisso esconde-se uma especulação mitológico-sexual pouquíssimo velada, segundo a qual só a Deus cabe a masculinidade, enquanto todos os outros personagens da comédia sagrada têm de assumir posições femininas — a não ser que sejam religiosamente frígidos. No conceito de ofensa fica claro como a tosca ingenuidade político-ordenadora da teologia lactanciana passa para a refinada ingenuidade erótico-dinâmica de uma teopsicologia semimoderna.

De resto, Balthasar, o mais significativo indivíduo timótico entre os teólogos do século XX, coloca inteligentemente a ênfase sobre a honra de Deus: desse conceito segue-se, por um lado, a possibilidade de o Deus que ama ser ofendido pela criatura que não ama ou que está orientada por outros valores — o que é em certa medida absurdo; por outro lado, a dimensão do "narcisismo" divino e de sua aspiração à glória é tão intensamente destacada que nossa teoria funcional da ira se satisfaz às suas custas. Segundo Balthasar, Deus possui dificuldades crônicas em fazer valer a sua glória, visto que um lado oculto está preso a essa glória desde tempos imemoriais. Como é que o inaparente pode gerar ao mesmo tempo a glória? No que diz respeito a esta complicação, pode-se estabelecer uma vez mais uma ponte para a interpretação psicopolítica da ira de Deus: ela é erigida pela compulsão a apresentar um poder que cresce a partir da impotência.

Em resumo, precisamos insistir no fato de o campo conjunto das teses da ira de Deus — inclusive o campo das terríveis ilustrações escatológicas — só ser reconstruível sob a luz de uma economia timótica. Não podemos continuar perseguindo as fundamentações bíblicas e escolásticas do Deus irado por conta de sua ausência de perspectivas lógicas. Na verdade, o título Deus nesses discursos nunca pode ser compreendido como mais do que uma indicação locativa para o depósito de economias humanas ligadas à ira e de desejos congelados de vingança. O Deus irado não é nada além do administrador dos bens terrenos do ressentimento, que são conservados nele mesmo ou junto à sua executiva diabólica subordinada, a fim de estarem preparados para uma retirada posterior. Os bens surgem, por um lado, por meio de impulsos à ira bloqueados, cujas reações impediram circunstâncias externas, e por outro lado, por meio de atos morais como a renúncia à vingança e ao perdão. A glória de Deus serve nesse contexto como garantia de Sua capacidade comercial enquanto administrador do tesouro e como guardião da moeda. Se Ele for apostrofado como o senhor da história, isso acontece porque a História inclui justamente aquelas funções da memória sem cujas performances não se poderia assegurar a conexão estável entre entradas e pagamentos de bens marcados pela ira.

O motivo do *dies irae* nunca teria alcançado a sua eficácia psico-histórica se a ideia do grande dia do pagamento não estivesse ligada lógico-objetivamente de maneira estreita com a ideia complementar de uma longa fase de economias. Sim, aquilo que denominamos "História" só conquista o seu critério normativo de coerência por meio do fato de ela designar os períodos durante os quais a conservação das quantidades de ira e das intensidades de vingança mantém constante o seu valor. Ao dia da ira precisam anteceder tempos suficientemente longos de economias de ira e de depósitos de vingança. A História é a corrosão dos primeiros depósitos até a expiração de todos os prazos. Até este momento vigora uma proibição estrita da inflação. Numa perspectiva de crítica moral, a inflação significa mudança de valores, e exatamente isso precisa ser excluído.

Uma vez que os cristãos históricos, caso o ato interpretativo seccionador de Nietzsche os descreva corretamente, não raramente se mostraram sob elevadas tensões de ressentimento, eles precisavam experimentar uma aversão a toda mudança valorativa que pudesse desvalorizar os bens de ira historicamente acumulados junto ao banco transcendente. No entanto, como os teólogos tinham representações realistas sobre a inevitabilidade da mudança das ideias valorativas e sobre o esvaecimento dos impulsos à ira e à vingança, eles compensaram o risco da inflação por meio da transferência das penas para a eternidade. Porquanto todas as penas infernais são válidas eternamente, as pessoas se asseguraram de que não se pode aceitar nenhuma perda historicamente condicionada à desvalorização da ira. Mesmo a casa da vingança não deve perder nada. Nesse contexto, a doutrina da eternidade das penas, em outras circunstâncias a nódoa mais escura nas vestes de uma religião da reconciliação, torna-se compreensível como exigência extraordinariamente motivada. Onde o transporte da pena precisa seguir longos caminhos, o recurso à eternidade é irrecusável. Para o bem como para o mal, a eternidade é o refúgio do ressentimento.

Elogio do purgatório

É preciso dizer em honra dos teólogos cristãos da era medieval que eles mesmos começaram a sentir o caráter insuportável de seus próprios construtos do ressentimento. Eles recaíram, por conta disso, sob a compulsão de refletir sobre a atenuação dos excessos teológico-irados. Este fato sedimentou-se na invenção do purgatório. É de se supor que não estejamos sendo demasiado ousados ao caracterizar a nova teologia do purgatório, que contabilizou a partir do século XI d.C. um tempestuoso ganho de terreno, como a inovação propriamente dita do pensamento cristão, uma inovação que fez história. Com ela, não se introduz apenas uma mudança estrutural de época na construção do ressentimento. Por meio dela também surge ao mesmo tempo uma nova lógica das transições — uma teoria das segundas chances e dos terceiros lugares. Quem se der ao trabalho de estudar esses fenômenos[26] amplamente esquecidos, apesar de bem reconstruídos, poderá encontrar de antemão, configurado de maneira aproximativa sob as formas de mediação da lógica processual do purgatório, tudo aquilo que se denominou no século XX, na formulação nebulosa de Merleau-Ponty, "as aventuras da dialética".

---

26. Precisamos citar aqui antes de tudo o trabalho de Jacques Le Goff *O nascimento do purgatório*. (1981) [trad. Maria Fernandes Gonçalves de Azevedo, Lisboa, Estampa, 1993].

A necessidade do estabelecimento de um terceiro lugar entre o inferno e o paraíso torna-se palpável a partir do que foi dito. Diferentemente dos camponeses e dos monges da baixa Idade Média, para os quais a *humilitas* submissa se tornara uma segunda natureza, a burguesia citadina ressurgente também se anunciou no campo religioso das exigências timóticas, que não eram mais compatíveis com o terror da submissão sob a alternativa entre ser escolhido ou amaldiçoado. Os cristãos das culturas citadinas europeias reflorescentes foram os primeiros a se convencerem da inadmissibilidade das escatologias tradicionais. Junto a eles veio à tona pela primeira vez a necessidade de quebrar a ponta da escandalosa escolha binária entre bem-aventurança ou condenação eterna. Isso tornou-se mais inevitável, uma vez que as ameaças escatológicas não se dirigiam mais preponderantemente aos destinatários não cristãos, aos membros das *gentes*, aos "pagãos", aos avessos à religião tanto quanto aos "judeus pérfidos", mas antes aos habitantes mais ou menos devotos da Europa cristianizada.

Podemos depreender entre outras coisas dos textos polêmicos do padre cartagiano Tertuliano (c. 155-c. 220), a saber, de seu ensaio *Sobre os espetáculos*, o quão pesadamente a escatologia do tempo de nossos antepassados se abatia sobre os não cristãos dignos de condenação. Enquanto testemunho antes constrangedor para historiadores dos dogmas, esse ensaio possui um elevado valor documental para a interpretação externa das estratégias metafísicas de processamento da ira. Em *De spectaculis*, o nexo entre a renúncia terrena e a satisfação transcendente torna-se patente de uma maneira francamente obscena — não sem razão, Nietzsche e Scheler apontaram *expressis verbis* para esse texto em suas análises do ressentimento. Depois de Tertuliano ter enumerado uma vez mais as razões pelas quais os cristãos não têm nada a procurar junto às apresentações pagãs (antes de tudo porque os teatros são arenas para os demônios), ele chega a falar sem floreios das compensações celestes por essa abstinência terrena. Ele sabe que é custoso para os cristãos romanos se acostumarem a abdicar dos "espetáculos". As corridas de biga no circo, as obscenidades no teatro, os exercícios imbecis dos atletas engordados nos estádios, mas antes de tudo, as fascinantes crueldades na arena, passaram a fazer parte de uma maneira demasiadamente intensa do cotidiano da diversão social para que se pudesse compreender por si mesmo a necessidade de não visitar tais apresentações. Tertuliano, contudo, tinha preparada uma recompensa para aqueles que se mantinham distantes dos espetáculos. Às apresentações terrenas ele contrapõe uma comédia divina, que não satisfaz apenas o desejo de ver, mas também leva em conta o caráter performativo da glória por meio de uma demonstração explícita da vingança. O que é precisamente que confere às almas redimidas no céu a mais elevada compensação? Elas podem se dedicar à contemplação da execução primorosa de uma pena:

> 30. Mas que tipo de espetáculo é iminente para nós — o retorno do Senhor que não é mais a partir deste momento colocado em questão, do senhor a partir deste momento orgulhoso, triunfante! [...] também acontecerão certamente outros espetáculos naquele dia derradeiro e definitivo do juízo [...]. O que devo admirar aí? Sobre o que devo rir? Para o que deve se dirigir minha alegria, meu júbilo, quando tantos reis [...] gemem repentinamente nas mais profundas trevas? [...] Quem vejo além deles? Aqueles sábios filósofos: como enrubescem na presença de seus alunos, que são queimados juntamente com eles [...] Neste momento, as tragédias se tornarão ainda mais audíveis porque eles (os poetas) se mostrarão ainda mais tonitruantes junto à sua própria desgraça; então poder-se-á reconhecer bem os atores — eles ainda estarão muito mais soltos através do fogo; em seguida, poderemos ver o condutor da biga, como ele enrubesce em todo o corpo em seu carro chamejante [...] a não ser que eu não queira mais ver essas pessoas porque prefiro dirigir meu olhar insaciavelmente para aqueles que se enfureceram contra o Senhor [...]. Que pretor ou cônsul [...] poderá oferecer-te *algo assim* com a sua generosidade? E, contudo, já temos tudo isto em certa medida plasticamente diante de nossos olhos, contanto que o espírito consiga imaginá-lo graças à fé [...].[27]

As declarações de Tertuliano pesam muito porque o processo de elaboração da ira com um estilo pós-apocalíptico se mostra nelas num estágio primevo, junto ao qual ainda não se instituiu a cesura interna contra uma satisfação abertamente apresentada por meio do horror imaginado. Mais de cem anos depois, o padre Lactâncio conceder-se-á ainda uma vez a alegria de sobrepujar em seu texto *Sobre os tipos de morte dos perseguidores* as atrocidades reais da política romana em relação aos cristãos por meio da atrocidade imaginária da revanche escatológica. De maneira

---

27. Tertuliano, *De spectaculis/Über die Spiele*, ed. bilíngue, trad. e org. Karl-Wilhelm Weeber, Stuttgart, 2002, pp. 83-87.

franca, os dois autores trazem à tona o traço teatral básico da vingança transcendente. À ira suspensa — Tertuliano também é reconhecidamente o primeiro teólogo da renúncia cristã à vingança[28] — promete-se a satisfação ilimitada do desejo de contemplação da vingança no outro mundo, junto à aplicação estrita do esquema-só-então-e-contudo-já-agora.

Na base do arranjo reside uma concepção jurídica da renúncia à vingança: quem se distancia aqui e agora da vingança precisa poder se entregar a Deus a título de vingador de todos que trabalha na contabilidade. Deve-se oferecer àquele que não visita espetáculos emocionantes deste mundo um espetáculo ainda muito mais estimulante naquele outro mundo. Por meio da visão das torturas eternas vai-se completamente ao encontro da exigência dos apocalípticos por uma transformação conjunta do mundo num único espetáculo. Com isso, teoria e ressentimento se unificam. A pura visão assume a forma da pura compensação. Os redimidos não gozam apenas da visão bem-aventurante de Deus — eles também tomam parte na visão derradeira de mundo que olha para baixo, para o mundo julgado e aniquilado.

Com a introdução do purgatório, o gerenciamento cristão da ira entra em movimento, um gerenciamento que foi dominado até aqui, como observamos, pela rigidez primitiva da decisão binária: condenação *versus* bem-aventurança. Essa irrupção foi possibilitada por uma operação lógica, de cuja ousadia não conseguimos mais ter facilmente uma ideia a partir de posições modernas. Para estabelecer o lugar de purificação transcendente como um terceiro espaço escatológico, foi necessária a introdução de um momento processual no mundo suprassensível até então concebido como atemporal e estático. Graças a este novo elemento, o segmento médio da eternidade foi resgatado no tempo e transformado em local de contemplação de um epílogo catártico à existência terrena. Assim, acrescenta-se ao tempo existencial o tempo do epílogo purgatório. Poder-se-ia afirmar diretamente que o purgatório seria a matriz e o padrão daquilo que mais tarde se chamou de História — aquela totalidade processual a ser pensada no singular, em cujo curso a humanidade se constitui como coletivo global a fim de se libertar passo a passo dos fardos dos passados locais. Se ocorre

---

28. Cf. Nicholas Kwame Apetorgbor, *Tertullian: Die Rache Gottes und die Verpflichtung des Menschen zum Verzicht auf Rache: die Bedeutung der Theologie Tertullians für das heutige afrikanische Christentum* [Tertuliano: a vingança de Deus e o compromisso do homem com a renúncia à vingança: a significação da teologia de Tertuliano para o cristianismo africano atual], Hamburgo, 2004.

até mesmo no além-purificação, na transformação e no "desenvolvimento", então o lugar de purificação se torna latentemente histórico. Se a história humana se orienta pela purificação (ou pelo progresso), então ela assume funções latentemente purgatórias.

Para concluir a nossa excursão pela história do processamento religioso da ira no mundo europeu antigo é preciso apontar para a semelhança crescente entre as práticas do purgatório e os negócios formais de pagamento. A partir dessa semelhança é possível demonstrar que o discurso acerca da formação de um tesouro de ira não pode ser tomado como meramente metafórico; mesmo a referência à passagem das massas de ira dotadas da forma de tesouro para a forma de um capital orientado de maneira bancária pode ser interpretada em certa medida literalmente. Como se sabe, a invenção do purgatório logo trouxe à vida um sistema abrangente de pagamentos antecipados pelas penas purificadoras no além, que ficou conhecido sob o nome de comércio de indultos. Graças a essas transações, o papa e os bispos podem ser considerados como os primeiros beneficiários da economia monetária capitalista. Cristãos luteranos devem se lembrar de que a febre antirromana do reformador foi provocada entre outras coisas pelos abusos relativos aos negócios com o temor do inferno, negócios que sustentavam a ilusão de que seria possível assegurar a bem-aventurança no além por meio da aquisição de "indulgências". O impulso luterano foi autenticamente reacionário, visto que Lutero associou ao seu *páthos* de fé e de perdão um inflexível retorno--à-merecida-ira-de-Deus (que deveria ser, então, naturalmente compensado pelo perdão). Como partidário do ou isso ou aquilo, ele detestava a modernidade da terceira via, adotada pela Igreja católica com o estabelecimento do novo sistema de crédito. Nesse sistema, podiam-se atenuar as quantidades de ira divina negociáveis que estavam ligadas a pecados menores por meio de antecipações de pagamento — um procedimento que não deixa de lembrar as compras parceladas modernas.

Segundo esse ponto de vista, o catolicismo já tinha se aproximado muito mais do mamonismo moderno do que o espírito do protestantismo, um espírito mais tarde tão citado em sua ligação com o espírito do capitalismo. Não obstante, é preciso inserir neste contexto o fato de a formação católica de um tesouro de ira e o estabelecimento de um primeiro banco universal de vingança ainda não terem podido assumir todas as funções bancárias importantes, uma vez que a transformação dos tesouros de ira em capitais totalmente válidos, passíveis de serem emprestados e investidos, não era possível sob auspícios cristãos. Neste plano, a escatologia cristã não foi além do papel de uma caixa econômica. A passagem para o investimento dos bens só pôde acontecer em meio às organizações posteriores da ira nos séculos XIX e XX.

A modernidade do sistema católico dos indultos mostrou-se na liberdade com a qual esse sistema superou os limites sociais entre as coisas do além e as coisas deste mundo. Ele instaurou um procedimento para pagar punições transcendentes com dinheiro terreno. No século XX, o católico ateísta Georges Bataille lembra-nos da necessidade de uma economia universal que não permaneça parada em meio ao trânsito entre mercadorias e mercadorias, dinheiro e mercadorias e dinheiro e dinheiro, mas que, uma vez mais para além dos limites entre aquém e além, leve adicionalmente em consideração as transações da vida com a morte.

Com essa referência à estimulação da economia monetária no início da modernidade por meio do negócio com o temor escatológico, terminamos a nossa excursão às fontes religiosas do gerenciamento da ira na antiga Europa. Não podemos dizer, ao sairmos das catacumbas, junto com Dante, o retornado do Inferno: *e quindi uscimmo a riveder le stelle.** Depois do retorno ao tempo moderno, vemos um céu encoberto, repleto de nuvens de trovoadas. Vê-se aí a estrela vermelha das revoluções no Leste piscar de maneira irrequieta para o breve século XX.

---

* "E ao brilho caminhamos das estrelas". Dante Alighieri, *A divina comédia*, "Inferno", canto 34, verso 139, trad. Cristiano Martins, Belo Horizonte: Vila Rica, 1991. [N.T.]

3

A revolução timótica: sobre o banco comunista da ira

> *Deixemos o machado sobre suas calvas dançar!*
> *Esmagar! Esmagar!*
> *Bravo: caixas cranianas são boas como cinzeiros*
> *Vingança é o mestre-de-cerimônias.*
> *Fome dos ordenadores.*
> *Baioneta, Browning, bomba...*
> *Avante! Ritmo!*
> Vladimir Maiakóvski, *150 milhões* (1920)

As reflexões ligadas à proveniência, à determinação e ao modo de atuação chamaram a nossa atenção para um estado de coisas que raramente é levado em consideração: há uma serenidade febril que só parece ser conferida pela teoria apocalíptica. Ela se inflama a partir da expectativa de que tudo acaba por se tornar completamente diverso daquilo que pensam os indivíduos momentaneamente dotados de sucesso. A visão do apocalipse transforma os estados e os acontecimentos numa referência inconfundível ao fim que se aproxima do irrefreável antigo mundo. No entanto, visto que esse fim é intensamente desejado, os sinais mais obscuros do tempo ainda portam uma carga evangélica. Enquanto a teoria grega se ilumina por meio da representação da participação na imagem de mundo atemporal dos deuses, a teoria apocalíptica se embriaga com a ideia de que tudo isto não seria a partir de agora senão parte de uma representação derradeira.

Se, depois de sua polêmica contra os espetáculos romanos, Tertuliano chega a falar sobre as diversões dos redimidos e se pergunta: "Sobre o que devo rir? Para o que deve se dirigir minha alegria, meu júbilo, quando tantos reis [...] gemem repentinamente nas mais profundas trevas?"[1], então se mostra nessa ligação entre imagem e afeto a verdadeira face psicológica (ou uma de suas verdadeiras faces) daquelas inversões de posição que serão mais tarde descritas como revoluções. A revolução total exigida a partir de um presságio religioso lança-se para além dos limites entre o aquém e o além e reclama uma troca estritamente simétrica entre

---

1. Tertuliano, *De spectaculis/Über des Spiele*, ed. bilíngue, trad. e org. Karl-Wilhelm Weeber, Stuttgart, 2002, p. 83.

a situação atual e a futura. Quem quiser ver o conceito de revolução interpretado com uma significação geométrica pode satisfazer o seu interesse junto a essa manobra metafísica — e apenas junto a ela. Tertuliano não deixa nenhuma dúvida quanto ao fato de a virada final provocada pela onipotência de Deus pôr às avessas as balanças afetivas da existência humana: "Portanto, permaneçamos tristes (*lugeamus*) enquanto os pagãos se alegram, para que possamos nos alegrar (*gaudeamus*) quando eles começarem a ficar tristes [...]."[2] A simetria da inversão é garantida pelos bens dotados do caráter de ira acumulados em Deus, executando-se em seu vencimento, no dia do juízo final, o equilíbrio cósmico dos sofrimentos. Sofra no tempo, goze na eternidade; goze no tempo, sofra eternamente. A satisfação do ressentimento continua sendo assegurada aqui exclusivamente pela antecipação da troca futura de posições.

Se uma revolução não é suficiente

As "revoluções" posteriores no real são co-mobilizadas apenas bem no começo por fantasmas de simetria de uma qualidade comparável. Para quem chegou um dia a acreditar que os últimos seriam realmente os primeiros, a revolução realizada se mostra como uma mestra rigorosa fazendo uso amplo do meio educacional que é a desilusão. Restif de La Bretonne menciona em seu *Noites revolucionárias*, datado de 13 de julho de 1789, a existência de um grupo de ladrões do Faubourg de Saint-Antoine, "uma plebe medonha", em cuja boca ele coloca as seguintes palavras: "Hoje nasceu o último dia dos ricos e dos abastados: amanhã será a nossa vez. Amanhã dormiremos no colchão de plumas e aqueles, cuja vida misericordiosamente pouparmos, poderão então, caso queiram, morar em nossos mais tenebrosos buracos."[3]

---

2. Ibid., p. 81.
3. Restif de La Bretonne, *Revolutionäre Nächte in Paris*, Ernst Gerhards (org.), Bremen, 1989, p. 20. [Ed. bras.: *As noites revolucionárias*, trad. Marina Appenzeller e Luiz Paulo Rouanet, Estação Liberdade, São Paulo, 1989.] Em meio às agitações de 1848, havia no ar palavras de ordem como essas. Alexis de Tocqueville apresenta um relato sobre um jovem camponês pobre, que tinha encontrado trabalho como servo na casa de uma família em Paris. "Na noite do primeiro dia de tumulto, ele (seu empregador) ouviu-o dizer ao retirar a mesa da refeição da família: 'No próximo domingo' — era uma quinta-feira — 'nós comeremos o melhor pedaço do frango!' Ao que uma moça jovem que desempenhava o mesmo ofício na casa observou: 'E nós portaremos belos vestidos de seda!'" Cf. Alexis de Tocqueville, *Erinnerungen* [Memórias], introd. Carl J. Burckhardt, Stuttgart, 1954, p. 211.

A história mostrará dentro de poucas semanas que a revolução não conduz à troca de moradia entre ricos e pobres. Na verdade, chega-se a uma reocupação de posições. Na melhor das hipóteses, a um aumento do número de lugares preferenciais e de gabinetes atraentes, no entanto nunca se chegando a uma inversão entre os de cima e os de baixo, para não falar de uma igualdade material. No caso mais favorável, a reviravolta difunde o espectro das funções da elite, de modo que um maior número de candidatos possa assegurar seus proventos. O pessoal e a semântica se alteram, mas a assimetria persiste. Evitável ou inevitavelmente? A partir de agora temos de colocar a história à prova partindo desta alternativa.

Como assimetria é apenas um termo técnico para desigualdade — e, entre premissas igualitárias, também para "injustiça" —, todas as revoluções desde a Revolução Francesa foram acompanhadas por ondas de decepção e frustração movidas por um vento de través. Ao lado de uma resignação e de uma renúncia cínica a ilusões de ontem, sempre vêm à tona a partir dessas ondas formações agudas e atuais de ira. Dessas formações emergiram as aspirações tipicamente de época quanto a uma nova ampliada e aprofundada encenação do drama revolucionário.

Desde os acontecimentos que se seguiram à queda da Bastilha, a história ideológica e política da Europa foi atravessada pela espera dos desiludidos por uma segunda revolução verdadeira, real e integral, que deveria criar ulteriormente um desagravo para os enganados e para aqueles que foram deixados para trás nos grandes dias. Por isso, temos o lema que fez época: "A luta continua!", um lema que pode ser constatado de maneira mais ou menos explícita em todos os movimentos dissidentes dos radicais de 1792 até os mundialistas de nossa época oriundos de Seattle, Gênova e Davos. Depois que o Terceiro Estado vitorioso pegou o que é seu, mesmo os perdedores de outrora quiseram finalmente ter regalias, a saber, os primeiros representantes do Quarto Estado, excluídos dos almoços festivos da burguesia.

A culpa principal pela exclusão da massa dos melhores lugares não foi normalmente atribuída à escassez estrutural de posições privilegiadas. Ao invés disso, escolheu-se uma estratégia argumentativa segundo a qual um complexo formado por opressão, exploração e alienação teria sido responsável pelo fato de os bons lugares não estarem disponíveis para todos. Com a superação definitiva das tríades perversas deveria ser criado um mundo no qual os fantasmas da escassez e da desigualdade estariam exorcizados. Pela primeira vez na História, pensou-se erigir um teatro cuja sala de espetáculos não possuiria senão primeiras filas.

Na tradição bicentenária dos esquerdistas, deixou-se de levar em conta o fato de a força motriz das utopias sociais só emergir numa pequena parte do propósito de extinguir os privilégios da classe dominante. Na verdade, Saint-Just, o anjo da morte do igualitarismo, ensinou-nos que o poder da terra está entre os infelizes. Por isso, dever-se-ia tornar a minoria dos felizes tão infeliz quanto a maioria miserável, a fim de satisfazer a lei da igualdade? Não teria sido de fato mais fácil, entre os 20 milhões de franceses, precipitar o milhão feliz na miséria do que despertar a ilusão de que se poderia transformar os 19 milhões de miseráveis em cidadãos satisfeitos? Desde sempre pareceu mais atraente a ideia fantástica de reformular os privilégios dos indivíduos felizes e transformá-los em exigências igualitárias. Podemos afirmar que essa operação entregou-nos a contribuição original da França para a psicopolítica dos séculos XIX e XX. Não devemos senão a ela o fato de os franceses terem conseguido salvar sua alma depois do terrível intermédio da guilhotina — apesar de terem pago o preço de uma afeição por ilusões rebeldes, não perderam desde então quase nenhuma oportunidade de se colocar em cena. No último minuto, a nação revolucionária deu um passo atrás ante o abismo, a partir do qual o ressentimento se atiçava contra os indivíduos felizes, e tomou coragem para uma ofensiva da generosidade em favor dos infelizes. A democratização da felicidade forma o fio condutor da moderna política social no velho mundo, desde as fantasias dos primeiros socialistas — "sim, torrões de açúcar para todos!" — até as correntes de redistribuição do capitalismo renano.

Em face das implicações dinâmico-ilusórias da "revolução progressiva", não é de se espantar que os mais fortes impulsos sociais revolucionários sempre acabam por se irradiar a partir da vontade de ascensão daqueles ativistas, que falavam pelas massas sem esquecer as suas próprias ambições. A fraqueza desses candidatos mostrou sua ignorância voluntária em relação a um fato elementar: mesmo depois das revoltas bem-sucedidas, as boas posições continuam sendo raras e disputadas. Esse desvio do olhar em relação ao que é real possui método. Se há um ponto cego nos olhos do revolucionário, esse ponto reside na expectativa inconfessa de poder se alimentar dos frutos da mudança autoefetuada. Poder-se-ia, por isso, dizer que os revolucionários seriam carreiristas como quaisquer outros? Eles o são inteiramente e, contudo, não sem restrição, uma vez que o negócio revolucionário, ao menos em seus primórdios, se encontra e parece se encontrar sob a lei do altruísmo. Não é à toa que se acha nos encômios aos funcionários mais brutais da reviravolta a afirmação de que eles não teriam alimentado para si qualquer ambição.[4] Isto só demonstra com certeza a possibilidade de encobrir muitos pontos cegos — um meio, revolucionário ou não, é sempre também uma aliança com o ato conjunto de ignorar estados de coisa que saltam aos olhos para aqueles que são estranhos ao meio. O que é obscurecido aí mostra-se ulteriormente na amargura de aspirantes fracassados pelo fato de terem permanecido desamparados enquanto outros ascenderam. Neste caso, entoa-se a queixa de que a revolução devorou uma vez mais os seus filhos. Devemos às emoções dos que caíram e ficaram para trás a demonstração de que a ira precisa ser computada entre as energias renováveis.

Animações fantasmagóricas

Sob tais condições, o rearmamento entre os perdedores torna-se imprescindível. Nas crises políticas do mundo moderno, a serenidade firma um vínculo com a revolta no intuito de facilitar para esta o seu negócio: a fim de renovar de tempos em tempos a ilusão de que o de cima e o de baixo ainda acabariam logo em seguida por trocar de lugar. Uma testemunha das agitações parisienses de 1848, ninguém menos do que Alexis de Tocqueville, narrou em suas *Memórias* um episódio que confere uma significação profética ao riso dos humilhados e ofendidos. Antonio Negri o citou para contrapor um modo de leitura mais robusto da assombração revolucionária às exposições, pacíficas demais para o seu gosto, para não dizer edulcoradas, de Jacques Derrida sobre os *Espectros de Marx*. A cena transcorre num dia de junho 1849 num belo apartamento na *rive gauche*, no sétimo distrito de Paris, na hora do jantar:

> A família Tocqueville está reunida. Repentinamente se ouve, contudo, na quietude da noite, o fogo de canhão da burguesia contra a rebelião dos trabalhadores insurretos — ruídos ao longe na margem direita do Sena. As companhias à mesa atemorizam-se, suas expressões faciais obscurecem-se. Não obstante, escapa da jovem serva, que acabara de chegar do Faubourg Saint-Antoine e que estava servindo a mesa, um sorriso.

---

4. Quanto ao caso de Lasar Kaganovitch, cf. abaixo p. 208 e a nota de rodapé número 73.

Ela é imediatamente despedida. Ora, mas não é o verdadeiro espírito do comunismo que transparece nesse sorriso? O sorriso que aterrorizou o tsar, o papa e o senhor de Tocqueville? Não reside nele um reluzir alegre, que é próprio ao fantasma da libertação?[5]

Esse sinal de serenidade já é de um tipo completamente diverso daquele riso forçado com o qual nos deparamos na fantasia judicial tertuliânica — à sua maneira, ele é parte das inquietudes atuais. Como espuma alegre, ele vagueia sobre as ondas dos acontecimentos, que fornecem sempre a prova de que as coisas realmente podem se dar de forma totalmente diferente daquela que esperavam os senhores satisfeitos do dia.

Como a história mais recente assume para si as tarefas do tribunal em relação ao mundo antigo, ela executa em seus momentos violentos a sentença do presente quanto ao passado. Por um instante, a serva sorrindo se coloca discreta, mas claramente do lado dos insurgentes, diante de cujo veredicto os membros da távola redonda tinham toda a razão em se atemorizar. O mundo posterior não está em condições de saber se nessa pequena animação vem à tona antes o ódio de classe ou mais a alegria prévia pelos tempos movimentados que se anunciam no burburinho das ruas. Será que a criada estava sorrindo por conta da ideia de passar as próximas noites com um dos combatentes? Ou será que ela acreditou que ela mesma logo se sentaria à mesa e que o senhor de Tocqueville a serviria? Em todo caso, tal sorriso não necessita mais de nenhum pretexto apocalíptico. O acontecimento atual guarda desvelamentos suficientes para permitir aos seus intérpretes predizer o futuro a partir da ira do presente.

Quando a vontade revolucionária se torna um dos papéis de ação que ganham forma e quando ela precisa controlar lapsos de tempo mais longos, uma psicopolítica explícita voltada tanto para dentro quanto para fora se mostra irrecusável. Ela se vê diante da tarefa de repelir por meio da criação de uma reserva de ira disponível as tentações depressivas que se instauram inevitavelmente depois de reações políticas — pensemos, por exemplo, no *emigration blues*[6] de Lenin e em suas crescentes doenças

---

5. Antonio Negri, "The Specter's Smile", in: Michael Sprinker (org.), *Ghostly Demarcations: a symposium on Jacques Derrida's Specters of Marx*, Nova York/Londres, 1999, p. 15.
6. Christopher Read, *Lenin: a Revolutionary Life* [Lenin: uma vida revolucionária], Londres/Nova York, 2005, p. 103.

nervosas depois do fracasso das esperanças revolucionárias de 1905. O caminho correto parece consistir em trabalhar uma articulação entre serenidade e militância. Friedrich Engels formulou numa carta a Karl Marx de 13 de fevereiro de 1851 uma parte das regras da astúcia psicopolítica que possibilitam ao revolucionário a sobrevivência em meio ao "turbilhão" histórico. Entre essas regras está vigiar de maneira ciumenta a própria superioridade espiritual e a independência material, "uma vez que se é, no que diz respeito à *coisa mesma*, mais revolucionário do que os outros". Consequentemente, é preciso evitar toda posição oficial no Estado e, se possível, até mesmo toda e qualquer função partidária. Quem é propriamente revolucionário não necessita de nenhuma ratificação formal por parte de repartições — nem de aclamação por parte de um "bando de asnos que juram fidelidade a nós porque se consideram nossos iguais".[7] Ou seja: "nenhum assento em comitês e coisas do gênero, nenhuma responsabilidade por asnos, uma crítica implacável a tudo, e, neste ponto, aquela serenidade que todas estas conspirações de patetas não conseguirão roubar de nós".[8] Daí desperta para a nova vida revolucionária o conselho aristotélico: "Nunca odiar, mas desprezar com frequência".

Numa carta que se tornou famosa, enviada por Rosa Luxemburgo em 28 de dezembro de 1916 de uma prisão em Berlim para a sua amiga Mathilde Wurm, vêm à luz figuras dinâmico-afetivas comparáveis numa rica orquestração, complementadas por um credo corajoso e desesperado, humanista e revolucionário, que compreensivelmente entrou no álbum da militância de esquerda. No começo do texto descarrega-se o violento mau humor da presidiária contra o choramingo presente numa carta da amiga que chegara pouco antes até ela:

> Tu achas com um tom melancólico que vós "vos empenhais muito pouco por mim". "Muito pouco" é bom! Vós não estais vos "empenhando" de maneira alguma, vós estais "pasmando". Não se trata de uma diferença de grau, mas de essencialidade. "Vós" sois efetivamente de um gênero zoológico diverso do meu e vosso ser rabugento, apático, covarde e morno nunca me foi tão odioso como agora [...]. No que

---

7. Karl Marx, Friedrich Engels, *Werke* [Obras], Berlim, 1972, v. 27, p. 190.
8. Fritz J. Raddatz (org.), *Mohr an General: Marx & Engels in ihren Briefen* [O mouro ao general: Marx e Engels em suas cartas], Viena/Munique/Nova York, 1980, p. 40.

me concerne, apesar de jamais ter sido flexível, tornei-me nos últimos tempos dura como aço escovado e não farei mais nem politicamente nem na lida pessoal a mais mínima concessão [...]. Será que tu estás satisfeita agora com as felicitações de Ano-Novo? Então cuida para que permaneças *um ser humano* [...] e isso significa: para que sejas firme, clara e *serena*, sim, mais serena, apesar de tudo isto e de tudo aquilo, pois o choro é coisa dos fracos [...].[9]

Esse documento singular deixa claro que não houve apenas uma interdição burguesa à melancolia na corrente principal do progresso seguro da vitória — tal como se encontra no estudo, entrementes um clássico, de Wolf Lepenies, *Melancholie und Gesellschaft* [Melancolia e sociedade] de 1969 —, mas também uma interdição ao choramingo junto aos líderes burgueses do movimento proletário-revolucionário. Junto aos agentes da revolução mundial, toda emoção autocompassiva subtrairia energias que seriam perdidas para o grande intuito. É diante desse pano de fundo que as pessoas gostariam de ler o que Rosa Luxemburgo teria escrito a Jenny Marx — nome de solteira Westphalen —, cujo estado de ânimo cronicamente turvado Karl Marx teria revelado ao amigo Engels em novembro de 1868: "Minha mulher há anos perdeu inteiramente o seu equilíbrio psíquico e vem atormentando as crianças até a morte com as suas lamentações, com a sua irritabilidade e com o seu mau humor [...]."[10]

Quase cem anos mais tarde e com o reconhecimento do fracasso do grande experimento soviético, Antonio Negri reclama uma vez mais a serenidade — no entanto, não mais em nome do proletariado industrial, que desperdiçou há muito tempo sob a bandeira messiânica o seu papel de coletividade irada capaz de fazer história. A partir de agora, os novos sujeitos da serenidade militante devem ser os pobres, os marginais, os artistas da vida na terra, que Negri conclama novamente às bandeiras como "multidão". Ele quer ter oportunidade de observar entre eles um sorriso que aspire ao futuro — um "sorriso pobre, excomungado", que tenha se emancipado definitivamente de todos os serviçalismos às relações existentes. Ele recebe o seu padrão fundamental de Charlie Chaplin,

---

9. Rosa Luxemburgo, *Briefe an Freunde* [Cartas a amigos], Benedikt Kautsky (org.), Colônia, 1976, pp. 44-46.
10. Fritz J. Raddatz (org.), op. cit., p. 203.

quando este articulou no filme *Tempos modernos* a pobreza e a vitalidade indomável de uma maneira subversiva.[11] Ao que parece, depois da despedida da revolução mundial, só resta à eterna militância o riso daqueles que realmente não têm razão alguma para rir.

O projeto epocal: estimular o **thymós** *dos humilhados*

As declarações citadas não fornecem apenas, como se poderia acreditar numa percepção fugidia, testemunhos relativos à conexão com frequência comprovada entre serenidade imposta e ressentimento. As palavras francas de Engels, a confissão impetuosa de Rosa Luxemburgo e, por fim, as referências de Antonio Negri ao sorriso fantástico da criada, bem como o riso por assim dizer incondicional dos *underdogs* — tudo isso deixa claro para qualquer um que esses apelos pela serenidade perseguem uma meta para além de estados de humor pessoais. De modo algum, os autores de uma situação de vida empenhadamente otimista gostariam de dizer essa palavra, como se tal situação estivesse em casa no *juste milieu* cristão pequeno burguês. Na realidade, reclamar a serenidade só possui uma significação como exigência por uma postura soberana. A soberania cobiçada pelos dissidentes não é buscada, contudo, sob o modo dos irônicos, pairando sobre a turba. As pessoas querem encontrá-la em meio aos estrondos de combate do tempo. Ela é alcançada por meio da assunção voluntária de um peso que nenhum homem capaz de calcular racionalmente assumiria sobre os seus ombros. Ser soberano significa escolher por meio do que afinal nós nos deixamos sobrecarregar.

Esse fato provoca o surgimento do conceito de militância, tal como esse conceito é válido desde o século XIX. Numa guerra permanente levada a termo em dois *fronts* contra a satisfação e a ironia, os militantes procuram conformar a sua existência como ponto de concentração de uma ira transformadora do mundo. Eles são românticos às avessas que, ao invés de mergulhar na dor do mundo, querem corporificar em si a ira do mundo. Assim como o sujeito romântico se compreendia como o ponto

---

11. Michael Hardt, Antonio Negri, *Empire: die neue Weltordnung*, Frankfurt/Nova York, 2002, p. 171. [Ed. bras.: *Império: a nova ordem mundial,* trad. Berilo Vargas, Rio de Janeiro, Record, 2001.]

de concentração da dor, ponto este no qual não se acumulam apenas reclamações pessoais, mas para o qual conflui o sofrimento do mundo, o sujeito militante concebe a sua vida como ponto de concentração da ira, um ponto junto ao qual as dívidas não quitadas vindas de todas as partes são registradas e conservadas para um pagamento posterior. Ao lado das razões para a indignação do presente, também são apreendidos aí os horrores não expiados da história passada como um todo. As cabeças mais fortes do protesto são enciclopedistas que reúnem o conhecimento irado da humanidade. Em seus arquivos ocultos são depositadas as imensas massas de injustiça da época que os historiadores de esquerda descrevem como a época das sociedades de classe. Por isso, temos aí aquele amálgama de sentimentalidade e inexorabilidade que é característico da afetividade revolucionária. Quem não pressente em si a ira de milênios não sabe nada sobre os montantes que estão em jogo a partir de agora.

Assim, fica claro que, depois da morte de Deus, também se conseguiu encontrar um novo portador de Sua ira. Quem se apresenta voluntariamente para desempenhar esse papel dá a compreender de maneira mais ou menos explícita o seguinte: a própria história precisa transformar a realização do Juízo Final em tarefa sua. A questão "o que fazer?" só pode ser levantada se os envolvidos perceberem o mandato de secularização do inferno e de transposição do tribunal para o presente. Se um crente ainda desejasse rogar aos céus por volta de 1900: "Senhor, a quem pertence a vingança, mostrai-vos!" (Salmo 94), ele teria de se contentar com a aparição de anarquistas e revolucionários profissionais em seu quarto. O fato de o terror se tornar totalmente terreno, pragmático e político é o resultado de não se poder pagar um preço menor pela virada para a imanência diante do pano de fundo de tradições monoteístas. Foi junto aos terroristas russos que desestabilizaram desde 1878 o império tsarista com inúmeros ataques que essa postura encontrou as suas corporificações mais expressivas — "trinta anos de um apostolado sangrento", resumido nas palavras do acusado Kaliaiev diante do tribunal: "Considero minha morte como o mais elevado protesto contra um mundo de lágrimas e de sangue."[12]

A partir do ponto de vista dos ativistas militantes, as relações sociais contemporâneas oferecem — estamos falando agora de uma época cujo início se dá nas últimas décadas do século XVIII — uma visão lamentável

---

12. Albert Camus, *Der Mensch in der Revolte: Essays*, Reinbeck (Hamburgo), 1969, p. 135 e 140. [Ed. bras.: *O homem revoltado: ensaios*, trad. Valérie Rumjanek, Rio de Janeiro, Record, 1996.]

em todos os aspectos. Tudo nessa visão é duplamente deplorável: por um lado, o fato de as coisas estarem assim como elas estão, e, por outro lado, o fato de elas não provocarem indignação e revolta em medida muito mais elevada. À maioria não faltam evidentemente apenas os meios para levar uma vida humanamente digna, eles também carecem da ira para se rebelar contra essa falta. Logo que se admitiu juntamente com os teóricos burgueses do progresso a transmutabilidade do mundo por meio das intervenções humanas na ordem da natureza e da sociedade, a segunda falta passou a ganhar inevitavelmente o centro das atenções. Trata-se de um déficit que os ativistas acreditam poder superar por meio de seus métodos. Enquanto as pessoas se prometem a suspensão material da pobreza pelo progresso técnico e por uma redistribuição revolucionária dos bens existentes, por fim até mesmo por uma reorganização emancipatória de sua produção, os mais jovens comunicam à militância incondicionada que eles mesmos se mostram a partir deste instante como os responsáveis pelo aumento da ira e da indignação.

Portanto, como a "sociedade" sofre primariamente de uma falta imperdoável de ira manifesta quanto ao próprio estado de suas vidas, o desenvolvimento de uma cultura da indignação se transforma, por meio do fomento metodicamente ativado da ira, na tarefa psicopolítica mais importante da época que começa com a Revolução Francesa. Com ela, a ideia da "crítica" inicia a sua marcha vitoriosa através da esfera dos meros dados. Devemos isto aos hábitos radicais de um meio amplo no século XIX e no século XX: o caráter condenável "daquilo que existe" era considerado por inúmeros indivíduos contemporâneos como um dado moral *a priori*. Neste ponto, as correntes militantes dos séculos XIX e XX convergem, não importando se elas seguiram antes as palavras de ordem anarquistas, comunistas, internacional-socialistas ou nacional-socialistas.

Se levarmos em conta apenas o plano das cabeças mais talentosas, então é comum a elas uma certa atmosfera fundamental megalotimótica. Essa atmosfera expressa-se na certeza de que só a indignação generosa qualifica para a condução do respectivo movimento. Naturalmente, a militância, não importa em que área, não pode ser pensada sem uma certa dose de excitabilidade timótica. Agora, porém, "militar" não significa outra coisa senão imputar à história um novo sujeito, um sujeito que é modelado normalmente a partir dos plasmas "povo" e "ira" — e ao qual os porta-vozes acrescentam o saber e o fervor. De acordo com a medida segundo a qual a militância se articula com a inteligência moral e social, o complexo ira-e-orgulho só aparentemente privado de seus agentes cresce e se torna uma autêntica megalotimia. O homem militante não se zanga em causa própria, no caso, ele transforma a sua sensação pessoal em arco de ressonância de uma ebulição genericamente significativa da ira. Se acreditamos ou não nas generalizações idealistas dos rebeldes na maioria das vezes bem-educados e bem alimentados, isso é de início uma mera questão de gosto.

Em todo caso, os idealistas militantes que se transformaram durante os últimos duzentos anos em fatores importantes, na verdade determinantes, permaneceriam totalmente incompreensíveis se deixássemos de considerar as emoções megalotimóticas, *vulgo* ambiciosas e ávidas por significação, de seus portadores — em todo caso, elas permaneceriam ainda mais estranhas do que já são por si mesmas para os atuais cidadãos do Ocidente, para esses indivíduos pertencentes a uma época desprovida da ideia de uma grande política. Elas explicam ao mesmo tempo por que as inteligências mais fortes dos movimentos oposicionistas eram em sua maioria burgueses moralmente sensíveis que, impelidos por uma mistura de ambição e indignação quanto às relações existentes, passaram para os campos da revolta ou da revolução. Para todos eles é válido o que Albert Camus disse sobre o nascimento da nova comunidade a partir do espírito da indignação: "Eu me indigno, logo eu sou"[13] — uma sentença cujo *páthos*, pouquíssimo passível de reconstrução, pertence de maneira totalmente evidente a uma época que sucumbiu. Num sentido similar, Heiner Müller fez poucas décadas mais tarde com que uma de suas personagens declarasse: "A pátria dos escravos é o levante."[14]

Não precisamos explicitar aqui de modo pormenorizado por que sentenças oriundas dessa tendência passam ao largo do gosto atual. Elas soam tão vazias quanto palavras de ordem vindas de um almanaque para perdedores formados. Para o historiador, elas podem servir como prova do fato de a tão citada figura do "sujeito revolucionário" nunca designar em primeira linha senão uma coletividade timótica pronta para entrar em ação. Naturalmente, tal coletividade jamais poderia se apresentar em tempo algum com um título como esse — não apenas porque já se havia começado a esquecer a doutrina do *thymós* no século burguês, mas também porque, outrora como hoje, ira, ambição e indignação nunca

---

13. Ibid., p. 21.
14. Heiner Müller, *Der Auftrag* [O contrato], in: idem, *Werke* [Obras], Frankfurt, 2002, v. 5, peça 3, p. 40.

pareceram motivos suficientes para a entrada em cena no palco político. Não obstante, despontou a compreensão de que sem a base vulgar a superestrutura nobre precisaria se manter como ficção. O motivo virgiliano-freudiano de que se procuraria agitar o mundo subterrâneo, quando não se pode tomar para si os deuses superiores, não descreve apenas as viagens para o Hades da psicanálise; ele também aponta para os arranjos políticos voltados para a liberação das forças que, sob os invólucros civilizatórios, esperam pela ocasião de irromper, tal como Tífon, o monstro de cem cabeças que Zeus havia enterrado em tempos imemoriais sob o Etna.

A retórica dos homens de esquerda encontrava-se desde o início diante da tarefa de traduzir os afetos das "classes perigosas" na linguagem dos ideais. A missão da semântica revolucionária era acoplar-se com as energias que emergiam de baixo, a fim de se formar na superfície com palavras de ordem apolíneas. De fato, essa ligação do mais alto com o mais baixo era a ideia fixa do novo tempo: no futuro, quem quisesse fazer história em favor dos oprimidos e ofendidos precisaria ir além de meros postulados. Haveria de mostrar que, dessa vez, a tendência histórica transcorreria de acordo com a moral. A violência dos fatos, uma violência que se esconde nas relações de produção, deveria servir à boa vontade e ajudar a terminar com toda uma era universal de injustiça. Fomentar a revolução — isso significava agora tomar parte na construção de um veículo que levasse ao mundo melhor, que fosse impelido pelas próprias reservas de ira e guiado por pilotos utopicamente educados.

O trabalho nesse veículo precisaria começar com a exigência das forças impulsionadoras iradas. *Intellectus quaerens iram** poderia ser a fórmula para tanto, se os doutores das lutas dos trabalhadores ainda soubessem latim: de fato, logo que o intelecto se coloca à procura da ira, ele descobre um mundo de razões para se sublevar. Quem quisesse saber o que isto significa para a tão incômoda passagem da teoria para a prática deveria poder satisfazer a sua primeira curiosidade com essa informação. De fato, porém, apenas intelectuais seriam afetados pelo impasse de que a teoria precederia neles a prática. Para os indivíduos práticos, por outro lado, a situação se apresentaria desde sempre como inversa. Eles encontram a sua linha de batalha e buscam as fundamentações para tanto. Quando Bakunin, por exemplo, em vista da apatia da atmosfera popular russa, pontificou em 1869: "Precisamos perturbar com todos os meios este adormecimento social degenerado, esta monotonia, esta

---

* Em latim no original: "o intelecto requer a ira". [N.T.]

apatia [...] Queremos agora que apenas o ato conduza a palavra"[15], ele se dirigira para uma onda vindoura de terroristas que não necessitavam mais perguntar por teorias para começar aquilo que queriam. Para eles, valia antes a fórmula inversa: *ira quaerens intellectum* [*]; pressupondo que a sua ira teria realmente buscado algo para além de seu horizonte. Nos palcos reais, a ira, a indignação ou o "movimento" precedem como sempre as ideologias. E não podemos nos esquecer daquilo que os heróis combatentes também podiam apresentar para o esclarecimento de sua ação: onde se pensa *cum ira et studio* [**], a explicação segue a já trilhada via pela ira.

Seria uma tarefa recompensadora para psico-historiadores e para politólogos narrar de maneira nova e enquanto romance da coletividade timótica a história dos movimentos sociais desde as vésperas da Revolução Francesa até a época das dispersões pós-modernas. De fato, a militância na modernidade lança retrospectivamente o olhar para uma longa série de formas de configurações corporais da ira — sob a figura de laços secretos, ordens terroristas, células revolucionárias, associações nacionais e supranacionais, partidos de trabalhadores, sindicatos de todos os matizes, organizações humanitárias, associações artísticas —, tudo internamente organizado por meio de suas respectivas condições de adesão, de ritos de sua vida associativa, assim como por meio de seus jornais, revistas e editoras. Não esqueçamos que mesmo para os revolucionários russos no exílio a edição de seus jornais, em particular do ominoso *Iskra*, e a sua difusão secreta sob o regime tsarista, constituíam o conteúdo principal de suas atividades. Todos esses corpos irados, por mais diversos que pudessem ser as suas formas de organização e os seus meios de comunicação, passaram a se candidatar uns contra os outros para o papel central no roteiro da história depois de 1789: o papel do sujeito revolucionário que, prendendo longamente a respiração, levaria até o fim o trabalho de libertação, interrompido a meio caminho pela burguesia, e, *eo ipso*, a democratização dos privilégios.

---

15. Mikhail Bakunin, *Staatlichkeit und Anarchie und andere Schriften*, org. e introd. Horst Stuke, Frankfurt/Berlim/Viena, 1983, p. 103. [Ed. bras.: *O princípio do Estado e outros ensaios*, trad. Plínio Augusto Coelho, São Paulo, Hedra, 2008.]

[*] Em latim no original: "a ira requer o intelecto". [N.T.]

[**] Em latim no original: "com ira e planejamento". [N.T.]

Quase sem exceção, as reuniões da ira começam com a conclamação do "povo". Em sua propriedade como reservatório de um elã subversivo e de insatisfações explosivas, essa grandeza mítica foi sempre novamente requisitada para a criação de movimentos rebeldes. Foi dessa matriz de todas as matrizes que as conformações concretas dos órgãos timóticos coletivos emanaram por mais de duzentos anos — desde o clube de jacobinos franceses e dos *enragés* dos grandes dias, passando pelos *dissenters** ingleses e pelos "pobres de Cristo" (aqueles metodistas wesleianos que experimentaram a sua transformação em sujeito como um chamado para a missão da pregação moral[16]), até chegar aos ativistas das revoluções russa, chinesa, cubana e cambojana e aos novos movimentos sociais no capitalismo global. Nenhuma dessas coletividades teria podido ganhar forma sem a crença exaltada em que, no dito "povo", ira e justiça tinham se unido.

Também pertencem ao amplo espectro inabarcável das formações político-timóticas do século XIX aquelas antigas agremiações comunistas alemãs, cuja aparição provocava horror em Heinrich Heine, como ele mesmo documentou em seu *Geständnisse* [Confissões], de 1854. Sobre o seu séquito proto-hooligânico, ele escreveu em seu poema visionário "As ratazanas":

Eles trazem as cabeças raspadas igual
Totalmente radical, calvas feito rato total.

Heine tinha ficado chocado com o fato de Weitling**, o alfaiate com as ideias utopicamente avançadas, num encontro casual numa livraria de Hamburgo, ter mantido o boné na cabeça e, na proximidade histérica do ator de seus próprios sofrimentos, ter coçado diante dos olhos do poeta os tornozelos, aos quais nos dias de prisão as suas correntes estiveram presas.

---

* A palavra, que significa literalmente "dissidente", faz alusão a um certo grupo religioso, na Inglaterra e no País de Gales, que se colocou à parte da igreja estabelecida. [N.T.]

16. Quanto à significação histórico-democrática do metodismo, cf. Gertrud Himmelfarb, *Roads to Modernity: the British, French, and American Enlightenments* [Caminhos para a modernidade: os Iluminismos britânico, francês e americano], Nova York, 2004, *Methodism: "a Social Religion"* [Metodismo: uma "religião social"], p. 116 et seq.

** Wilhelm Weitling (1808-1871), personalidade destacada do movimento operário alemão em sua primeira fase, um dos teóricos do comunismo igualitário utópico; alfaiate de profissão. [N.T.]

Apesar disso, em suas *Cartas sobre a Alemanha,* Heine tinha honrado em prosa equilibrada a inevitabilidade psico-histórica e histórico-ideal desses novos movimentos:

> A aniquilação da crença no céu não tem apenas uma importância moral, mas também uma importância política. As massas não suportam mais com paciência cristã a sua miséria terrena e anseiam pela bem-aventurança na Terra. O comunismo é uma consequência natural dessa visão de mundo transformada e ele se espalha por toda a Alemanha.

O que atua na maioria das vezes em favor da causa comunista é a descompostura moral da sociedade de hoje, que só continuaria se defendendo por uma chã necessidade, "sem crença em seu direito, sim, mesmo sem autoconsideração, de modo totalmente similar àquela sociedade mais antiga, cujos vigamentos podres ruíram todos juntos, quando chegou o filho do carpinteiro". No que concerne os comunistas franceses, Heine observou, num relato como correspondente estrangeiro datado de 1843, que gostava de falar sobre eles porque o seu movimento era o único a merecer "uma consideração resoluta", visto que,

> de maneira muito semelhante à *Ecclesia pressa** do primeiro século, ele é desprezado e perseguido no presente e, contudo, tem sobre o seu colo uma propaganda cujo ardor de fé e sombria vontade de destruição lembram em todo caso os momentos iniciais galileus.[17]

Indignação ateórica ou: o instante da anarquia

O poeta morreu cem anos antes do que deveria para que pudesse acompanhar o desdobramento das tendências por ele notadas como inevitáveis. Dotado de um caráter sensível, ele entendera que as artes meramente belas tinham ultrapassado os seus limites e de que uma época de pavorosos moralismos e lutas não inspiradas pelas musas lançara as suas sombras. No decurso

---

* Em latim no original: "igreja oprimida". [N.T.]

17. Heinrich Heine, *Lutetia, Anhang: Kommunismus, Philosophie und Klerisei* [Lutécia, anexo: comunismo, filosofia e clericado], carta de 15 jun. 1843.

ulterior das coisas, forças iconoclastas, desrespeitosas em relação a todas as formas de cultura mais elevada, se transplantaram do polo comunista para o polo anarquista. Isso teve o seu motivo na hostilidade dos anarquistas em relação ao Estado e à religião; eles inseriram em seu programa de destruição *nolens volens* todos os fenômenos artísticos e culturais dependentes do caráter público ordenado. Para os anarquistas dos anos 1860 e 1870, parecia politicamente correto rejeitar toda cultura compatível com a subsistência da sociedade burguesa. O anarquismo antigo também não queria saber nada daquilo que mais tarde foi tão adorado como cultura da subversão: para ele, a única infiltração admissível da ordem existente partia do evangelho das bombas.

No ousado manifesto à violência de 1869, *Os princípios da revolução*, Bakunin passou para o papel a sua convicção do primado da ação destrutiva e trouxe à luz uma distinção notável entre fases descontínuas no conjunto do acontecimento revolucionário.

> Em relação ao tempo, o conceito de revolução contém dois fatos totalmente diversos: o *início*, o tempo da destruição das formas sociais presentes, e o *fim*, a construção, isto é, o estabelecimento de formas completamente novas a partir deste amorfismo.[18]

Segundo Bakunin, o sucesso da revolução depende de início exclusivamente da radicalização das tensões sociais. Por meio dessa radicalização, atos de violência cada vez mais frequentes e cada vez mais intensos devem se desencadear, atos que culminam no pleno arruinamento da antiga ordem. Neste caso, são antes de tudo os encolerizados, os furiosos e, por que não dizer, os criminosos e os terroristas que ditam o curso dos acontecimentos. A imagem profissional do revolucionário orienta-se pela figura popular do nobre criminoso; com efeito, pelo ícone do modo de ser do ladrão de floresta russo, ao qual Bakunin dedica um hino sentimental[19] como que para desmentir uma expressão dura de Hegel sobre *Os ladrões* de Schiller, segundo a qual "somente jovens poderiam ser corrompidos por este ideal de ladrão".[20] Nessa fase ainda dominam, de acordo com a doutrina, aquelas "pessoas que não sabem reprimir em si a

---

18. Mikhail Bakunin, op. cit., pp. 101-102.
19. "Die Aufstellung der Revolutionsfrage" (1869), in: ibid., pp. 95-99, [Ed. bras.: *A ciência e a questão vital da revolução*, trad. Felipe Correa, São Paulo, Imaginário, 2009]
20. Georg Wilhelm Friedrich Hegel, *Werke* [Obras], Frankfurt, 1970, v. 13, p. 253 et seq.

sua fúria destrutiva e que, antes mesmo do início da luta geral, identificam o mais rápido possível o inimigo e, sem pensar, o aniquilam."[21]

Pode-se afirmar que essa expressão anotada um tanto incidentalmente por Bakunin sobre a aniquilação do inimigo "sem pensar" foi preenchida nos 150 anos seguintes com um amplo conteúdo empírico — apesar da inocência do primeiro descuido ter precisado desaparecer rapidamente. Essa expressão expõe o segredo de um hábito de aniquilação pelo qual as subculturas extremistas no campo da esquerda, mais tarde também no da direita, se orientaram de início num plano retórico e, depois, de maneira crescentemente prática. Com vistas a este hábito é preciso falar de um anarcofascismo que antecipou *in nuce* as características decisivas dos movimentos fascistas posteriores, plenamente desdobrados, dotados de um estilo de esquerda e de direita — excluindo daí a vontade de domínio sobre o Estado feudal e burguês colapsados. Onde despontaram no século XX as sementeiras do extermínio, ficou visível aquilo que tinha sido veladamente instituído nos momentos iniciais anarquistas.

No horizonte de 1869, Bakunin expôs a sua esperança de que as ações isoladas de fúria ou de fanatismo seriam elevadas "por assim dizer a uma paixão epidêmica da juventude"[22], até provir delas o levante universal. "Este é o caminho natural", afirma-se em *Katechismus der Revolte* [O catequismo da revolta].[23] Por conseguinte, o levante precisa começar com atos particulares e espetaculares que culminem na "aniquilação das pessoas que se encontram em cima".[24] "Mais além, o trabalho vai ficando cada vez mais fácil"[25], uma vez que escorre pelo plano inclinado da autodissolução social.

A meta do trabalho de destruição anarquista reluz na palavra enigmática "amorfismo": somente quando a antiga ordem estivesse totalmente dissolvida em partículas elementares amorfas, a fase destrutiva inicial da revolução teria passado. Somente então os espíritos construtivos poderiam se imiscuir no curso das coisas e começar a nova construção do mundo sobre a base de axiomas igualitários. Decisivo permaneceria o

---

21. Mikhail Bakunin, op. cit., p. 101.
22. Ibid.
23. Ibid.
24. Ibid.
25. Ibid.

fato de a livre reconstrução só acontecer a partir da massa desfigurada das partículas de realidade — sem Estado, sem Igreja, sem processos do capital. Quem pensa cedo demais na construção transforma-se em traidor da causa sagrada da destruição, visto que não pode se lançar mais sem reservas em direção a essa causa. Notemos *en passant* o quanto a coisa do "amorfismo" tinha encontrado no tempo de Bakunin um apoio técnico graças à descoberta da dinamite. A representação de que seria possível "lançar pelos ares" todas as ordens sociais não possuía mais o seu padrão pragmático apenas na tempestade que se abateu sobre a Bastilha. Ela se orientava mais ainda pelas recentes conquistas no âmbito dos materiais explosivos. Não foi à toa que se emprestou aos anarquistas italianos da virada do século a designação profissional alcunhada de modo bastante material, *dinamitario*. Assim como mais tarde o comunismo de Lenin quis formar a síntese entre poder soviético e eletrificação, o anarquismo estava empenhado em seu tempo em apresentar o produto do desejo de aniquilação e da dinamite.

De acordo com a teoria anarquista das fases, a primeira geração da rebelião não estaria comprometida senão com a sua repugnância pelas relações existentes. Como o *começo* é autônomo em relação ao *fim*, autênticos revolucionários não têm direito algum de realizar considerações sobre "o edifício paradisíaco da vida futura".[26] É preciso entregar no presente toda a força, toda a ira e todo o ódio para "o curso do começo da revolução".[27]

> Portanto, com base na lei da necessidade e da justiça rigorosa, precisamos nos dedicar inteiramente à destruição constante, ininterrupta, incessante, que precisa crescer cada vez mais até que não haja mais nada das formas sociais existentes para destruir [...].
>
> A revolução glorifica tudo [...]. Portanto o campo está livre! [...] As vítimas são designadas pela franca indignação popular! [...] As pessoas o denominarão terrorismo! [...] Pois bem, isso nos é indiferente [...] A geração atual precisa criar por si mesma uma força bruta implacável e seguir de maneira irresistível o caminho da destruição [...].[28]

---

26. Ibid., p. 103.
27. Ibid.
28. Ibid., p. 104 et seq.

Nesse documento, a ligação entre a ira e o polo temporal do começo é pioneira. Quando Bakunin fala de revolução, ele pensa em primeiro lugar no movimento que desencadeia a luta. Com isso, a irrupção na luta revolucionária é concebida como um puro impulso incoativo. Esse impulso é mais do que uma ação expressiva criminosa porque ele é colocado num horizonte de futuro inabarcável. Não obstante, o revolucionário deve executar as suas ações com tanto elã expressivo que possa ser interpretado pelo povo como um sinal arrebatador da vingança contra os opressores. O anarquismo revela totalmente a sua proveniência a partir do populismo vingativo. O verdadeiro social-anarquista sonha com a fusão entre a fúria destrutiva desenfreada dos atores individuais e a ira popular imensurável, que foi retida até aqui na latência. Espera-se aqui pela explosão manifesta dessa ira como os primeiros cristãos esperavam pelo retorno do Senhor. As pessoas acreditam fomentar essa ira, visto que sempre dão novamente às "massas" acenos para a violência e sinais de terror, até que elas reconhecem neles as suas próprias tendências e desejos. Com isso, a exteriorização do pavor alcançaria finalmente a sua meta. As "massas" cristãs, curvadas há séculos inimagináveis sob o medo do Senhor, compreenderiam, então, que haviam passado os tempos, nos quais elas não tinham nenhuma outra escolha senão interiorizar o pavor metafísico. De sujeitos atemorizados, eles se transformaram em senhores anarquistas e, enquanto tais, em configuradores atemorizantes da história. O terror voltado para fora é benéfico contanto que ele forneça a demonstração de que a era da intimidação sagrada passou.

Não se pode deduzir da significação política comparativamente pequena do bakunismo que não se tratava aí senão de um movimento retórico — quase um prelúdio político do surrealismo. Mesmo a sua recepção estética nos círculos da boêmia por volta de 1900 não deveria nos desviar da riqueza de suas consequências para a formação de um hábito ativista. Na verdade, precisamos buscar na nua e crua filosofia da destruição dos anarquistas uma das fontes daquelas atitudes mobilizatórias e extremistas que foram observadas mais tarde nos movimentos fascistas de estilo esquerdista tanto quanto direitista.

Não obstante, os efeitos do anarquismo são antes indiretos. Aquele de longe mais importante entre esses efeitos consistiu uma influência de fundo no pensamento de Lenin. Apesar de o dirigente da revolução russa ter se apropriado dos juízos aniquiladores de Marx sobre Bakunin no plano do discurso, para não dizer no plano das confissões meramente verbais (como se sabe, a Associação Internacional dos Trabalhadores, AIT, também chamada de Primeira Internacional, se dissolveu em 1876 em razão do estranhamento irreparável entre Marx e Bakunin), ele permaneceu veladamente ligado ao voluntarismo terrorista da compreensão bakuniniana de revolução — por mais que a palavra "voluntarismo" fosse um xingamento no dicionário bolchevique. De certa maneira, a Revolução de Outubro foi uma vingança de Bakunin contra Marx, uma vez que Lenin, no outono de 1917, na mais imatura de todas as situações possíveis, estabeleceu um monumento histórico mundial à doutrina bakuniniana sobre o ponto de partida puramente destrutivo da fase inicial revolucionária — para se voltar, em seguida, ao negócio totalmente não bakuniano da formação de um Estado despótico.

Em fevereiro de 1875, Bakunin tinha narrado de Lugano a Elisée Reclus o seu desespero quanto à falta do elã revolucionário das "massas", em parte resignadas, em parte oportunistas. Só alguns grupos mais tenazes, como os jurassianos* e os belgas, estes "últimos moicanos da falecida internacional", apresentariam sob circunstâncias dominantes as energias necessárias para continuar lutando. Agora, somente a irrupção da guerra entre os poderes imperiais da Europa poderia emprestar uma vez mais asas à causa revolucionária.

> No que me diz respeito, meu caro, estou velho demais, doente demais, cansado demais e, preciso te dizer, em muitos pontos de vista decepcionado demais para experimentar o desejo e a força de participar deste trabalho [...].
> Resta ainda uma outra esperança: a guerra mundial [...]. Mas que perspectiva [...].[29]

Consciência de classe — a timotização do proletariado

A formação corporal da ira que se mostra de longe como a mais rica de consequências realizou-se sobre a ala esquerda do movimento dos trabalhadores, quando, nas últimas décadas do século XIX, esta

---

* Habitantes do cantão do Jura, na Suíça francesa. [N.T.]
29. Mikhail Bakunin, op. cit., p. 852 et seq.

passou cada vez mais a sofrer a influência das ideias de Marx. O sucesso estratégico do marxismo repousava, tal como podemos constatar retrospectivamente, sobre a sua superioridade em meio à formulação de um modelo suficientemente preciso para a coletividade da ira do tempo de outrora, uma coletividade dotada de potencial e atualmente de poder histórico. Os grupos timóticos normativos de primeira pessoa do plural deveriam ser chamados a partir de agora de proletariado, mais exatamente de proletariado industrial. No pensamento marxista, não pertence à definição do proletariado apenas uma concepção sistemática de ser-explorado. O seu esboço foi completado por uma missão histórica eticamente desafiadora, que gira em torno dos conceitos de estranhamento e reapropriação. Junto à libertação da classe trabalhadora, o que deveria estar finalmente em questão era a regeneração do homem. Essa regeneração afastaria as deformações que resultam das condições de vida das maiorias nas sociedades de classe.

Ao lado dos impulsos oriundos do sectarismo cristão, o que se tornou particularmente significativo para as tendências timotizantes no antigo movimento dos trabalhadores foi a reformulação da explicitação dos *direitos humanos* levada a termo por Thomas Paine (numa réplica à crítica de Edmund Burke à Revolução Francesa) em 1791-1792. O ponto crucial desse escrito pode ser sintetizado na demanda de que a ausência de posse não seja mais assumida como um pretexto para a supressão dos direitos políticos. Se o refrão alemão da canção de combate do movimento comunista: *Völker, hört die Signale...* [Povos, ouvi os sinais!...] termina com a frase: "A Internacional almeja os direitos humanos", ele se inscreve inconfundivelmente na tradição da dotação de poder aos desapossados. Os direitos humanos concebidos de maneira universalista formalizam uma requisição de dignidade que os britânicos tinham expresso até então com a fórmula sonora dos *birthrights*. Essa expressão estava determinada a implodir a equiparação oligárquica cristalizada pelo uso político entre posse e capacidade jurídica[30] — nela ressoa o *páthos* com o qual a cavalaria dos escolhidos de Cromwell atacou as posições da obstinada nobreza detentora de terras. De fato, o ataque da maioria desapossada à minoria detentora de posses, que domina desde a invenção do "homem"

---

30. Quanto à fase primeva que argumenta em termos religiosos e em termos de direitos humanos, cf. Edward P. Thompson, *Die Entstehung der englischen Arbeiterklasse* [O surgimento da classe dos trabalhadores ingleses], Frankfurt, 1987, v.1, pp. 19-199.

o curso das transações políticas tanto quanto das transações ideológicas, começa no instante em que aqueles que são desprovidos de posses se apresentam como um partido humano e procuram ser portadores do mesmo direito na propriedade dos homens. Enquanto os privilegiados apontam desde sempre para o seu hábito de estar no poder, para os miseráveis "o homem" é sempre uma palavra grande demais. É nas lutas em defesa da ascensão e do estado de posse levadas a termo por classes médias ambiciosas que o discurso acerca dos direitos que cabem ao homem enquanto homem conquista a sua plena força sonora. A soma dos combates nesse *front* significa desde o início do século XIX a luta de classes.

A força da doutrina marxista estava em alicerçar o elã idealista da declaração dos direitos humanos de Paine por meio de uma ampla camada de argumentos materialistas e pragmáticos — isso num tempo em que o materialismo e o pragmatismo estavam a ponto de se tornar a religião dos seres racionais. Em razão da contribuição marxista, o peso das fundamentações da dignidade humana transferiu-se do conceito humanista cristão do gênero criado à imagem do criador para uma antropologia histórica do trabalho. O fundamento essencial da dignidade foi encontrado agora na exigência de que os homens — como criadores de sua própria existência — também possuam o anseio ao gozo dos resultados de sua atividade. Em consequência disso, foi preciso carregar semirreligiosamente os conceitos "trabalho", "operariado", "processo de produção" e outros afins. Esses conceitos deram ao termo "proletariado", que de início era apenas um termo econômico-crítico, uma nota messiânica. Quem passou a falar futuramente de "trabalho" com expressões marxistas não designava apenas o fator do processo produtivo que se contrapõe ao capital como fonte explorável da criação dos valores. O trabalho tornou-se ao mesmo tempo uma grandeza antropogônica, sim, francamente demiúrgica, a cuja atuação remonta a própria essência do homem, a civilização, a riqueza e o conjunto dos valores mais elevados.

Portanto, não é de se espantar que o tão acentuado discurso sobre o trabalho tenha se transformado em um apelo às emoções timóticas do coletivo dos trabalhadores. O proletariado viu-se repentinamente diante do desafio de conceber o fato de ele mesmo, apesar de sua desumanização e coisificação frequentemente destacadas, formar a matriz de toda a humanidade e de todo o potencial futuro. Inversamente, esclarece-se a partir dessa disposição o seguinte conceito: aquele que é identificado como inimigo dos trabalhadores é ao mesmo tempo o inimigo da humanidade. Enquanto tal, ele merece ser repelido para o passado. A única coisa ainda plausível era a classe dos detentores de capital, desconsiderando a sua moral privada por vezes respeitável, assumir enquanto tal a posição de inimiga dos trabalhadores, a fim de tornar visíveis as linhas de frente de uma guerra civil de tipo até aqui desconhecido — linhas de frente ante as quais se alinhavam os partidos da "última batalha" incontornável. A guerra derradeira deveria liberar a inimizade sem epíteto: de um lado, como os monstros objetivos, os burgueses detentores do capital juntamente com o seu séquito bem abastecido; do outro, como homens objetivamente verdadeiros, os proletários, os únicos a criar valores, juntamente com a sua escolta oriunda de descendentes famintos. Nessa guerra lutam entre si as duas metades desiguais de toda a verdade sobre o homem producente — e uma vez que um dos lados, tal como se diz, não mantém senão uma relação meramente parasitária com a produção, enquanto o outro abarca os indivíduos autenticamente producentes, estes últimos estão fadados a vencer a médio e a longo prazo de maneira inevitável e justa. A partir daí, conceber o cerne da realidade passou a significar pensar a guerra civil mundial.[31] Uma vez que essa guerra foi concebida como uma guerra abrangente, não lhe cabe a neutralidade.

É somente diante desse pano de fundo que a carreira do conceito de "consciência de classe" se torna compreensível. Nesse conceito, tal como podemos reconstruir facilmente agora, o que é significativo não é tanto o acento na "consciência" — uma vez que a consciência, considerada de maneira precisa, representa irrevogavelmente uma propriedade dos sistemas psíquicos ou dos indivíduos —, e sim a ênfase na noção de "classe". Hoje se substituiria a expressão "consciência de classe" pela expressão "comunicação de classes" se o conceito de classe ainda fosse operativo enquanto tal.[32] Como sob condições burguesas capitalistas, de acordo com a teoria pura, só há uma única classe humana real, justamente a classe dos producentes propriamente ditos, à qual se contrapõe uma

---

31. A expressão aparece, entre outros lugares, nas crônicas de Thomas Mann dos anos 1930 e 1940. Quanto ao desenvolvimento ulterior da concepção de guerra civil mundial, cf. Nikolaus Sombart, *Rendezvous mit dem Weltgeist: Heidelberger Reminiszenzen 1945-1951* [Encontro com o espírito do mundo: reminiscências heidelberguianas 1945-1951], Frankfurt, 2000, pp. 268-276.

32. Quanto à intensificação leninista do conceito de classe e o comprometimento ligado a essa intensificação, cf. abaixo p. 192 et seq.

classe de pseudo-homens ou de vampiros sugadores de valores, o operariado enquanto coletividade conclamada à luta só precisa ser convencido de que corporifica, apesar de sua miséria empírica, a verdadeira humanidade e o seu potencial futuro. Da autocompreensão fortalecida emergiria imediatamente uma vergonha revolucionária e desta, a ira revolucionária. Logo que o proletariado tivesse reconhecido em si mesmo a humanidade aviltada, ele não suportaria mais um instante sequer o seu modo de ser atual. Com a rejeição de sua miséria — dito em termos hegelianos: com a negação de seu ser negado enquanto homem —, a classe finalmente desperta para a consciência de si mesma irromperia para uma tomada de assalto globalizada da Bastilha. Uma vez que tivesse realizado a revolução definitiva, a classe dos homens verdadeiros puxaria o tapete de todas as relações "nas quais o homem se mostra como um ser rebaixado, servil, abandonado, desprezível".[33]

Segundo o que foi dito, é evidente que o discurso sobre a consciência de classe dos trabalhadores não significa *de facto* outra coisa senão a timotização do proletariado. Timotização designa o lado subjetivo da preparação para uma batalha abrangente. Com o conceito, portanto, nunca se teve em vista que, depois de voltar para casa, vindos do trabalho, os trabalhadores das fábricas poderiam se reunir e ler a *Virgem de Orléans* de Schiller na edição de bolso, a fim de ampliar a sua consciência encurtada pelo barulho e pela preocupação. Com maior razão, a expressão nunca conteve a exigência de que os operários pudessem refletir a sua miséria em expressões teórico-econômicas. Uma consciência de classe autêntica significa consciência da guerra civil. Enquanto tal, essa consciência só pode se mostrar como o resultado de lutas conduzidas ofensivamente, nas quais a verdade sobre o posicionamento da classe lutadora como um todo viria à tona.

Uma vez que as coisas se comportam assim, a "real consciência de classe" só se daria, quando se articulasse de maneira suficiente, afastada por muitas milhas "das ideias reais e psicológicas dos homens sobre a sua situação vital", tal como Georg Lukács declarou em março de 1920 num tom levemente ameaçador.[34] De maneira totalmente aberta, o mesmo

---

33. Cf. Karl Marx, "Zur Kritik der Hegelschen Rechtsphilosophie: Einleitung" ["Sobre a crítica à filosofia do direito de Hegel: introdução"], in: *Die Frühschriften* [Os escritos de juventude], Siegfried Landau (org.), Stuttgart, 1968, p. 216.

34. Georg Lukács, *Geschichte und Klassenbewusstsein: Studien über marxistische Dialektik*, (1923), Amsterdã, 1967, p. 63. [Ed. bras.: *História e consciência de classe: estudos sobre a dialética marxista*, trad. Rodnei Nascimento, São Paulo, Martins Fontes, 2003.]

autor continua falando em tom professoral e ameaçador: o que é significativo em face do porvir não é aquilo que os trabalhadores pensam de fato, aqui e agora, mas muito mais aquilo que eles teriam de pensar em consequência da doutrina objetiva do partido. Segundo a doutrina dos estrategistas da luta de classes, nenhum elemento da totalidade social pode se subtrair à exigência de desenvolver no todo uma consciência verdadeira de sua posição e função — muito menos o proletariado. Para a burguesia, uma autêntica consciência de classe, afirma Lukács, equivaleria à compreensão da incontornabilidade de seu declínio iminente — uma razão que, se não for boa, é de qualquer modo suficiente para justificar o fato de, diante de seu saber trágico, a burguesia fugir para o inconsciente e para o irracional; a destruição da razão e a manutenção da burguesia sobre o seu posto perdido representam para ele uma e mesma coisa.[35] Somente uns poucos indivíduos trazem consigo a força moral para a traição à classe, uma traição por meio da qual eles abjuram a sua proveniência e passam para o "ponto de vista do proletariado". Somente quem assume esse ponto de vista estaria em condições de reconciliar mutuamente razão e capacidade futura.

Para o proletariado, em contrapartida, a aquisição da consciência de classe transforma-se na gaia ciência de sua vocação para a "condução da história". Infelizmente, tal visão soberana não pode ser adquirida da noite para o dia e sem custos. Somente pelo "curso infinitamente doloroso e marcado plenamente por retrocessos da revolução proletária", o "sujeito" futuro "da história" pode se elaborar e se tornar o verdadeiro conceito de si mesmo — a isso alia-se ainda o peso da autocrítica[36], que precisaria ser realizada constantemente pelos ativistas; felizmente, nunca sem o auxílio vindo do partido, que sempre tem razão. Se pudéssemos acreditar nos primeiros pensadores autonomeados da classe trabalhadora, então essa classe estaria condenada ao currículo revolucionário com "uma normatividade histórica": "o proletariado não pode se subtrair à sua vocação."[37]

---

35. Um ano depois da morte de Stalin, Lukács publicou o seu livro *Die Zerstörung der vernunft* [A destruição da razão], 1954, que ensina como um pensamento leninista-stalinista comprometido se desonera por meio da fuga em direção aos próprios processos públicos histórico-ideais. Quanto ao processo público ideológico enquanto procedimento de desoneração em geral, cf. abaixo p. 218 et seq.

36. Georg Lukács, *Geschichte und Klassebewusstsein*, op. cit., p. 88.

37. Ibid., p. 89.

Os princípios desse autoestudo confluem para a sentença de que só se aprende a guerra por meio da guerra.

Se a consciência de classe estivesse à altura de sua missão, ela precisaria produzir em si o produto pleno de conhecimento de classe, de orgulho de classe e de ira de classe. Segundo a convicção de comunistas tanto quanto de anarquistas, o primeiro fator já tinha sido dado por meio da experiência de vida dos trabalhadores, por mais que ele ainda precisasse da consumação por meio da experiência de luta, por meio da autocrítica e da teoria dialética. O segundo fator precisaria ser desperto com argumentos ligados aos direitos humanos, à antropologia do trabalho e à economia política — eles deveriam ajudar o proletariado a levantar tão alto a cabeça quanto correspondia ao seu papel criador de valores. O terceiro, por fim, precisaria ser amarrado e canalizado com meios propagandistas: "O direito, como brasa na cratera/ Impele agora com poder à irrupção"[38] — assim, a *Internacional* delineia plasticamente o transcurso da mobilização timótica. Erupções significativas só acontecem, porém, se o proletariado tiver ficado um tempo suficiente na escola da ira. Em todo caso, uma consciência de classe consumada pressupõe que a soma de orgulho e saber com a ira da coletividade timótica seja multiplicada. Por conseguinte, o resultado maduro do processo de aprendizado proletário só pode se manifestar de maneira prática num ativismo revolucionário militante.

Não é necessário explicar em detalhe por que a representação da classe produtora como um sujeito histórico vitoriosamente combativo não pôde conduzir a outra coisa senão a uma má realização da filosofia. O erro fatídico da concepção não residia apenas na equiparação aventuresca de operariado industrial e humanidade. Ele se achava muito mais no ponto de partida holístico ou organológico, segundo o qual uma associação suficientemente formada entre homens estaria em condições de repetir as realizações e as propriedades de um indivíduo no nível mais elevado. A esquerda clássica considerava com isso o espaço dos fogos-fátuos, no qual as coletividades substanciais adoradas desde o Romantismo e as subjetividades ominosas de um nível mais elevado faziam das suas. A classe dos produtores, uma classe que se tornou consciente de si mesma, seria consequentemente um grande homem — comparável ao estado ideal de

---

38. As linhas correspondentes do original francês da *Internacional* dizem: "*La raison tonne en son cratère/C'est l'éruption de la fin*".

Platão —, no qual razão, sentimento e vontade estariam reunidos numa unidade monológica, dinâmico-pessoal. O disparate dessa sugestão foi ao mesmo tempo notado e dissimulado pelos primeiros pensadores do movimento dos trabalhadores, uma vez que eles acentuam o fato de a consciência de classe estar em grande medida articulada com o "problema da organização". A palavra mágica "organização" conjura o salto do plano das "muitas vontades particulares ativas" (Engels) para o plano da vontade da classe que se tornou homogênea. Para não falar das razões principiais, porém, a irrealizabilidade de uma homogeneização efetiva de milhões de vontades particulares espontâneas já está tão manifesta que a aparência da produtibilidade da unidade de classe só pôde ser mantida por meio de construções compensatórias.

A sua construção compensatória mais bem-sucedida entrou no palco histórico sob a forma do conceito leninista de partido. Fica imediatamente claro de que maneira as concepções de partido e consciência de classe se apoiam mutuamente: visto que a consciência de classe concretizada enquanto compreensão do proletariado de sua posição no interior da totalidade social era desde o princípio reconhecível com uma coisa impossível, o partido pôde e precisou se apresentar como representante da coletividade empiricamente ainda imatura. De maneira consequente, o partido representou a petição à "condução da história". Todavia, como a vanguarda sem perspectivas de ser seguida pelas massas permaneceu cindida de sua "base", ela alimentou a ficção de manter em todas as circunstâncias a consumibilidade principial da consciência de classe junto aos liderados. Com isso, a conclusão prática foi: somente o partido corporifica a legítima coletividade da ira, uma vez que ele, representando as "massas" ainda incapazes de julgamento e de operação, atrai para si a lei do agir. Deste modo, o partido é o eu verdadeiro da coletividade dos trabalhadores por ora alienada. Não é à toa que ele gosta de se adornar com o reluzente título de "órgão do conjunto do proletariado" — e sempre se teria razão em restituir a palavra "órgão" com expressões como "cérebro", "centro volitivo" ou "si próprio aprimorado". Para Lukács, cabe ao partido o "papel sublime de *ser a consciência de sua missão histórica*".[39] As resoluções do partido não são outra coisa senão citações do monólogo interior idealizado da classe trabalhadora. Foi somente no partido que a ira encontrou o intelecto; é exclusivamente o intelecto partidário que pode se colocar à procura da ira das massas.

---

39. Georg Lukács, op. cit., p. 53.

A história do movimento dos trabalhadores desde os dias do Congresso de Gotha de 1875 ilustra como é que a ideia do partido se tornou produtiva. Não há como contestar o fato de, em sua longa marcha através da contemporaneidade, esse movimento ter feito descobertas significativas. No entanto, entre outras coisas a escolha do símbolo comunista — em primeiro lugar a escolha oficial do símbolo do martelo e da foice, que já significava no horizonte de 1917 um apego exagerado ao antiquado — esclarece a que infortúnios ele estava sujeito. O aparecimento dos instrumentos emblemáticos do conservadorismo dos artesãos alemães[40] na bandeira da União Soviética expõe de maneira clara o caráter desajeitado dos responsáveis. A mais simples reflexão teria levantado a objeção de que os trabalhadores da indústria já não martelavam e de que o proletariado rural não tocava mais havia muito em nenhuma foice. Mais fatal ainda foi a escolha simbólica da esquerda radical na Alemanha, que se constituiu na fase final da Primeira Guerra Mundial como Liga Espartaquista — do nome de um escravo gladiador crucificado como referência, como se se tivesse conscientemente buscado a analogia com o cristianismo, mas inconscientemente citado uma tradição ligada à derrota. Apenas a estrela vermelha da Rússia revolucionária preservou o seu segredo durante muito tempo e só revelou no fim do episódio soviético a sua origem apocalíptica como sinal de declínio.

Mesmo o partido como "órgão" do proletariado repousa sobre uma ficção de grande homem de segundo nível. Uma vez que se constituiu como sujeito "de nível superior" a partir de ativistas decididos, cuja sincronia e homogeneidade nunca puderam ser asseguradas (tal como mostra a constante obrigação de purificações não apenas ideológicas), ele permaneceu dependente da vanguarda da vanguarda, que formava o derradeiro concentrado da consciência de classe — por assim dizer a sua verdadeira alma. Segundo o estado das coisas, isso só podia designar o teórico-chefe da revolução. Os monólogos internos do partido se realizavam autenticamente apenas em seu pensamento. Ele representava o verdadeiro eu do movimento dos trabalhadores, uma vez que corporificava como centro volitivo e irado a fonte derradeira de sua legitimidade. Comparável à tão citada alma do mundo,

---

40. Karlheinz Weißmann, *Schwarze Fahnen, Runenzeichen: Die Entwicklung der politischen Symbolik der deutschen Rechten zwischen 1890 und 1945* [Bandeiras negras, runas: o desenvolvimento do simbolismo político da direita alemã entre 1890 e 1945], Düsseldorf, 1991.

que Hegel pretendia ter visto passar cavalgando depois da batalha de Iena e que portava o nome de Napoleão, a cabeça teórico-timótica da organização revolucionária seria o lugar vital no mundo, o lugar no qual o vir-a-ser-homem da ira teria encontrado a sua consumação atual — num primeiro momento, portanto, ninguém menos do que Karl Marx em pessoa. Muito longe de se desqualificar para o cargo histórico por meio de sua estrutura pessoal marcada por ódio e ressentimento (tal como se formula a crítica habitual *ad hominem* ao autor de *O capital*), ele teria sido dotado justamente com as propriedades necessárias para a realização de sua missão. Ele não possuía apenas a lucidez e a vontade de poder do líder nato, mas também a ira, que deveria ser suficiente para todos aqueles que seguissem os seus rastos. Todo seguidor de Marx precisaria se deixar medir pelo critério de saber se, como encarnação da ira progressiva do mundo, ele ou ela também estariam em condições de convencer da mesma maneira como foco do conhecimento do processo revolucionário. Depois da morte prematura de Rosa Luxemburgo, não havia mais ninguém no início do século XX que pudesse contestar a requisição de Lenin à sucessão de Marx. De fato, Marx foi o homem que um Deus irado tinha criado para ser político — para transpor uma expressão de Max Weber sobre o poeta Ernst Toller a um destinatário mais apropriado.

Podemos considerar essas reduções da consciência de classe ao partido e do partido ao seu primeiro pensador como suposições românticas. Elas o são efetivamente, no entanto oferecem a vantagem de pensar até o fim os exageros especulativos que se encontram dissimulados no conceito de classe e de partido e de localizar tanto a ira quanto a consciência lá onde elas possuem a sua sede no real: num indivíduo concreto. Tal indivíduo não pode naturalmente ser considerado como um contemporâneo comum, mas tem de ser visto muito mais como um homem exemplar que, uma vez que pensa e se zanga, concentra em si a justa situação afetiva da humanidade na era da sociedade de classes. Nele, o *thymós* é suficientemente estimulado para que possa exigir uma nova ordem do mundo. A partir desse ponto de vista, Marx não seria o Filocteto da filosofia moderna, por mais que alguns traços de sua existência lembrem o combatente da guerra de Troia que trazia consigo o cheiro da desgraça e cuja gritaria intolerável o tornara insuportável em alto-mar para os seus companheiros, até que eles o depuseram na ilha de Lemnos juntamente com o arco de Aquiles. Ele representou ao mesmo tempo um Mahatma ocidental, que ainda mostrava no enraivecimento traços sobre-humanos. À sua inteligência radicalmente partidária teria cabido a tarefa de funcionar como um meio depositário para as insatisfações eruditas de uma época.

A seguir mostraremos que o agente político "partido" era dependente de uma maneira pouquíssimo apreensível para ele mesmo da figura ideológica do primeiro pensador-líder — e, na verdade, numa tal medida que o próprio partido não funcionava senão como uma máquina monológica do líder na qual os diálogos conduzidos consigo mesmo eram prosseguidos numa base mais ampla. A cabeça do movimento revolucionário precisou irradiar o seu saber e o seu querer como o monarca teórico e moral no corpo do partido a fim de transformar esse corpo por inteiro, ou ao menos o seu comitê central, num "órgão" monárquico coletivo. Os episódios do movimento comunista discutidos foram sempre meros suplementos do ideal inabalavelmente monológico. Mais acima observamos como, na era do advento revolucionário, o homem militante exemplar cunha sobre a sua existência a forma de um depósito central da ira. Se retirarmos as consequências dessa observação, então torna-se compreensível que o "sujeito" resoluto "da revolução" tenha se comportado como um banqueiro, para o qual foi transferida a direção de um instituto de finanças que opera em nível global. Foi somente dessa forma que a subjetividade revolucionária pôde acreditar que teria sido escolhida como o eixo do acontecimento mundial: nesse banco não são comprimidos apenas as indignações acumuladas, as lembranças de sofrimentos e os impulsos irados do passado numa massa de valor e de energia ativa; a partir de agora, essas intensidades revolucionárias também estão à disposição no real para o reinvestimento. O futuro se tornaria, então, substancialmente idêntico aos rendimentos oriundos das somas de ira e indignação estabelecidas a longo prazo.

Justamente essas atividades sintetizadoras que logo se esgotam precisariam ser novamente representadas numa escala ampliada no interior da criação de um corpo militante maior. Logo que a transferência da subjetividade radical do líder para o estado-maior radical do partido (e, ao lado desse partido, para as novas polícias secretas) tivesse sido realizada, um organismo político de um tipo completamente novo passaria a existir: aquele banco de ira, que deveria realizar negócios históricos com os depósitos de seus clientes. Graças à sua aparição, a ira coletiva transforma-se de um mero agregado de emoções psico-políticas numa aplicação de capital fomentador.

Sobre a emergência do sistema bancário não monetário

Mostramos como o conceito da célula anárquica de destruição foi cunhado no século XIX segundo o modelo do bando popular de criminosos russos. De acordo com a sua natureza, esse modelo não pôde ser assumido de maneira excessivamente aberta diante do público anarquista. Assim, não é de espantar que se tenham encontrado nos textos de Bakunin sobre a organização do movimento anarquista dissimulações pararreligiosas do negócio central revolucionário-criminal, antes de tudo nas *Exposições sobre os princípios e a organização de uma sociedade secreta internacional revolucionário-socialista*, de 1866, e no *Programa e regulamentação da organização secreta da irmandade internacional e da aliança internacional da democracia socialista*, de 1868. O que chama a atenção nesses documentos é o parentesco com sociedades secretas do século XVIII e, *eo ipso*, com ordens cristãs: aqui, um rosa-cruzismo parece se comprometer com a sua missão histórica por meio de bombas. Por isso, não por acaso os adeptos de Bakunin foram com frequência comparados aos jesuítas. Uma vez que para o bakunismo estava prelineada uma missão revolucionária exclusivamente destrutiva, os seus textos programáticos podiam tolerar a equiparação de fundo entre uma liga de anarquistas e uma associação criminosa. Como membros de uma Igreja da pura destruição, os adeptos de Bakunin estavam liberados das tarefas da reconstrução social.

A situação mostra-se de modo totalmente diverso para os comunistas, que se declaravam partidários da crença na unidade indissolúvel entre revolução e restauração. Como o que estava em questão para eles era a tomada do poder estatal, as admissões anarquistas do romantismo da criminalidade e da contracultura sem leis eram inadmissíveis. Mesmo depois da posse dos funcionários comunistas, o poder estatal manteria características estadistas irrevogavelmente claras — esse fato exclui da premissa comunista o paradigma do nobre bando de ladrões ou da ordem criminal. Os combatentes de tendência leninista exigiam um modelo de organização que estivesse em condições de satisfazer de cima para baixo as requisições por uma política da revolta de longo prazo. Algo desse gênero só poderia então ser deduzido das instituições mais bem-sucedidas da sociedade burguesa e semifeudal: do exército, do qual se assumiria o conceito de hierarquia de comando, a fim de retomar dele a mais rigorosa disciplina partidária, assim como da burocracia administrativa moderna, que deveria fornecer com sua eficiência altruísta quase automática um padrão sugestivo para o aparato partidário socialista. Já se escreveu demais sobre a admiração de Lenin pela organização do correio imperial alemão. Quem quiser se aprofundar nas fontes e nos componentes históricos do filisteísmo real-socialista encontrará coisas elucidativas nos mecanismos de subordinação do Estado imperial alemão por volta de 1900. O próprio Lenin nunca fez segredo quanto à sua convicção de que a organização do "potencial" russo "para o protesto" precisaria seguir o caminho que foi indicado pelo capitalismo de Estado dos alemães e pela rígida condução da indústria de guerra prussiana a partir de 1914.

O efeito modelar das formas feudais tardias e burguesas do exército e da administração para a formação partidária leninista nunca foi seriamente negado. Por isso, Rosa Luxemburgo não deixava de ter razão ao fazer já bem cedo uma advertência contra a predileção germanófila de Lenin pelo "ultracentrismo". Não obstante, com o recurso a tais modelos, a novidade de época do comunismo organizado é antes encoberta do que explicitada. Sua peculiaridade só encontra — como já notamos — uma luz adequada quando se reconhece nele, segundo o seu *design* efetivo, antes um empreendimento bancário do que uma grandeza militar ou burocrática. Para resolver esse paradoxo apenas aparente, precisamos nos livrar do preconceito de que os bancos só realizariam negócios monetários. Em verdade, a função bancária cobre um campo fenomênico muito mais amplo do que o das transações monetárias. Processos análogos aos processos bancários vêm à tona onde quer que se acumulem entidades culturais e psicológicas — assim como conhecimentos científicos, atos de fé, obras de arte, agitações políticas de protesto entre outras coisas — a fim de, a partir de um certo grau de acumulação, passar da forma de tesouro para a forma de capital. Se aceitarmos a existência de um sistema bancário não monetário, então a observação de que bancos de um tipo diverso, concebidos como depósitos centrais de afetos, podem administrar economicamente a ira de terceiros tanto quanto bancos monetários trabalham com o dinheiro dos clientes mostra-se elucidativa. Uma vez que fazem isso, eles desoneram seus clientes do incômodo da iniciativa própria e apresentam igualmente uma perspectiva de ganho; e aquilo que num caso designa os rendimentos monetários do capital vem à tona no outro como prêmios timóticos.

Tais bancos apresentam-se normalmente como partidos ou movimentos políticos, a saber, na ala esquerda do espectro político. A transformação de emoções iradas em "política construtiva" pode ser considerada aí em qualquer *front* como o *magnum opus* da psicopolítica. (De resto, é preciso ousar levantar a suspeita de que a diferenciação funcional produzida pela teoria dos sistemas sociais de Niklas Luhmann em subsistemas como direito, ciência, arte, economia, sistema de saúde, religião, pedagogia, etc., contém a referência a uma capitalização regional própria e a uma formação bancária especificamente correspondente).

A doutrina da economia política define um banco como um depósito central de capital. A sua tarefa principal consiste em administrar os bens de seus clientes no sentido da manutenção e do aumento de seu valor. Na prática, isso significa que os investimentos dos clientes — tesouros monetários infrutíferos no instante de seu depósito — transformam-se imediatamente em capital e são investidos de maneira consequente em negócios orientados para o lucro. Pertence às funções mais importantes de um banco atuar como um para-choque de risco que deixa o cliente tomar parte nos sucessos dos investimentos e que o preserva na medida do possível de insucessos. Esse arranjo é dirigido pelos juros que, de acordo com a natureza da coisa, se tornam tanto menores quanto maior for o grau de eliminação do risco.[41]

No atual contexto, precisamos observar que o perfil temporal do dinheiro é modificado decisivamente pela passagem da forma de tesouro para a forma de capital. O simples tesouro ainda se encontra totalmente a serviço da manutenção do valor. Uma vez que mantém juntos os resultados materiais de colheitas e pilhagens passadas, ele possui uma função puramente conservadora (para não falar agora dos valores próprios imaginários da formação do tesouro). Ele nega o tempo que está transcorrendo para ancorar o bem reunido num presente permanente. Quem se encontra diante de um baú ou de uma câmara de tesouro experimenta no sentido pleno da palavra o que significa propriedade. De acordo com isso, a forma temporal instituída pelo tesouro presente é a duração apoiada pelo passado como a permanência constante daquilo que foi reunido — com o tédio sublime como reflexo vivenciado.

Em contraposição, a felicidade entediante da propriedade reunida em si é estranha ao capital. Por causa de seu modo de ser móvel, ele está

---

41. Cf. Dirk Baecker, *Womit handeln Banken?: Eine Untersuchung zur Risikoverarbeitung in der Wirtschaft* [Com o que os bancos negociam?: uma investigação sobre o processamento dos riscos na economia], posfácio de Niklas Luhmann, Frankfurt, 1991.

condenado à exteriorização constante; ele só pode se imaginar episodicamente, por exemplo, a partir de prazos para a realização de um balanço, como uma soma virtualmente presente. Constantemente a caminho de um *tour* de autoaproveitamento, ele não se encontra em momento algum de posse plena de si mesmo. Daí se segue que ele atualiza efeitos essencialmente "futuristas". Ele gera uma tensão crônica em direção ao porvir, uma tensão que se articula em cada nível alcançado como uma renovada expectativa de ganho. A sua forma temporal é o período de acumulação de curto prazo, um período que se realiza como crise duradoura. Por isso, só a dinâmica do capital leva a termo a realização que Trotski, graças a uma grata confusão dos conceitos, quis confiar a uma condução política revolucionária: a "revolução permanente" descreve exatamente o *modus vivendi* do capital, não a conduta de um quadro partidário. Cuidar incessantemente do progresso ampliado de seu próprio movimento é a sua missão real. Ele sabe invocar a derrubada de todas as relações, sob as quais obstáculos ao aproveitamento se colocam no caminho de seu impulso vitorioso a partir do uso, do hábito e da legislação. Por isso: não há nenhum capitalismo sem a difusão triunfal daquela ausência de respeito para a qual o crítico da época deu desde o século XIX o nome pseudofilosófico de niilismo. Na verdade, o culto do nada é apenas o efeito colateral inevitável do monoteísmo monetário para o qual todos os outros valores não representam senão meros ídolos e ilusões. (De resto, a sua teologia também precisa ser desenvolvida de maneira trinitária porque acrescentam-se ao pai "dinheiro" o filho "sucesso" e o espírito santo "proeminência"). De acordo com a lógica capitalista, cabe aos bancos o papel-chave na criação de relações universalmente determinadas pelo dinheiro, porque só essas agências da inquietude produtiva permanente estão em condições de realizar a reunião e o direcionamento efetivos dos fluxos monetários.

A ideia do depósito central enquanto tal é obviamente muito mais antiga do que a ideia de banco, que reconhecidamente só assumiu as suas feições até hoje reconhecíveis a partir do início do Renascimento italiano. Ela remonta à era da assim chamada revolução neolítica, quando a prática da manutenção de reservas se desenvolveu com a passagem para o cultivo de grãos. Com esse cultivo articula-se uma longa sequência de inovações técnicas e mentais que envolvem tanto a instauração de depósitos quanto o exercício da administração doméstica (sem esquecer a descoberta da guerra de conquista como uma segunda colheita que se dá por meio do ataque às reservas dos outros).

O reflexo ideal mais importante da arcaica cultura agrária da manutenção de reservas vem à luz sob o padrão de ação da colheita. Desde que há a conexão sementeira-colheita, a vida campesina é marcada por um hábito que a tudo penetra: o hábito da espera anual pelo momento da maturação. Segue-se à colheita a descoberta da reserva como base de uma vida conjunta durante um ciclo anual. O arquétipo da reserva impõe à inteligência dos primeiros camponeses e funcionários o padrão de ação "poupar", "dividir de maneira sagaz", "redistribuir". Se o esquema da colheita também está disponível metaforicamente, todos os tipos de tesouros podem ser acumulados em analogia com os frutos como reservas — a começar pelas armas e joias, seguindo até os tesouros da cura, das artes, do direito e do saber, por meio dos quais uma cultura assegura a sua sobrevivência simbólica.

Como se sabe, Martin Heidegger chegou a propor mais detidamente que o conceito filosófico de "logos", que é derivado do verbo grego *legein*, fosse rearticulado com o esquema agrário da "reunião e seleção dos frutos".* De acordo com isso, o conhecimento lógico dos textos e a percepção interpretativa das circunstâncias prosseguiriam em certa medida com meios simbólicos o trabalho da colheita. A partir daí parece natural a ideia de que, segundo a sua forma, a esfera do saber constitua uma conexão mais elevada em termos de economia pautada pela noção de reserva, uma conexão junto à qual as sementeiras da tradição deveriam imergir nas respectivas gerações presentes, a fim de serem reunidas junto à colheita do conhecimento, uma colheita que precisa sempre ser novamente realizada. Sob tais condições, também os filósofos poderiam se imaginar (de resto completamente voltados para contextos urbanos) como camponeses híbridos.

A doutrina heideggeriana do logos como reunião e seleção (leitura) do sentido permanece coerentemente parada em termos de conceito pré-moderno de saber. Uma vez que o pensador insiste no arquétipo antigo e medieval da reserva conquistada por meio do que se coletou ou do tesouro, ele se recusa a correalizar a modernização da produção de saber

---

* Heidegger utiliza um termo em alemão que se deriva diretamente do verbo "ler" (Lese) e que é normalmente traduzido simplesmente por "colheita". De acordo com o sentido literal desse termo, a colheita seria uma leitura, ou seja, uma reunião e uma seleção dos frutos. Como a tradução por "leitura" perderia completamente o sentido em nossa língua, optamos pela locução explicativa "reunião e seleção". [N.T.]

por meio da investigação. Em tal investigação, ele via o deslocamento fatal do modo de dar-se pré-técnico das coisas, um modo "que se desenvolveu originariamente". De fato, numa analogia notável com o desenvolvimento do sistema bancário na economia monetária mais recente, a pesquisa é praticada em institutos voltados para o acúmulo organizado e para a inovação do saber, ou seja, em academias científicas e nas universidades modernas. Com o seu pessoal e com os seus aparatos, eles realizam o papel de autênticos bancos de saber — e, como se sabe, bancos cooperam constantemente como parceiros e como observadores de empreendimentos. No âmbito cognitivo, a função empreendedora cabe aos institutos de pesquisa. Logo que o saber acerca da forma de tesouro — tal como essa forma foi finalmente incorporada pelos eruditos pan-sofistas desde o barroco até Leibniz — se converte em forma de capital, ele não pode mais ser acumulado sozinho como reserva inerte. A regra de formação "adquira este saber para possuí-lo" fica fora de jogo no saber dinamizado para a pesquisa. Ele não é mais apropriado como posse, mas serve como material de partida para a sua reprodução ampliada, exatamente como o dinheiro moderno, ao invés de ser acumulado em baús de tesouro e debaixo de colchões, retorna à esfera de circulação a fim de ser aproveitado em rotações de uma esfera superior.

Essa transformação da forma do saber não representa nenhuma inovação do século XX, apesar de ser pertinente dizer que essa época se valeu de início de expressões explícitas, ao falar de economia do saber e de economia da cognição, a fim de se alçar a conceitos híbridos como o da "sociedade do saber". Efetivamente, desde que foi descoberta a respectiva reserva atualmente disponível de conhecimentos científicos para a reprodução ampliada graças à pesquisa organizada, o processo do saber passou a ser estabelecido sobre uma base análoga à do capital. A construção tão intensamente exigida por Leibniz de academias científicas está entre os sintomas determinantes da conversão.

No âmbito do saber, a pesquisa corresponde portanto ao complexo de atividades que é designado na esfera monetária como investimento: ela implica o risco controlado de colocar em jogo o até aqui adquirido em favor de uma aquisição futura. Espera-se da curva de tais operações de risco que esta, apesar de oscilações conjunturais, descreva uma acumulação contínua. Com certeza, o capital cognitivo, tal como o capital monetário, conhece crises específicas nas quais a sua possibilidade de aproveitamento ulterior parece colocada em questão — a solução da crise consiste normalmente naquilo que a sociologia do saber mais recente chama de mudança de paradigmas. Em seu transcurso, valores cognitivos mais antigos são negados, mas o funcionamento prossegue de maneira cada vez mais intensa sob novos parâmetros conceituais.

Podemos fazer observações análogas sobre a história da arte mais recente. Mesmo no âmbito das produções artísticas, no máximo a partir do início do século XIX (depois de preparações que remontam ao século XV), realizou-se uma passagem do amealhar sob a forma de tesouro para o amealhar sob forma de capital, uma passagem que é antes de tudo dedutível a partir da história dinâmica do museu e de sua mudança de função. Temos informações sobre esses processos graças à ciência florescente da museologia e por meio de estudos curatoriais recentes — disciplinas que se estabeleceram durante os últimos cinquenta anos como uma doutrina da economia política e da economia mundial ligadas ao funcionamento da arte, mesmo que a prática curatorial só muito raramente tome conhecimento de suas novas bases teóricas. Assim como funcionários de um banco certamente podem desempenhar um trabalho primoroso sem dominar a lógica geral do sistema bancário, os curadores da cena artística e cultural contemporânea também estão em condições de se tornar úteis sem refletir mais amplamente sobre o movimento do capital artístico.

Precisamos agradecer antes de tudo às pesquisas de Boris Groys o fato de podermos reconstruir conceitualmente de maneira precisa a entrada do sistema artístico em sua capitalização endógena.[42] O acento no caráter endógeno dos processos traz à tona o fato de que não são os alternantes efeitos externos de dinheiro e arte sobre os mercados artísticos que estão em jogo, nem tampouco o assim chamado caráter de mercadoria da obra de arte, ao qual se atribuía um papel-chave na praticamente extinta crítica de arte marxista. Na verdade, o sistema artístico como um todo transformou-se internamente num acontecimento análogo ao acontecimento do capital, com formas correspondentes de conjunção entre espírito empreendedor e função bancária. Nesse processo, os resultados da criação artística até o momento formam um estoque de capital junto ao qual os

---

42. Cf. Boris Groys, "Marcel Duchamps 'Readymade'", in: idem, *Über das Neue: Versuch einer Kulturkommune* [Sobre o novo: tentativa de uma comuna cultural], Munique, 1992; idem, "Fundamentalismus als Mittelweg" ["Fundamentalismo como caminho central"], in: idem, *Politik der Unsterblichkeit: vier Gespräche mit Thomas Knoefel* [Política da imortalidade: quatro conversas com Thomas Knoefel], Munique, 2002.

produtores artísticos atuais tomam empréstimos a fim de configurar graças a eles novas obras suficientemente diversas. Groys descreveu o estoque de capital dos objetos artísticos acumulados como "arquivo" — ainda que a expressão, diferentemente do que ocorre com Foucault, ironicamente não designe o lado bolorento e morto do ato de guardar algo, mas as tendências que impelem vitalmente para a frente, que dirigem a escolha. O único a lograr em última instância como portador do "arquivo" é o Estado com a sua qualidade de garantia cultural, ou melhor, a imaginária internacional dos Estados (apesar de coleções privadas só manterem o seu valor relativo por meio da relação com as coleções públicas e poderem afirmar a sua síntese virtual no "arquivo").

O arquivo é a forma inteligente do museu imaginário. Enquanto André Malraux ficou parado com a sua conhecida expressão junto a uma ideia esvaecida do tesouro global sempre presente, Groys percebeu no arquivo, na suma conceitual do depósito artístico e cultural modernizado relativo à cultura elevada, as funções de um capital que aproveita a si mesmo. Com isso, denomina-se a razão pela qual a vida artística atual só pode continuar se tornando inteligível como efeito concomitante dos artistas e dos *managers* artísticos sobre a reprodução incessante e ampliada do arquivo. De fato, o arquivo da produção artística em curso, constantemente presente em segundo plano, impõe o processo de ampliações ininterruptas do conceito de arte. Os seus resultados são avaliados pelos agentes do arquivo e incorporados junto a valores diferenciais suficientes ante o material depositado da coleção.[43] Dessa maneira, mesmo aquilo que se mostrou até aqui como o oposto da arte pôde penetrar no santuário da arte. Desde que esse sistema se estabeleceu nos mercados, o enunciado popular de que uma coisa tinha "virado peça de museu" passou a significar o contrário daquilo a que esse enunciado outrora visava. Aquilo que chegou ao museu, em termos mais gerais, ao arquivo, se mostra a partir de então como bom para o eterno retorno do novo. Todavia, como qualquer estoque valorativo acumulado, o estoque do arquivo também está exposto ao risco da depreciação ou da desvalorização. Antes de tudo a emergência de novos gêneros artísticos em consequência do desenvolvimento de novos meios de comunicação desencadeia crises que são normalmente superadas

---

43. Cf. Boris Groys, "Das Neue als dos wertvolle Andere" ["O novo como o outro valoroso"], in: idem, *Über das Neue* [Sobre o novo], op. cit., p. 42 et seq.

pelo arquivo como um banco artístico e cultural efetivo por meio de uma transvaloração dos valores.[44]

O fenômeno da formação do tesouro, que conduz até o limiar de um sistema bancário formal, também pode ser encontrado, por fim, num âmbito religioso. Aquilo que os cristãos denominam desde o século I a *ekklesia* não é de maneira alguma uma associação de pessoas mantidas juntas por meio de princípios comuns de fé. Desde o início, o conceito "igreja" também significa um depósito central para testemunhos que atestam a realidade da salvação do tempo. O movimento de reunião "eclesiogênico" começa no mais tardar no século II com a composição dos evangelhos e dos textos apostólicos. Sua condensação no cânone do Novo Testamento já possuía bem cedo um elevado valor polêmico, uma vez que a história da "verdadeira religião" se realizou como uma permanente luta defensiva contra desvios. Ao núcleo evangélico acrescentaram-se numa acumulação constante as histórias dos apóstolos oriundos da missão antiga e, em seguida, as histórias dos mártires vindas da era da "igreja aflita" — uma afluência pela qual foram efetivamente responsáveis a repercussão da apocalíptica e a expectativa há muito viva do retorno próximo. Desde então, a história da Igreja sempre passou em certa medida pela história dos mártires — as épocas felizes são os aspectos vazios do martirológio. (O *Martirologicum Romanum*, um ossário literário do conjunto da história das crenças, abarca em sua mais recente edição, em 2001, nada menos do que 6.990 entradas, formando assim um tesouro em testemunhos da prontidão cristã para o sacrifício desde as mais antigas perseguições até o século XX). A isso se seguem as vidas dos santos, as lendas dos patriarcas do deserto e as inúmeras histórias de vida dos bem-aventurados e dos indivíduos exemplares. A edificante coletânea de exemplos cristãos é completada por meio do tesouro doutrinal das formulações dos concílios (com o *Denzinge** como ossário do dogmatismo), um tesouro que alcança nas contribuições dos teólogos diplomados as suas versões mais ricas em termos corporais. Por fim, a crônica dos bispos e a história das ordens e missões acrescenta aos brilhantes tesouros da fé um arquivo colorido.

---

44. Para uma apreciação sistemática do funcionamento artístico, cf. Beat Wyss, *Vom Bild zum Kunstsystem* [Da imagem para o sistema artístico], Colônia, 2006, v. 1, pp. 117-284.

* Coletânea de declarações do Magistério da Igreja Católica compilada em 1854 pelo teólogo Heinrich Denzinger e aumentada por outros ao longo do tempo. [N.T.]

Portanto, no interior do catolicismo, ao lado do posto doutrinário dos bispos e *doctores*, a autoridade também designa o brilho do "tesouro da Igreja" que, graças a uma acumulação de mais de dois mil anos, tem de atestar em exemplificações sempre novas a "realidade da salvação" presente na *ekklesia*. Com certeza, é questionável se a administração católica dessas realidades está em condições de realizar a passagem efetiva da forma de tesouro para a forma de capital, uma vez que a sua preocupação com a ortodoxia impede intensamente o reinvestimento de valores tradicionais em projetos inovadores. Não obstante, para o catolicismo contemporâneo, a ideia da reprodução ampliada do tesouro da salvação não é estranha. João Paulo II respondeu à sua maneira à exigência da modernidade e, em tempos de retrocesso nos negócios, sobrelevou em mais de 100% um segmento importante do capital sagrado, a legião dos santos. As 483 concessões de santidade (ao lado das 1.269 concessões de bem-aventurança) em seu papado só podem ser apropriadamente dignificadas como parte de uma ofensiva mais abrangente para a transformação dos tesouros de salvação esvaecidos em capitais de salvação operativos. Historiadores da Igreja calcularam que apenas as canonizações empreendidas por João Paulo II foram mais numerosas do que as do conjunto da história da Igreja desde o final da Idade Média. Sem dúvida, a significação desse papa será deduzida no futuro primariamente de sua atividade como mobilizador do tesouro da Igreja.

A referência a esse tesouro romanamente administrado de testemunhos da "realidade" permanente "da salvação" deixa claro que a história do sucesso do cristianismo não foi impulsionada unicamente pela instauração do banco metafísico de vingança, do qual falamos detalhadamente no capítulo anterior. Essa história também possui uma dívida com o processo aqui indicado que poderia ser melhor transcrito como a formação de um tesouro do amor, sim, talvez mesmo como a criação de um banco mundial da salvação. Também participam de seus resultados as crianças deste mundo que não se interessam pelos tesouros da salvação das igrejas, mas que, contudo, estão prontas a admitir que "sociedades" dotadas de sucesso precisam regenerar e reinvestir cuidadosamente o seu "capital social". Mesmo para os não cristãos não deveria ser difícil acompanhar retrospectivamente em que medida processos como os acima descritos puderam ser interpretados a partir de perspectivas intraeclesiásticas como a obra do Espírito Santo. Em nosso contexto, é suficiente comprovar a realidade de um sistema bancário não monetário mesmo a partir deste exemplo. Certamente, aquilo que é justo para as obras do amor também será apropriado para as obras da ira.

Comintern: o banco mundial da ira e os bancos populares fascistas

Diante do pano de fundo de uma fenomenologia geral das formações de tesouros e de suas transposições para o interior de processos regionais de capital, as seguintes reflexões sobre a instauração de um banco de ira que opera em termos globais conquistam consistência. Aquilo que se denomina aqui formação de tesouros insere-se empiricamente como efeito de comunicações que dão forma ao respectivo fundo com meios organizatórios. O momento crítico de tais passagens reside sempre na transformação de uma quantidade acumulada de valor e de energia numa grandeza passível de ser investida, que deve ser dedicada às tarefas ligadas à autorreprodução ampliada.

No que diz respeito à formação do banco de ira nos principais países dotados do modo econômico capitalista durante a segunda metade do século XIX, é fácil compreender de que maneira a ligação crônica de uma miséria econômica e de uma repressão política junto às extensas "massas" dos povos tomados pelo capitalismo promoveu o aparecimento de uma matéria-prima que fluía ricamente, a matéria-prima da ira e da indignação. Esses impulsos dissidentes amorfos e fracamente articulados estavam de início nas mãos de seus proprietários singularizados, onde se mostraram na maioria das vezes equivalentes à impotência, até serem aproveitados, reunidos e transformados, por organizações interessadas, em capital funcional de uma política de oposição progressiva baseada na ira.

Neste nível das reflexões é claramente reconhecível como as coligações e os partidos políticos oriundos da esquerda mais antiga precisaram assumir o papel de depósitos centrais de dissidência. Essa definição fixa o fato de pertencer à função dos partidos de esquerda a organização do *thymós* dos prejudicados. Eles dão uma figura pragmática, midiática e política à ligação entre as fortunas de ira e as exigências por dignidade. A sua base de negócio é a promessa a seus clientes de distribuir uma renda timótica sob forma de uma autoestima elevada e de uma potência futura ampliada, contanto que eles abdiquem do extravasamento momentâneo de sua ira. Os ganhos são visados por meio das operações políticas dos bancos de ira, com os quais eles ampliam os campos de jogo existenciais de seus membros tanto material quanto simbolicamente. Porquanto as instituições coletoras perseguem estratégias diversas de disposição da ira; fica inicialmente em aberto de que maneira os bancos de esquerda trabalham com os fundos confiados a eles.

De fato, nos últimos trinta anos do século XIX, cristalizaram-se ao menos três estilos claramente distintos uns dos outros de comercialização da ira e do protesto — o estilo anarco-terrorista, o comunista-centralista e o social-democrata-reformista (e sindicalista). Esses estilos ou procedimentos apresentam-se naturalmente em inúmeras formações de compromissos, apesar de a mescla com as formas coletoras da direita terem provocado o surgimento de outras complicações. Para todos esses três procedimentos, era evidente que os formatos regionais e nacionais de início obrigatórios de amealhar a ira apresentavam um caráter pragmático e provisório. O impulso anticapitalista só conseguiu se manter à altura de seu adversário ao alcançar como este adversário um nível organizatório e operativo supranacional. Dessa compreensão fluiu o *páthos* internacionalista, que permaneceu obrigatório desde os dias da Associação Internacional dos Trabalhadores (1864-
-1876) e da Segunda Internacional (1889-1914; em seguida novamente como a Internacional Socialista de 1923 até hoje) para todos os autênticos partidos de esquerda.

Nas representações do século XX, o agosto de 1914 foi pintado em *uníssono* e com razões demasiado compreensíveis como a data decisiva para o destino da modernidade política. Constatou-se de maneira igualmente unânime que a entrada da Europa imperial na Primeira Guerra Mundial trouxe consigo a catástrofe que atingira o internacionalismo socialista, uma vez que a grande maioria dos partidos de esquerda moderados se converteu ao primado da luta nacional em face das formações do *front* militar. A famigerada frase do discurso de coroamento de Guilherme II em 4 de agosto de 1914, no Parlamento em Berlim, de que não conhecia mais nenhum partido, e que só conhecia a Alemanha (ele já tinha falado de maneira semelhante em 31 de julho do mesmo ano no segundo discurso dirigido ao povo a partir da sacada do palácio), proclama e registra ao mesmo tempo, a partir do exemplo alemão, o completo colapso das solidariedades transnacionais. De fato, chegou-se quase por toda parte à integração dos movimentos dos trabalhadores, preponderantemente marcados por elementos social-democratas e integrados parlamentarmente; chegou-se quase por toda parte às eufóricas mobilizações dos estados nacional-imperiais. Como demonstram as fontes, a aceitação dos empréstimos de guerra por parte do Partido Social Democrata significou para muitos adeptos da esquerda um choque moral.

Em nosso contexto, a fatalidade desses acontecimentos pode ser descrita como uma espécie inevitável de crise bancária, junto à qual os fundos de ira das "massas", depositados nas casas que agiam internacionalmente, foram colocados à disposição dos negócios polêmicos das lideranças políticas nacionais pelos diretores de negócios numa virada abrupta. Isso equivaleu a uma aniquilação global dos valores economizados ou ao seu investimento em falsos objetos, uma vez que os interesses específicos das dissidências dos trabalhadores não puderam se reencontrar senão muito dificilmente ou mesmo de modo algum nos projetos bélicos dos estados-maiores. Uma vez que retiraram as quantidades de ira e de dissidência acumuladas durante décadas da primeira linha de batalha contra a ordem capitalista e as colocaram à disposição para a guerra entre nações imperiais, os líderes do movimento moderado dos trabalhadores cometeram um "crime econômico" de uma medida sem precedentes. Com certeza, eles podiam se desculpar pela fraude relativa aos capitais de ira que lhes tinham sido confiados com a referência ao entusiasmo pronto para a guerra de seus clientes. De fato, depois de praticamente um século, as imagens de júbilo de agosto de 1914 permanecem um escândalo não apenas no aspecto político, mas também no antropológico.

Em uma perspectiva teórico-cultural, a transposição da ira do internacionalismo para o nacionalismo não significa outra coisa senão um retorno aos formatos históricos na formação de grupos de estresse político passíveis de oneração bélica. A Segunda Internacional tinha permanecido uma associação distensa demais para poder reunir os seus adeptos numa comunidade de combate efetiva junto à pressão real (na terminologia de Heiner Mühlmann: numa grandeza operativa de cooperação máxima no estresse).[45] Ela estava completamente sem condições de formar um corpo psicopolítico passível de ser onerado belicamente. Por isso, sob o risco de guerra, mesmo internacionalistas simbolicamente sólidos se viraram de maneira quase inevitável para os *fronts* nacionais, porque esses são idênticos, até que se diga o contrário, aos limites externos das coletividades políticas de processamento do estresse emocionalmente definidas — com exceção daqueles espíritos raros que portavam o xingamento "apátridas" como um sinal de honra filosófica. A existência das unidades de autoconservação nacionalmente formatadas é intensificada desde o século XIX por meio do emprego de exércitos de soldados oriundos do serviço militar

---

45. Heiner Mühlmann, *Die Natur der Kulturen: Entwurf einer kulturgenetischen Theorie* [A natureza das culturas: esboço de uma teoria genético-cultural], Viena/Nova York, 1996.

obrigatório, ainda que organizados em torno de um cerne composto por soldados profissionais. De resto, foi preciso esperar até o começo do século XXI para que, na Europa, se pudesse colocar as unidades militares pós-nacionais na agenda política. O caráter emperrado e inerte dos processos correspondentes é capaz de fornecer uma ideia do quão forte ressoa ainda hoje a equiparação da nação com a unidade de sobrevivência política de uma instância derradeira.

Considerando a coordenação sempre tão distensa dos componentes nacionais da Segunda Internacional, é preciso avaliar a decepção intensa dos oradores da ala radical do movimento dos trabalhadores depois de agosto de 1914 como sinal de ingenuidade ou hipocrisia — como se algum dia se fôsse possível seriamente esperar que a maioria do proletariado da França, da Inglaterra, da Alemanha e de outros lugares pudesse se manter a distância em caso de guerra das respectivas formações dos *fronts* nacionais. Se fizermos o balanço dos acontecimentos de 1917, é muito difícil afastar a impressão de que a "guerra imperial" caiu como uma luva nas mãos dos representantes da linha dura. A observação feita por Bakunin em 1875 quanto à esperança da guerra mundial como última chance das aspirações revolucionárias acabou por se realizar pouco menos de quarenta anos depois.

Em todo caso, para o processamento político das emoções timóticas populares, a irrupção da Primeira Guerra Mundial em 1914 produziu uma profunda cisão. O seu resultado imediato consistiu, como observamos, na brusca transvaloração dos valores irados marcados em sua grande parte de maneira anticapitalista. As suas consequências psicopolíticas assentam-se sobre o acontecimento complexo que se designou, não sem um trava-língua ilusório, como a "era dos extremos". Essa era foi determinada por um lado pela tentativa de uma reapropriação violenta da ira perdida por parte do leninismo, no qual se tinha antes de tudo de reconhecer a todo custo uma política real da revolução. Sua segunda característica era o amálgama prolongado da ira com os movimentos nacionais militantes, que revolveram a cena política europeia depois do conflito mundial. A luta pela ira atraiçoada do proletariado colocou em campo as duas formações de militância extremista, cujo duelo formou o fiel da balança da política mundial entre 1917 e 1945.

O primeiro contraente, a Terceira Internacional, de predominância leninista, o banco de ira da esquerda, parecia, num primeiro momento, estar em condições de pleitear tornar-se efetivamente um banco mundial.

Com a vitória da Revolução de Outubro nas costas, os membros da direção e do conselho fiscal deste empreendimento pensavam dispor de um novo órgão de coleta da ira, que estaria em condições de realizar, com uma elevada margem de lucro para as "massas" ativadas, uma unificação operativa dos potenciais de dissidências disseminados por todo o mundo visando uma política antiburguesa, anticapitalista e anti-imperialista.

A tragédia do novo processo de coleta começou já nos primeiros dias da Revolução Russa, quando a objetividade de Lenin desencantou moralmente a esquerda radical — um desencanto cuja aceitação levou várias gerações. Já no outono de 1918, os trabalhadores de Petrogrado foram convocados para os massacres contra os social-democratas russos: "Companheiros, esmagai os revolucionários sociais de direita sem misericórdia, sem compaixão. Cortes de justiça e tribunais não são necessários. A ira dos trabalhadores deve bramar [...] dizimai fisicamente os inimigos."[46] Desse modo, não foi apenas com o esmagamento da revolta dos marinheiros de Kronstadt em março de 1921, na qual os adeptos mais fiéis de Lenin levantaram exigências de uma democracia de conselhos contra a monopolização da revolução por parte da direção bolchevique, que ficou claro de maneira inequívoca para onde estava indo a viagem revolucionária. O fato de o organizador do Exército Vermelho e mais tarde portador das ilusões antistalinistas Leon Trotski ter subido à linha de frente, na chacina da oposição kroenstadtiana, mostra a via íngreme na qual se movia a questão das esquerdas na Rússia; e isso de maneira não menos inequívoca de o próprio Lenin não ter tido qualquer pudor em denunciar sumariamente na X Reunião Anual do Partido Comunista Russo os insurgentes formados em sua grande maioria por socialistas de boa-fé como contrarrevolucionários pequeno-burgueses.

Já em 1918, Lenin tinha se declarado partidário do dogma de que a luta contra a barbárie não deveria ter medo de lançar mão de métodos bárbaros. Com essa virada, ele acolheu no comunismo a exteriorização anarquista do terror. O homem que tinha escrito no instante do salto que o levou ao poder: "a História não nos desculpará se não tomarmos agora o poder"[47] não estava evidentemente disposto a deixar passar a oportunidade, por mais

---

46. Apud Ernst Nolte, *Der europäische Bürgerkrieg 1917-1945. Nationalsozialismus und Bolschewismus* [A guerra civil europeia entre 1917 e 1945: nacional-socialismo e bolchevismo], 6ª ed., Munique, 2000, p. 339.

47. Apud Christopher Read, *Lenin*, op. cit., p. 178.

que os meios brutais da tomada e da monopolização do poder pudessem estar em intenso contraste com as metas nobres do empreendimento. Já outrora era possível perceber que a revolução se transformara, na verdade, num golpe estabelecido com vistas ao longo prazo, um golpe que exigia um dispêndio cada vez mais grotesco a fim de poder dar a impressão de fidelidade ao seu programa. Uma vez que o leninismo postulou o terror das massas como receita de sucesso para a formação do Estado revolucionário, ele implodiu o elo cheio de elã entre indignação e idealismo, um elo que havia sido o privilégio utópico-político da esquerda até 1917.

Isso trouxe consigo consequências de largo espectro para aquilo que se chamou mais tarde de "suspensão política da moral". Que surgira uma época de estados de exceção podia ser constatado pelos contemporâneos de 1917. Decerto também: em tempos de refundações convulsivas, a indignação das belas almas não era mais suficiente perante os estados desagradáveis. Não obstante, ninguém estava preparado para os aguçamentos do exterminismo revolucionário, que abruptamente entrou em cena quase desde os primeiros dias de combates com a sua farda completa. Segundo Lenin, o primeiro dever do revolucionário era sujar as mãos. Com um faro claro para as novas relações, os bolcheviques anunciaram através de seu porta-voz, no jornal *Pravda* de 31 de agosto de 1918, o seguinte programa: "O hino da classe trabalhadora será a partir de agora a canção do ódio e da vingança!" Como uma suspensão explícita do quinto mandamento, "Não matarás", a doutrina leninista passou da necessidade da brutalidade revolucionária para a ruptura aberta, apesar de ainda anunciada como provisória, com a tradição moral judaica, cristã e civil da antiga Europa. Já em 1920, com a coerência do convertido fervoroso, Georg Lukács chegou ao ponto de pensar como boas as novas regras inerentes ao assassinato, sob o título de uma "Segunda ética".[48] O "segundo" deveria significar aí que, na verdade, as pessoas se lembravam da primeira ética, hostil ao assassinato, da ética da tradição judaico-cristã, mas a colocavam conscientemente fora de jogo a fim de poderem acompanhar, sem serem importunadas, o caminho do agir revolucionário. O idealismo absoluto do engajamento revolucionário desencadeou o instrumentalismo total em meio ao afastamento dos obstáculos ao novo.

---

48. Cf. Norbert Bolz, *Auszug aus der entzauberten Welt: Philosophischer Extremismus zwischen den Weltkriegen* [Extrato do mundo desencantado: extremismo filosófico entre as guerras mundiais], Munique, 1989, pp. 13-20.

Para Lenin tanto quanto para Lukács, não havia nenhuma dúvida de que a revolução que estava realmente acontecendo tinha um compromisso com uma missão purgatória: a partir da lógica do reino intermediário entre a sociedade de classes e o comunismo seguia-se necessariamente o padrão de ação da "purificação". Como a história do mundo tinha se transformado no tribunal do mundo, não podia faltar ao verdadeiro revolucionário a firmeza contra os resíduos do passado. Não era à toa que a fórmula do vanguardismo russo era "O tempo tem sempre razão". Quando o futuro bate à porta, ele sempre entra pelos portais do horror.

Foi apenas em poucos contextos sutis que esta suspensão política da moral — ou mais simplesmente: o compromisso com o crime — se reportou a uma reflexão pura e simplesmente quantitativa. Para salvar a vida de milhões de pessoas, era preciso estar preparado para o sacrifício de alguns milhares de pessoas — nenhum homem de posse de seu juízo perfeito, assim se dizia, poderia se subtrair a tal reflexão. Só pouco tempo depois se ofereceu o espetáculo de como se sacrificavam milhões para que alguns milhares, e, por fim, apenas algumas dúzias, liderados por um rei filósofo desconfiado, se mantivessem no poder — por mais que a minoria continuasse a afirmar que exercia o poder no interesse das esperanças mais sublimes da humanidade. Nunca o paradoxo do igualitarismo foi impelido tão claramente para o seu ápice quanto no período de florescimento do bolchevismo: naquela época, os animais-líderes do bando da ausência de classes tinham conseguido acumular todo o poder em suas mãos.[49]

De resto, podiam-se ouvir bem cedo variantes mais grosseiras dessa contabilidade trágica. Na proximidade mais imediata de Lenin foram formuladas teses como as seguintes: num povo tão numeroso quanto o russo, poder-se-ia simplesmente sacrificar uma décima parte caso se pudesse continuar trabalhando de maneira bem-sucedida com o resto.[50] O autor

---

49. Segundo a expressão de Stalin, o Partido Comunista abarcava entre 3 e 4 mil líderes supremos ("Os generais de nosso partido"). A esses líderes aliavam-se entre 30 e 40 mil líderes intermediários ("Nossos oficiais do partido") e entre 100 e 150 mil indivíduos que formam o pessoal de comando mais baixo ("Nossos suboficiais do partido").

50. De acordo com uma fonte consolidada, esta tese huna é atribuída a Zinoviev, um dos homens mais próximos de Lenin, que declarou numa reunião do partido em Petrogrado, no dia 17 de setembro de 1918: "Dos 100 milhões da população russa, temos de conquistar 90 milhões para nós. Não temos de falar com os outros 10 milhões, precisamos dizimá-los." Segundo um relato da época, o discurso de Sinowjew foi acolhido com ampla aceitação. Apud Ernst Nolte, op. cit., p. 89; 513 et seq.

desses fantasmas ligados ao genocídio de classes, o colaborador mais próximo de Lenin, Zinoviev, com certeza nunca teria declarado isso se não estivesse certo da concordância do líder revolucionário. Desde 1918, o arquétipo da dizimação rondava de maneira fantasmagórica por meio dos decretos dos próprios dirigentes do partido: se aqui e acolá um entre dez fosse eliminado, os restantes se transformariam como que por si mesmos numa multidão passível de ser formada.[51] Mesmo no caso de Trotski foi-nos legado o relato de que, como comandante do Exército Vermelho, em ocasiões as mais insignificantes, ele teria mandado fuzilar um entre dez soldados. A declaração de Lenin de que a repressão só seria necessária no período de transição do capitalismo para o comunismo nunca foi muito mais do que uma palavra de ordem para o alijamento de considerações morais. O argumento ocasionalmente acrescentado de que se tratava dessa vez da opressão da minoria pela maioria, algo que representava um novo elemento alvissareiro e que seria adequado ao estilo de luta do "humanismo socialista", revelou-se como fórmula de tranquilização, expressa com o intuito de poupar os ativistas da tarefa de compreender a corrente fatal de seu projeto. Retrospectivamente, para todo aquele que não tem alguma razão para não querer enxergar, são evidentes os motivos pelos quais o comunismo se manteve do primeiro ao último dia como período de transição para o pior dos piores.[52]

Uma vez que se concorda com a tese de que o "fascismo" significa em sua fase inicial a tentativa de transpor o elã dos socialismos belicosos para as formas de vida das "sociedades" do pós-guerra, uma coisa é impossível de ser negada: as diretrizes de Lenin a partir do final do outono de 1917 desencadearam as primeiras iniciativas autenticamente fascistas do século XX. Em comparação com essas iniciativas, Mussolini e seus clones não podiam se comportar senão de maneira epigonal.[53] Os princípios

---

51. Cf. Alexander Yakovlev, *Die Abgründe meines Jahrhunderts: Eine Autobiographie* [Os abismos de meu século: uma autobiografia], Leipzig, 2003, p. 154 et seq.
52. Isso ainda se reflete na literatura pós-comunista, como por exemplo, no romance satírico sobre a era Putin de Viktor Pelevin, *Die Dialektik der Übergangsperiode von Nirgendwoher nach Nirgendwohin*, [A dialética do período transitório de lugar nenhum para lugar algum], Munique, 2004 (Moscou, 2003).
53. A tese de que Lenin inaugurou o fascismo foi exposta nos anos 1950 pelos eruditos soviéticos, como por exemplo, pelo ganhador do prêmio Nobel de Física Lev Davidovitch Landau. Romain Rolland, que depois do encontro ominoso com Stalin em julho de 1935 se transformou em *outdoor* do pró-sovietismo ocidental, também observou no final dos anos 1920 que o comunismo tinha gerado o fascismo, uma

dos militantes mais antigos de direita antes de 1914 nesse campo, por exemplo, os princípios da *Action Française*, quase não representam outra coisa senão as partes móveis e secundárias do cenário socialista e nacionalista. Mesmo os apelos de Georges Sorel ao proletariado combativo não se mostraram senão como um dos hinos mais bem-sucedidos entre os hinos comuns na época, devotados que eram à violência como remédio contra a "cultura da covardia" liberal.

Foi somente com a intervenção de Lenin que o mito mobilizatório pisou em solo real. Junto ao original fascista de esquerda de cunhagem leninista vieram à tona em sua pregnância definitiva as características do novo estilo político, que nunca renegou a sua proveniência do realismo da guerra mundial. Entre essas características precisamos nomear: a concepção latente ou manifestamente monológica da relação entre o líder e os liderados; a agitação mobilizatória duradoura da "sociedade"; a transposição do hábito militar para a produção econômica; o centralismo rigoroso dos estados-maiores; o culto da militância como forma de vida; o coletivismo ascético; o ódio às formas de relacionamento liberais; o entusiasmo compulsivo em favor da causa revolucionária; a monopolização do espaço público por meio da propaganda partidária; a abrangente recusa à cultura burguesa e à civilidade; a submissão das ciências à lei da partidariedade; a transformação dos ideais pacifistas em coisa desprezível; a desconfiança em relação ao individualismo, ao cosmopolitismo e ao pluralismo; a espionagem constante dos sequazes; o modo exterminista da lida com os adversários políticos e, por fim, a inclinação depreendida do terror jacobino para o processo sumário, no qual a acusação já contém o veredicto de culpado.

Na ponta dessa lista de características tipicamente padrão do fascismo encontra-se o alijamento expresso do quinto mandamento; ainda que apenas durante um "período de transição", que vai até o extermínio do inimigo da classe (de início, ainda denominado "inimigo do povo"). É preciso notar que não se trata aqui daquelas exceções relativas à proibição do assassinato que estão presentes no Antigo Testamento, exceções

---

vez que não seria senão um "bolchevismo invertido" (*un bolchévisme au rebours*). Cf. François Furet, *Le Passé d'une illusion: Essai sur l'idée communiste au XXe siècle*, Paris, 1995, p. 321. Antonio Negri admite que ainda hoje certas variantes de populismo e fascismo são descendentes deformados do socialismo. Cf. Antonio. Negri, *Multitude: Krieg und Demokratie im Empire* [Multidão: guerra e democracia no império]. Em relação às teses de Rolland e de Negri, a tese de Landau é mais radical e mais precisa, porque não identifica o leninismo apenas "dialeticamente" como um forno de provocações do fascismo, mas como o seu protótipo.

das quais gozavam desde sempre os guerreiros judeus e os soldados cristãos. Os beneficiários das leis de exceção pertenciam dessa vez a uma elite semicivil que, enquanto vanguarda vingadora da humanidade, não tinha de obedecer à moral habitual. Era somente para os membros dessa ordem sacrificial que cabia a designação "revolucionário profissional", com cuja descoberta Lenin conseguiu dar o passo decisivo para uma práxis do amoralismo hipermoralmente motivado. Quando Albert Camus escreveu em sua síntese sagaz da influência amoralizante de Hegel no pensamento dos revolucionários dos séculos XIX e XX que "toda moral é provisória"[54], essa frase apontava para a alienação crescente do ativismo revolucionário ante as suas origens idealistas. As razões pragmáticas para a transformação da moral em moral provisória nos tempos de luta permanente vieram à tona sob o *modus operandi* da Revolução Russa, quando o assassinato assumiu traços crônicos, profissionais e institucionais em nome do bem. Já pouco tempo depois, as práticas assassinas tinham se tornado habituais, elas tinham se sistematizado e burocratizado, sem jamais se desfazerem de seu caráter imprevisível. Como ninguém estava mais em condições de dizer se o estado de exceção moral encontraria algum dia novamente um fim, não é de se espantar que, depois de um tempo, não faltassem vozes prontas a recomendar de maneira mais ou menos aberta uma moral mais de acordo com a guerra perene.

O assassinato a serviço da grande causa foi conjurado pelos ativistas como o abandono trágico da virtude. Alguns viam aí um sacrifício de sua moral pessoal em favor da deusa revolução. Entre os comissários festejava-se o poder matar como uma competência sacerdotal que distinguia o revolucionário do burguês.[55] Aos olhos dos ativistas, a falta da disposição

---

54. Albert Camus, op. cit., p. 117.
55. Bukharin elogiou com simpatia os adeptos da Tcheka (Comissão extraordinária panrussa para o combate à contrarrevolução), que retornaram de seu "trabalho infernal" como "ruínas de si mesmos", com os nervos destroçados. A peça doutrinária *As medidas* (1930), de Bertolt Brecht, revela o quão importante era para o comunismo a prontidão para o assassinato. Com ela, deveria ser exercitada a liberdade do direito de matar e o impasse do precisar matar a serviço da necessidade revolucionária. Em sentido similar, André Malraux ilustra na cena inicial de *A condição humana*, de 1933, como o herói recai por meio do assassinato realizado na embriaguez do ativismo revolucionário. Quanto a Brecht, cf. Slavoj Žižek, *Die politische Suspension des Ethischen* [A suspensão política do elemento ético], Frankfurt, 2005, p. 195 et seq. Diante de um pano de fundo correspondente, Heinrich Himmler procurou acirrar em seu famigerado discurso no salão nobre do castelo de Poznan, em 4 de outubro de 1943, para os 92 oficiais da SS presentes, como é que, *em relação* à

para matar era o indício mais seguro da permanência de indolências burguesas. Como se sabe, os lemas de Lenin continham uma forte pitada de um *kitsch* moral cujo padrão tinha sido fornecido pelos panegíricos de Gorki aos líderes revolucionários sensíveis demais para a tarefa.

Os movimentos fascistas posteriores oriundos da ala nacionalista, movimentos nos quais as pessoas precisaram se preocupar muito pouco com a possibilidade de recair numa sensibilidade exagerada, só precisaram substituir a declaração de guerra ao inimigo de classe pela declaração de guerra ao inimigo do povo ou da raça, a fim de tornar o modelo leninista transponível para os movimentos nacionais da Europa central e meridional. Com certeza, tampouco podemos contestar o fato de o seu furor não ter sido de natureza meramente imitativa. As contribuições próprias dos partidos alemães, italianos, romenos, croatas e outros radical-nacionais para o conjunto dos movimentos de extermínio na Europa possuem um peso significativo quando colocados na balança. Contentemo-nos aqui com a constatação quase resignada de que a moral comum fica sobrecarregada com a avaliação de complexos macrocriminais. As petrificadas colunas numéricas de estatísticas expressam o fato de, no século XX, para um assassinato em nome da raça acontecem dois ou três em nome da classe.

Dos modelos insuflados de medo antiburguês próprios ao nacionalismo bélico — poder-se-ia denominá-lo um socialismo do *front* — provieram os movimentos nominalmente "fascistas" na Itália e em outros lugares, movimentos que, no âmbito de nossas reflexões, podem ser caracterizados sem hesitação como bancos populares da ira. De acordo com o seu traço fundamentalmente funcional, esses bancos também eram posições de coleta de protesto que apresentavam claras similitudes funcionais com os partidos de esquerda — apesar dos acentos raciais, regionalistas e grã-nacionais. Seu anticapitalismo posto à mostra permaneceu sempre de

---

capacidade honesta de matar, as tropas de elite alemãs precisavam alcançar o nível dos comissários soviéticos. Inquietava-o que os altos funcionários responsáveis pelos assassinatos na União Soviética tivessem vinte anos de vantagem. — Em 2001, Robert Kaplan — um leninista a contragosto — aconselhou em seu livro *Warrior Politics: Why Leadership Demands a Pagan Ethos* [Por que a liderança exige um *éthos* pagão] (Nova York), o governo americano a colocar de lado a moral judaico-cristã da proteção incondicionada da vida e, em vista das tarefas por vir, a se apropriar de uma mentalidade "pagã", mais apta para o assassinato. De maneira um pouco mais discreta, Charles Krauthammer e outros ideólogos neoconservadores da administração Bush designaram o unilateralismo pronto para matar dos Estados Unidos como "realismo democrático".

fachada. As similitudes frequentemente observadas entre os movimentos fascistas e comunistas tornam-se facilmente compreensíveis sob a luz da análise psicopolítica. Nos dois casos, apresentam-se formações corporais da ira que alcançam o nível de grandes bancos. Fascismo é socialismo num país — sem que complementos internacionalistas fossem visados. Se colocarmos o acento no coletivismo do *front* e no igualitarismo da produção, então daí resulta a constatação de que o fascismo seria o socialismo sem proletariado[56] ou o igualitarismo com bases raciais. Seu *modus operandi* é a fusão da população numa matilha timoticamente mobilizada, que se arroga unificada por meio da pretensão de grandeza no coletivo nacional.

Os bancos populares nacionais gozam do privilégio psicopolítico de poder trabalhar diretamente com as emoções do *thymós* patriótico, sem precisar percorrer o desvio por ideias universalistas ou por outras ficções despotencializadoras. Isso não é de pouca monta para o sucesso de movimentos militantes ligados ao ressentimento nos países perdedores da Primeira Guerra Mundial, a saber, na Alemanha, uma vez que neste país a demanda por opções para a rapidíssima conversão de mazelas em autoafirmações foi compreensivelmente a mais intensa. Se levarmos em conta de que se atribui desde sempre ao período do pós-guerra uma função--chave para a reorientação cultural de coletividades em guerra, então se compreende a corrente fatal pela qual foi arrastada a direita alemã depois de 1918, quando ela se recusou à lição que lhe foi entregue. A Itália também se eximiu da tarefa de ajustar de maneira nova as obras regulares da própria cultura sob a luz da experiência de guerra. Uma vez que os aliados abriram a porta para os italianos passarem no último minuto para o lado dos vencedores, eles lhes deram uma oportunidade de pular por sobre o trabalho da revisão pós-estresse e de fugir em direção a autoelevações heroicas.[57]

De resto, aconteceu o que precisava ter acontecido. Não poderia faltar o fato de os dois grandes empreendimentos no campo da comercialização política da ira terem se identificado mutuamente em algum momento como concorrentes. Eles nem bem tinham se visualizado reciprocamente e já declararam guerra contra o respectivo lado oposto ao fundamento prioritário de sua existência. O antibolchevismo dos movimentos fascistas

---

56. Cf. Zeev Sternhell, *Ni Droite ni gauche: L'Idéologie fasciste en France*, Paris, 1983, p. 206 et seq.
57. Quanto ao novo posicionamento de regras culturais depois de fases de estresse elevado, cf. Heiner Mühlmann, op. cit., pp. 50-97.

e o antifascismo do Comintern entrecruzam-se quase *a priori*. A razão pela qual os fascismos nominalmente identificados alcunharam desde o início as metas de seus negócios de antibolcheviques resulta da prioridade temporal e objetiva dos fenômenos comunistas: os radicais da ala direita tinham diante dos olhos o exemplo dos concorrentes de esquerda quando começaram a copiar as suas fórmulas de sucesso. O que permaneceu inquietante para os líderes fascistas foi o fato de os rivais orientais possuírem uma vantagem que não podia ser senão muito dificilmente recuperada no ponto mais sensível da nova política, nas ações ligadas às grandes chacinas. O comunismo, em contrapartida, deixou passar um tempo até reconhecer a sua chance na mobilização de forças conjuntas contra os competidores de direita.

De fato, partiam das diretrizes stalinistas contra os movimentos radicais de direita na Europa coações morais quase irresistíveis. Visto que o líder dos bolcheviques se apresentava diante do mundo como a garantia de resistência contra a Alemanha nazista, ele estabeleceu para os adversários de Hitler de todas as cores o "antifascismo" como a única opção moralmente defensável da época, imunizando desta maneira a União Soviética contra os seus críticos vindos de dentro e de fora.[58] Ao levantarem as mínimas objeções contra a política de Stalin, esses críticos precisavam temer ser denunciados como pró-fascistas. A propaganda dirigida por Stalin demonstrou o quão justificado era esse temor quando ela mencionou de uma só tacada Trotski e Hitler a fim de explicitar as personificações dos perigos para a terra pátria do proletariado.

Mas é preciso dar um passo atrás a fim de observar a formação do *thymós* revolucionário num estágio primeiro: desde os "decretos" de Lenin "sobre o terror vermelho" de 5 de setembro de 1918, a tomada de reféns e o fuzilamento em massa de "indivíduos hostis à revolução" foram declarados um

---

58. Na competição ideológica com os sistemas compulsoriamente irados mais moderados da esquerda, o Comintern não se intimidava diante de nenhum acirramento: os seus agentes ainda achavam ideologicamente correto e politicamente oportuno no final dos anos 1920 denunciar os socialistas parlamentares dos países ocidentais como "social-fascistas". A fatalidade dessas regulamentações linguísticas talvez nunca tenha sido explicitada suficientemente. Algo foi feito depois de 1945 para que se esquecesse o fato de a profissão de fé antifascista constitutiva da nova esquerda da segunda metade do século XX ter estreado na primeira metade como anti-social-democrata. De fato, Moscou arranjou um espaço para a significação prioritária da "luta contra o centro socialista" depois de 1919. Por meio dessa diretriz, a linha antimenchevique fez-se valer mesmo em termos de política externa como uma neurose compulsiva do bolchevismo.

dever revolucionário. Somente no ano de 1919 deve ter havido o fuzilamento de meio milhão de pessoas; já um ano antes o terror tinha assumido traços característicos das massas — a Tcheka gostava particularmente de publicar as listas dos fuzilados a fim de inculcar na população a tendência a tomar medidas. A passagem do levante contra o antigo domínio para o terror contra o próprio povo e, então, contra o próprio séquito morno gerou um clima que se aproximou do "amorfismo" que pedia Bakunin. Em agosto de 1918, Lenin, impelido pela febre ativista, enviou para todo o país telegramas nos quais exigia enforcamentos em massa dos camponeses resistentes — "aja de tal modo que o povo veja a cem verstas e estremeça".[59] No mesmo espírito, o comissário popular da Justiça, Krylenko, exigiu de seus subordinados que eles liquidassem manifestamente inocentes; segundo ele, somente tal procedimento produziria uma impressão adequada nas "massas".

Não faltava ao cálculo que se encontra na base da sentença do comissário Krylenko um caráter abismal: não se questionaria um dia se a desmedida de tais excessos era pertinente para a justiça da causa para a qual se necessitava destas vítimas? O poeta polonês Alexandre Wat tornou patente a lógica do furor gélido em seus diálogos com Czeslaw Milosz: "Mas, sabe, o que está em questão é este sangue abstrato, este sangue invisível, o sangue do outro lado do muro [...]. O sangue que é derramado do outro lado do rio — o quão pura e grandiosa precisa ser a causa pela qual tanto sangue, tanto sangue inocente é derramado. Isso exerce uma atração inaudita [...]."[60] Onde tudo apresenta um ímpeto para o descomunal e o massificado, é natural escolher proporções correspondentes também para a aniquilação do adversário? Ossip Mandelstam já tinha compreendido em 1922 que a União Soviética estava a ponto de se transformar num regime despótico oriental. "Talvez sejamos realmente assírios e, por isso, nos comportemos de maneira tão indiferente em relação aos assassinatos em massa de escravos, prisioneiros, reféns e desobedientes?"[61] As estatísticas de execuções dos historiadores revelam-nos em números frios o fato de o domínio de Lenin ter liquidado semana a semana mais homens sem processo do que o período tsarista o fizera num século com base em processos.

---

59. Apud Alexander Jakovlev, op. cit., p. 155.
60. Alexandre Wat, *Jenseits von Wahrheit und Lüge — Mein Jahrhundert: Gesprochene Erinnerungen 1926-1945* [Para além de verdade e mentira — meu século: memórias ditas 1926-1945], Frankfurt, 2000, p. 75.
61. Nadeschda Mandelstam, *Das Jahrhundert der Wölfe: Eine Autobiographie* [O século dos lobos: uma autobiografia], Frankfurt, 1971, p. 297.

Essas referências delimitam o espaço das plurissignificâncias, um espaço no qual inumeráveis *compagnons de route* do comunismo real se perderam. O conceito de companheirismo no caminho, poderíamos dizer, é a figura política daquilo que Heidegger tinha designado segundo um ponto de vista ontológico-fundamental como "errância". Onde se "experimenta a errância", os homens se movimentam numa zona intermediária entre o inóspito e o rumo — com suas preferências nacional-socialistas temporárias, o próprio Heidegger foi uma testemunha eminente desse estado de coisas. Porquanto a errância significa um valor intermediário entre curso e corrente, os viajantes (e aqueles que viajam juntos) chegam inevitavelmente a um lugar diverso daquele a que pretendiam chegar no início da viagem. O ato de "seguir" o comunismo transforma-se num companheirismo no caminho falso, porque o comunismo pressupõe o que não se podia supor em momento algum: que os atores comunistas pegariam um caminho semicivilizado em direção a metas alcançáveis. Eles apoiam, na verdade, uma ditadura desenvolvimentista que queria conduzir com uma violência excessiva e idealisticamente dissimulada aquilo que o estado liberal teria podido levar a termo num tempo mais curto, de maneira mais efetiva e de forma abrangente sem derramamento de sangue.

No que concerne ao jargão do antifascismo, residia na cronologia dos acontecimentos o fato de Lenin não ter chegado ele mesmo a aprender a usá-lo. Quando Mussolini organizou em outubro de 1922 a "marcha a Roma" (seu partido só tinha obtido havia um ano cadeiras no Parlamento romano), Lenin tinha acabado de retornar à sua escrivaninha, depois de sofrer dois ataques cardíacos. Quando o "Duce" ascendera ao posto de ditador da Itália, o líder revolucionário já tinha morrido em virtude de seu terceiro ataque. O aparato de propaganda stalinista, em contrapartida, reconheceu em seu devido tempo a sua chance epocal na proclamação do antifascismo. *De facto*, para o antigo Comintern, o "fascismo" tanto quanto o nacional-socialismo ainda ficariam por alguns anos em segundo plano. Durante os anos 1920, eles foram encobertos pela caricatura do rival socialista ou social-democrata no Ocidente, em cuja denúncia o movimento comunista tinha se especializado. Era a esse rival antes de tudo que se procurava ou inviabilizar por meio de etiquetas ignominiosas como "social-chovinismo" ou dizimar por meio da acusação de "insuficiência, mendacidade e preguiça".[62]

---

62. Locuções usadas pelo manifesto da Internacional Comunista para se dirigir ao proletariado de todo o mundo em março de 1919.

Isso só foi possível porque o ódio contra a esquerda moderada tinha se transformado na ideia fixa dos radicais. Em meio aos distúrbios do outono de 1918, Lenin encontrou tempo para uma tirada de quase cem páginas em estilo professoral contra o "renegado Kautsky", o cabeça da esquerda parlamentar europeia, uma tirada na qual ele levantou a conhecida crítica de que este homem "queria uma revolução sem revolução" — o que deixa claro o quanto a revolta prática e o exercício ilimitado da violência já tinham se tornado outrora sinônimos para Lenin.[63] Na Terceira Internacional constituída em março de 1919, só conseguiu se tornar membro quem se declarou a favor da missão de combater a social-democracia como o principal inimigo. Foi só quando o prazo para as alianças efetivas de resistência contra os movimentos nacional-revolucionários vitoriosos expirou que a liderança comunista em Moscou deslocou agudamente a sua ótica para a imagem das coletas de ira nos outros socialismos, nos socialismos nacionais. Neste ponto, os social-democratas e os comunistas já se amontoavam nos campos de concentração.

Reflexos da luta em torno do monopólio timótico também se inscrevem no pensamento dos espíritos mais sutis do Ocidente. Em suas reflexões *Sobre o conceito de história,* de 1940, Walter Benjamin criticou a social-democracia por sua orientação no sentido de que as gerações vindouras deveriam gozar um dia de condições de vida melhores. Por meio do direcionamento para sucessos futuros, objetava ele, a classe trabalhadora seria cindida do "nervo de sua melhor força", uma vez que desaprenderia por meio da educação para a paciência revolucionária "o ódio assim como a abnegação". Quem deve odiar precisa deixar esperanças de lado e se orientar por imagens indignantes do passado.[64] Com argumentos dessa qualidade, o autor das teses histórico-messiânicas ofereceu-se para criar consagrações mais elevadas ao ódio de classe apreciado pelos comunistas. Quem quiser ter uma imagem da força de penetração da sedução fascista de esquerda — e do estímulo decente da

---

63. A réplica de Kautsky não deixa nada a desejar em termos de peremptoriedade. Cf. Karl Kautsky, *Terrorismus und Kommunismus: Ein Beitrag zur Naturgeschichte der Revolution* [Terrorismo e comunismo: uma contribuição para a história natural da revolução], Berlim, 1919. Nesta réplica, ele condena o bolchevismo como "socialismo tatárico" e como recaída antissocialista na barbárie.
64. Walter Benjamin, *Sobre o conceito de história*, XII. "Pois os dois", o ódio tanto quanto a abnegação, "aproximam-se da imagem dos avós escravizados, não do ideal do neto livre."

superinterpretação teológica da história em seu acontecimento — precisa tomar conhecimento de que mesmo um autor do porte de Benjamin pode ter sido conquistado pelos obséquios filosoviéticos que compartilham da violência.

Em contrapartida, quem quiser saber o que se chega a ouvir quando a superinterpretação ultrapassa o limiar da indecência com uma brincadeira sonora encontra uma profusão de exemplos nos anos 1920 — quanto mais não seja no campo dos teólogos políticos. Assim temos Paul Tillich, que se acreditava suficientemente inspirado para ousar fazer a afirmação de que a decisão pelo socialismo podia ser equivalente num determinado período à decisão pelo reino de Deus. Para Tillich, o "período determinado" era idêntico à era depois da morte de Lenin: no ano do Senhor 1932, o protestante alemão mais alegremente decidido viu-se conclamado a conceber afirmativamente o *kairós** de Stalin.

O fato de, em sua flutuação livre, o Espírito Santo alcançar por vezes altas velocidades de ventos é um fenômeno bem comprovado na história da religião. Assim como o fato de ele distribuir furacões a pedido: essa demonstração foi reservada ao homem do *front* paraclético Eugen Rosenstock-Huessy, quando ele narrou a história da Europa sem rodeios como a epopeia do Espírito Santo, que cria por meio das revoluções. Em 1951, esse teólogo laico fosforescente considerou apropriado falar em tom doutrinário sobre a União Soviética: "Somos recriados e revolucionados pela União Soviética, porque lá a história da criação do homem prossegue [...] em Moscou encontram-se os novos papas dogmáticos da salvação de nossa vida."[65] Tais enunciados só se tornam plausíveis, mesmo sob condições as mais difíceis, por intérpretes iluminados continuarem insistindo em seu direito de interpretar detalhadamente a história mundial como a história da salvação. Observadores profanos de tais vitórias sobre a probabilidade chegam à conclusão de que teologia e acrobática precisariam ter uma raiz comum.

A Terceira Internacional, fundada em 1919, surgiu desde o princípio como o órgão de realização do leninismo, um órgão que almejava "reunir os partidos realmente revolucionários do proletariado mundial". Por meio dos conselhos, ela pretendia criar para o proletariado "um aparato

---

* Em grego no original: "tempo oportuno". [N.T.]

65. Eugen Rosenstock-Huessy, *Die europäischen Revolutionen und der Charakter der Nationen* [As revoluções europeias e o caráter das nações], Moers, 1987, p. 527.

próprio", que estaria em condições de substituir o Estado burguês. Por meio desse aparato não entrou no palco mundial outra coisa senão um sistema do catolicismo proletário. De maneira inconfundível, a relação entre o partido e os conselhos foi formada a partir de um modelo intermediário entre a Igreja romana e as suas dioceses locais. Depois de alguns anos mostrou-se naturalmente que não tinha restado nada dos anúncios sonoros do *Manifesto da Internacional Comunista ao proletariado de todo o mundo*, proferidos em 6 de março de 1919, senão a promessa de que as lutas continuariam por um tempo incalculável. Mesmo o conceito de um exército de conselheiros que havia sido proclamado no manifesto dissipa-se a curto prazo a fim de dar lugar a um aparato militar convencional nas mãos de uma direção partidária monológica.

Uma vez que o Comintern se imaginava como "internacional da ação", ele sublinhou a sua pretensão de reunir os potenciais dissidentes dispersos das "massas" proletárias num banco mundial da ira. Esse banco prometeu aos seus clientes investir o capital timótico em projetos revolucionários a fim de aproveitá-lo no sentido de um projeto mundial global, literalmente católico, formulado "de acordo com o todo". Os sucessos desse banco teriam precisado se ratificar na formação de um proletariado orgulhoso e no aprimoramento global de suas condições de vida — visto que rendas efetivas oriundas dos depósitos timóticos das "massas" se apresentam na transformação de emoções iradas em orgulho e autoafirmação. Não precisamos explicitar aqui detalhadamente por que as coisas precisaram se comportar de maneira diversa. Como se sabe, Lenin partira da expectativa de que a revolta na Rússia funcionaria num curto espaço de tempo como um sinal de desencadeamento para inquietudes revolucionárias mundiais — a saber, junto ao proletariado alemão, a cujo comportamento ele atribuía um papel-chave. Essa avaliação possui um cerne semirrealista: de fato, existiam grandes potenciais de protesto no hemisfério ocidental e a questão alemã possuía incontestavelmente uma significação decisiva. Com certeza, as energias dissidentes assumiram antes a forma de movimentos de reunião nacional-revolucionários, sobretudo na Itália de Mussolini e no espectro da direita radical da infeliz República de Weimar — e isso por razões que se tornam compreensíveis sob a luz da análise psicopolítica.

Ao menos uma coisa alcança desde o princípio uma clareza inequívoca com a antecipada virada terrorista dos acontecimentos russos: o novo banco central não pôde se satisfazer em momento algum com os depósitos reais de sua clientela. Como os depósitos efetivos de ira dos proletariados soviéticos foram modestos demais para os intuitos planejados, os ativos necessários precisaram ser trazidos por coletas compulsivas junto às gigantescas "massas" campesinas do país. Com certeza, também se poderia pressupor aqui ricos potenciais de ira e de dissidência. Nada fala naturalmente a favor, porém, do fato de esses potenciais fluírem voluntariamente para o fundo comunista, uma vez que os interesses dos pobres campesinos apresentavam quase nada em comum com o operariado marginal marxista, para não falar dos comissários autoritários.

Nesta situação, a direção do banco mundial da ira maciçamente subcapitalizado lança mão de uma estratégia opressora, cujo auxílio pretendia obrigar as "massas" campesinas resistentes a depositar as suas economias timóticas. O segredo do *management* da Revolução Russa consistia em encontrar as quantidades de ira que faltavam por meio de créditos compulsivos. Geraram-se consequentemente enormes quantidades de medo explorável — em conjunção com a prontidão extorquida para fingir apoio aos projetos da política revolucionária da ira. Neste ponto, as analogias entre a política de redenção católica e o evangelismo comunista são impressionantes.

O maior sucesso da revolução russa pode ter sido o fato de ela ter estado em condições de impingir uma ampla onda de simulações de concordância. Deve-se a esse efeito a descoberta segundo a qual o ódio de classes que se exige para a legitimação de uma política revolucionária não precisa estar incondicionadamente presente — assim como a religião institucionalizada jamais tem por pressuposto a crença real. O afeto pode ser igualmente produzido de maneira artificial — seja por meio da agitação e de medidas mobilizatórias, seja por meio da aprovação forçada dos projetos combativos do Partido Comunista. Jean Baudrillard também poderia ter deduzido o seu teorema do simulacro do comunismo a partir do poder de Estado, ao invés de fazê-lo partindo do funcionamento cultural contemporâneo.

Foi somente por meio de manobras simulatório-mobilizatórias da liderança soviética que o Comintern se tornou capaz de realizar negócios como um banco mundial da ira. Em face da concordância extorquida das massas em relação aos empreendimentos do banco da ira, era certamente evidente *a priori* que os clientes não voltariam a ver os seus depósitos — os frutos da ira, que eram na verdade frutos do medo diante dos políticos da ira, deveriam ser reconhecidamente empregados para a criação de um sistema capitalista de Estado, que precisou adiar a redistribuição de seus lucros por um tempo indeterminado, isto é, para sempre.

Como a extorsão da concordância apenas por meio do medo não conseguiu sustentar a ditadura desenvolvimentista soviética, mostrou-se incontornável criar um catálogo de imagens positivas, nas quais as imagens apreendidas de início pelo partido de maneira meramente passiva puderam investir as suas próprias ambições e fantasias. Não foi sem sentido que essa tarefa foi considerada pelos dirigentes da psicopolítica bolchevique como realidades timóticas. Para gerar a medida necessária de orgulho coletivo, eles ativam algumas das imagens diretrizes míticas mais poderosas da modernidade — em primeiro lugar, o complexo de Prometeu, que foi desde a Antiguidade característico para a atmosfera fundamentalmente tecnófila da modernidade burguesa; em seguida, o orgulho pelos grandes atos da técnica soviética e de sua construção de cidades — lembremos do culto ao metrô de Moscou —; e, por fim, a figura do atleta que defende com o seu desempenho a honra da coletividade. A esportização do desempenho industrial chegou a tal ponto no interior da ideologia soviética que, nos famigerados trabalhos stakhanovistas, esses superatletas do cumprimento de metas, a figura do proletariado foi equiparada à figura do vencedor na competição no estádio. Mesmo o orgulho artificialmente atiçado dos membros da Organização da Juventude Comunista Soviética (Konsomol), organização juvenil que jurou fidelidade a Stalin e se inscreveu voluntariamente para a batalha da produção, porém, não conseguiu fazer com que se esquecesse totalmente o caráter mesquinho das relações vigentes. A sensibilidade dos funcionários em relação à mais insignificante das críticas revelava a fragilidade da situação. Por vezes, era suficiente uma frase aparentemente inofensiva e materialmente pertinente como a de que as escolas soviéticas teriam uma qualidade inferior para que o responsável pela frase fosse levado para um dos inumeráveis campos de concentração.

A característica marcante da nova economia afetiva consistia em trazer os clientes para uma vinculação compulsiva ao instituto de coleta. Com base na supressão de toda oposição, eles não podiam mais resgatar junto ao partido os seus bens ligados à ira e depositá-los num outro empreendimento. Se o banco tivesse pago de volta os créditos oriundos do medo e possibilitado, assim, aos seus clientes uma decisão livre, os investidores soviéticos teriam retirado antes hoje do que amanhã os seus bens dos institutos comunistas e investido em projetos menos despóticos. Com isso, porém, a dissolução da conta teria representado a saída do partido — com as consequências correspondentes. É essa cobrança compulsiva dos investidores por meio do sistema revolucionário de vinculação dos clientes que pode ser designada de uma maneira não de todo inadequada com o conceito de resto questionável de "totalitarismo". A totalidade é a retransformação do cliente em servo do empreendimento.

Depois de tudo isso é compreensível por que o terror vermelho nunca foi um mero mal incontornável da "fase de transição" — independentemente de essa fase ter sido concebida como um episódio ou como uma época. Por razões principiais, o regime soviético dependia da constante regeneração do horror. Sem o confisco dos potenciais timóticos das camadas mais amplas, os quadros bolcheviques não teriam conseguido se manter no poder por mais de meio ano. Por isso, é só muito forçadamente que se pode responsabilizar apenas o caráter inflexível de Lenin pela prevalência da linha rígida, pois que frequentemente a acentuada intolerância do líder do partido e da revolução tenham sido protocolado por suas testemunhas e vítimas. Na verdade, a opressão de toda oposição foi uma necessidade pura e simplesmente comercial oriunda do fato de o partido não querer abdicar de sua pretensão de ser o único representante das energias timóticas das "massas" em seu âmbito de dominação. Ele devia à sua autoapreciação representar o todo da verdade sobre a "sociedade" diante da própria "sociedade" — comparável neste ponto a um segundo catolicismo. Por isso, o colapso do sistema comunista encontrava-se à porta, quando a sua auto-hipnose universalista esvaeceu-se. Enquanto esse sistema permaneceu no poder, precisou confiscar os meios conjuntos de expressão do sentimento de dignidade própria — e como há uma conexão evidente entre propriedade e dignidade própria, a aniquilação da propriedade foi o caminho mais seguro para humilhar os companheiros do império soviético. Se era para o sistema dominar de maneira bem-sucedida, não podia haver mais nenhum núcleo não bolchevique para a articulação do *thymós* no próprio país. Segundo o ponto de vista dos monopolistas, a fim de impor o monopólio bancário do comunismo para as fortunas de ira, orgulho e dissidência da população que ele abarcava, era absolutamente necessário isolar os indivíduos tanto quanto os grupos de todo acesso às fontes alternativas de um sentimento de dignidade própria.⁶⁶

Depois de décadas de degelo e de dessovietização, as consequências a longo prazo dessas desapropriações psíquicas ainda estão atmosfericamente presentes até hoje no universo pós-comunista. Com base numa práxis do despotismo profundo, à qual pertenciam a desapropriação da ira, a quebra do orgulho e a aniquilação da oposição por muitas e muitas gerações, surgiu no âmbito de poder do leninismo e do stalinismo um clima de desonra que a tudo degradou, um clima que nos faz pensar no diagnóstico maldoso de Oswald Spengler sobre o caráter de felá das civilizações em extinção. Sua realidade cotidiana era a resignação popular. Tolerava-se o regime político como um acréscimo malévolo do destino aos terríveis invernos russos. Se quiséssemos reconduzir o clima soviético às contribuições de ativistas particulares, então nos depararíamos entre outras coisas com um tipo de funcionário como Lasar Kaganovitch, uma das criaturas mais monstruosas de Stalin, uma figura da qual se sabe que exigia dos revolucionários com uma ênfase festiva o abandono de sua dignidade própria e de sua sensibilidade.⁶⁷ Nesta atmosfera, o povo russo transformou-se numa coletividade de místicos passivos, para os quais o Estado atenuava a tarefa própria. O artista Ilya Kabakov evocou numa conversa autobiográfica com Boris Groys o astral fundamental da "sociedade" russa antes e depois da morte de Stalin: "o poder soviético foi assumido como uma tempestade de neve, como uma catástrofe climática." "Com todo o caráter de pesadelo da vida de outrora, tínhamos o doce sentimento de que todos viviam assim [...]."⁶⁸

Com base na pobreza de recursos psíquicos e morais, a retimotização da "sociedade" pós-soviética dá provas de ser um empreendimento de

---

66. Algum tempo antes dos discursos que fizeram época na XX Convenção do Partido Comunista Soviético, Nikita Kruschev já tinha feito uma declaração notável sobre os crimes de Stalin e sobre a devastação stalinista do culto à pessoa: "Nós dissipamos o capital de confiança acumulado, um capital que o povo trouxe para o partido. Não podemos explorar infinitamente a confiança do povo." (Apud Alexander Yakovlev, *Ein Jahrhundert der Gewalt in Sowjetrussland* [Um século da violência na Rússia soviética], Berlim, 2004, p. 31). Tentamos explicar aqui de qual capital se tratava na verdade.

67. Cf. Robert Conquest, *Der Große Terror: Sowjetunion 1934-1938* [O grande terror: União Soviética 1934-1938], Munique, 2001.

68. Ilya Kabakov, Boris Groys, *Die Kunst des Fliehens: Dialoge über die Angst, das heilige Weiß und den sowjetischen Müll* [A arte da fuga: diálogo sobre o medo, o branco sagrado e o lixo soviético], Munique/Viena, 1991, p. 61.

longo prazo. Ela só pôde ser colocada inicialmente em curso por meio do nacionalismo — uma ideia um tanto nova para a Rússia.[69] Conhecedores da situação atual relatam que a "sociedade" russa não se entregou até agora, como se poderia supor, ao consumismo sem limites, mas se prescreveu uma *bellum omnium contra omnes** diário. O retorno a estilos de vida autoafirmativos realizou-se antes como *bullying* generalizado. Este diagnóstico admite um prognóstico favorável. Num país no qual todos perderam a estima por todos porque todos vivenciaram situações desonrosas, o florescimento de uma comunidade robusta de todos contra todos poderia representar um sinal de recuperação.

Criações de ira por meio de empréstimos de guerra

As reflexões precedentes explicitaram em que medida o projeto revolucionário de Lenin foi marcado por uma falta maciça de capital timótico. A inevitabilidade dessa falta resultou da situação histórica. Na verdade, não faltavam de maneira alguma por volta de 1917 afetos antitsaristas. Poder-se-ia supor um grande reservatório de aspirações visando à democracia, à autoadministração, à liberdade de moradia e à distribuição de terras. No entanto, essas tendências simplesmente passíveis de serem despertas ou fortalecidas estavam longe de se harmonizar com os conceitos forçados intrínsecos a um capitalismo de estado como o da doutrina leninista da fase de transição. Na linguagem dos *insiders* da revolução, esse diagnóstico foi confirmado pela referência à consciência de classe que ainda estava faltando. Naturalmente, essas relações não tiveram como permanecer encobertas para o próprio Lenin. Por isso, em razão da coerência de suas visões, ele precisava se apegar à expectativa de uma pronta revolução proletária na Alemanha, uma revolução que trazia para ele a promessa de um aumento da base de capital russa, que era completamente insuficiente. Como essa revolução não ocorreu e como os seus princípios de qualquer forma frágeis entraram totalmente em colapso depois do assassinato de seus líderes, a necessidade de mobilizações alternativas do *thymós* tornou-se aguda na Rússia.

---

69. Cf. Boris Groys, *Die Erfindung Rußlands* [A invenção da Rússia], Munique, 1995, p. 14 et. seq.

* Em latim no original: "guerra de todos contra todos". [N.T.]

Já apontamos o papel formador do terror para a constituição de uma ampla concordância com as metas da revolução. Logo se articulou com isso um *front* revolucionário-cultural: nesse *front*, as pessoas lutavam pela geração em massa de uma mentalidade desejada por meio da mais intensa propaganda, uma propaganda que estava em ligação com a monopolização da educação graças aos professores e aos planos pedagógicos ideológica e bolchevisticamente inculcados. Cai sob essas campanhas o florescimento da vanguarda artística russa, à qual apenas a nova e rígida política cultural emergente depois da tomada do poder por Stalin pôs um fim. Mais rica em consequências foi, contudo, a criação de coletividades solidárias marcadas pelo estresse da batalha, coletividades que trouxeram consigo o estado-de-dever de uma homogeneização timótica por meio de percepções conjuntas do inimigo.

À luz da lógica psicopolítica pode-se afirmar sem exagero que a revolução russa foi salva em seus primeiros anos pela contrarrevolução — assim como a revolução chinesa deve o seu triunfo em última instância aos japoneses que, em consequência da invasão da China entre 1937 e 1945, criaram os pressupostos para que as fracas reservas comunistas fossem fortalecidas por meio da afluência maciça de emoções nacional-patrióticas. Depois da vitória de suas tropas, Mao Tsé-tung não fez nenhum segredo quanto ao fato de que o comunismo chinês não teria sido possível sem o ataque japonês. Ele teve humor o suficiente para dizer aos visitantes japoneses que a China seria eternamente grata por isso ao país deles.

Observações como essas ratificam a suposição de que mesmo a política real timótica segue leis totalmente próprias. Os diretores do novo banco mundial estavam condenados a buscar para si os apoios onde, por razões biológicas ligadas ao estresse e por razões dinâmico-culturais, eles eram mais fáceis de encontrar: nas fontes de orgulho, de ira e de autoafirmação das comunidades de luta nacionalmente sintetizadas. Por isso, foi desde o princípio necessário ampliar a base de capital do banco mundial da ira — ao lado dos empréstimos gerados pelo terror junto ao medo — por meio da mobilização da timótica patriótica. Não é à toa que Lenin gostava de evocar a imagem da Rússia como uma "fortaleza sitiada". Apesar de o experimento soviético ter se realizado num horizonte pós-nacional, a imagem de uma terra pátria ameaçada era uma matriz indispensável para a geração de energias combativas. De qualquer modo, o conceito de terra pátria também foi constantemente interpretado sob perspectivas internacionalistas, uma vez que a União Soviética, a "terra natal de todos os operários", representava um corpo híbrido que abarcava ao mesmo tempo um território e uma ideia. O ominoso conceito do "socialismo num país" não forneceu apenas uma saída de emergência em face do adiamento persistente da revolução mundial. Ele continha a confissão de que reservas timóticas das quais se necessitava urgentemente só podiam ser criadas a partir de uma coletividade do estresse de batalha ameaçada de maneira aguda.

Com certeza, a luta contra o inimigo nacional tem desde sempre uma elevada vantagem em termos de plausibilidade. Depois de todas as experiências históricas, ela se mostra por assim dizer como natural e inevitável em casos de emergência. Ninguém sabia disso melhor do que Karl Marx, quando, em vista das aventuras políticas das comunas parisienses de 1871 (que empreenderam em meio à luta contra a Prússia uma revolta contra o governo burguês da França), observou de maneira taxativa: "Toda tentativa de derrubar o novo governo no momento em que o inimigo já estava nas portas de Paris seria uma tolice desesperada. Os trabalhadores franceses precisam cumprir sua tarefa de cidadãos [...]."[70]

Ao lado desta luta contra o inimigo nacional, uma guerra civil também pode liberar motivações extremas, caso o *front* contra os inimigos internos seja marcado de maneira suficientemente clara em termos morais. Como após o término da guerra civil, a partir de 1921, não havia mais à disposição dos bolcheviques nenhum inimigo suficientemente externalizável, eles precisaram converter internamente os seus empréstimos timóticos de guerra e abrir um novo *front* a partir do espírito da pura mobilização.

Com essa operação iniciou-se o capítulo mais obscuro na história extremamente sombria dos negócios revolucionários com a ira. Falamos do desvio intencional da "ira das massas" contra os camponeses mais abastados da União Soviética, a saber, os camponeses da Ucrânia, que alcançaram uma triste celebridade sob a denominação de culaques. Eles continuam sendo ainda hoje a maior coletividade vítima de genocídio na história — ao mesmo tempo, eles eram o grupo de vítimas mais indefeso ante o esquecimento da injustiça a que foram submetidos.

De acordo com a doutrina marxista, a liderança soviética devia ver no campesinato do país uma classe produtiva parcialmente análoga ao

---

70. Karl Marx, Friedrich Engels, op.cit., Berlim 1973, v. 17, p. 277. Um enunciado que não impede Marx de, logo em seguida, afirmar exatamente o contrário, a fim de festejar nos mais elevados tons os atores da fracassada comuna parisiense.

proletariado. Como esse campesinato pertencia a um universo pré-industrial, contudo, ele formava uma categoria de produtores de tipo errado, em relação aos quais dir-se-ia que estavam historicamente condenados ao declínio. Assim, já bem cedo, os camponeses da Rússia ficaram duplamente na mira dos revolucionários — por um lado, como corporificação de um retrocesso escandaloso, que só podia ser eliminado do mundo por meio de medidas oriundas da modernização compulsiva; por outro, como produtores de víveres que foram requisitados pelos revolucionários desde os primeiros dias de tumultos. O próprio Lenin deu o tom rude à política em relação aos culaques, visto que colocou na primeira linha os camponeses autônomos ao lado dos burgueses, do clero ("quanto mais representantes da clericalidade reacionária pudermos matar, tanto melhor") e dos reformadores menchevistas como "classes" que precisavam ser liquidadas. Foi somente graças ao retorno circunstancial aos compromissos econômico-monetários (no âmbito da Nova Política Econômica depois de 1921) que a maioria dos grupos citados pôde respirar por algum tempo.

Esse tempo foi definitivamente enterrado quando, por volta de 1930, Stalin girou a roda de volta para uma pura economia dirigida. A partir daí, a "aniquilação do campesinato enquanto classe" voltou a ocupar uma posição totalmente prioritária na agenda revolucionária. Como não havia no marxismo regular nenhum motivo para medidas repressivas contra o campesinato enquanto tal, Stalin precisou, retomando as diretrizes de Lenin, expandir de maneira tão intensa o esquema da luta entre burguesia e proletariado, que esse esquema passou a incluir uma luta de classes especial antes imprevista: a luta entre os mais pobres e as camadas não completamente pobres, em parte mesmo abastadas, da população do campo. Estes homens tiveram repentinamente a honra duvidosa de serem declarados substitutos da burguesia extinta — sim, francamente representantes "do capitalismo na economia agrária". Coerentemente, a nova mobilização foi dirigida contra aqueles camponeses que, em meio ao desastre econômico geral (de 1917 a 1921, o número de mortes por inanição no reino de Lenin ascendeu a mais de cinco milhões de pessoas), tinham conseguido realizar atividades comerciais de maneira parcialmente bem-sucedida. De modo compreensível, esses "grandes camponeses" não apresentavam nenhum entusiasmo pelo dia em que os funcionários do Estado revolucionário confiscavam as suas colheitas. A hesitação na entrega de suas bases vitais foi designada como sabotagem e castigada enquanto tal. A coletivização nefasta da economia rural sob o domínio de Stalin perseguia a meta de simplificar o confisco das colheitas, visto que iniciava o confisco pela produção.

A "desculaqueização" do início dos anos 1930, que custara só no inverno famélico de 1932-1933 a vida de quase oito milhões de pessoas, significou uma cesura psicopolítica nos gestos comerciais da direção do banco da ira. Para a sua execução não se fez uso apenas daqueles afetos que tinham desempenhado um papel no começo das revoltas de 1917: o ódio antitsarista em amplas camadas da população, a ira dos trabalhadores contra a burguesia marginal, o idealismo moral dos eruditos e o afeto patriótico da multidão campesina. Na política stalinista em relação aos culaques a partir de 1930, política esta que encontrou o seu ápice nas deportações voltadas para o extermínio e nas resoluções genocidas de condenação à fome, impuseram-se os lados obscuros do *thymós* popular: o ressentimento, a inveja, a necessidade de humilhação em relação a pessoas que ocupavam uma posição aparente ou realmente melhor, como forças impulsionadoras normativas na ordem comercial do empreendimento revolucionário.

Se tivermos o direito de narrar a história dos acontecimentos na União Soviética como o drama da inocência perdida da revolução, então o direcionamento do ódio contra os maiores camponeses, e, a partir de 1934, também contra os assim chamados camponeses médios (que possuíam até duas vacas), marcou a passagem para uma psicopolítica aberta das energias sujas. Em seu transcurso, a "classe" dos semifamélicos foi voltada contra a "classe" daqueles que só conseguiam se alimentar em combate — sob o pretexto de que esta seria a forma mais atual da luta revolucionária na terra pátria do proletariado mundial. A justificação desse ponto é oferecida de próprio punho por Stalin, uma vez que, cavalgando sobre a vassoura de bruxa de uma iluminação solitária, trouxe consigo uma nova "análise de classe": de acordo com essa análise, em nome do marxismo clássico, as pessoas podiam ser convocadas para "liquidarem o culaquismo enquanto classe". Era considerado como culaque ou como "grande camponês" qualquer um que gerasse o suficiente para alimentar a própria família e alguns trabalhadores auxiliares — com excedentes ocasionais que podiam ser vendidos nas feiras semanais ou no comércio municipal. No futuro, essa injustiça em relação às massas operárias não podia ficar sem punição. Para vingar-se disso foi demonstrado o que o "terrorismo num país"[71] estava em condições de realizar.

A lição incompreendida dos processos escondeu-se no seio da ampliação arbitrária do conceito de "luta de classes". De repente, não se dizia mais que a época da burguesia teria "simplificado" as contraposições entre as classes e transformado as primeiras na clara oposição entre burguesia e proletariado, tal como estabelecera o *Manifesto comunista*. Depois de Stalin ter elevado os culaques ao nível de uma "classe" e cunhado sobre eles o predicado "contrarrevolucionários", liberou-se da noite para o dia a liquidação dos mesmos, que assumiram o lugar da burguesia já praticamente extinta. A partir daí, tornou-se evidente para quem quisesse entender que a demarcação dos limites separando os liquidantes daqueles que precisavam ser liquidados estava virtualmente ligada a todo tipo de "análise de classe". Mesmo Mao Tsé-tung acabou por enunciar uma "nova análise de classes", ao incitar a juventude chinesa contra a "classe" dos velhos no interior da grande revolução cultural.

Observemos bem que não se está falando aqui sobre *finesses* terminológicas. Quem continua a falar de classes depois de Stalin e Mao está enunciando algo sobre o grupo de agentes ou de vítimas num genocídio (de classes) potencial ou atual. Como marxistas mais perspicazes sempre o souberam, é só na superfície que a "classe" é um conceito descritivo da sociologia. Na verdade, cabe a ele principalmente uma realidade estratégica, uma vez que o seu conteúdo só se materializa por meio da formação de uma coletividade combativa (de uma unidade máxima de cooperação no estresse que é formada confessional ou ideologicamente).[72] Quem o utiliza afirmativa e, *eo ipso*, performativamente, faz por fim um enunciado sobre quem deve ter o direito de eliminar quem e sob que pretextos.[73] O público ainda não tomou conhecimento do quão amplamente o

---

71. Quanto à figura do "terror num país", cf. Arno Mayer, *The Furies: Violence and Terror in the French and Russian Revolutions* [As fúrias: violência e terror nas revoluções francesa e russa], Princeton, 2000, p. 13; 607-701.

72. Cf. Heiner Mühlmann, *MSC — Maximal Stress Cooperation: the Driving Force of Cultures* [Máxima cooperação no estresse: a força condutora das culturas], Viena/Nova York, 2005.

73. Por isso, não é tão inofensivo que Antonio Negri chegue à seguinte constatação em *Multitude*, op. cit.: há "uma quantidade potencialmente ilimitada de classes" ao lado do *front* primário entre trabalho e capital. Mesmo a simplificação pós-socialista dos *fronts* pós-modernos na oposição entre ricos e pobres enquanto "classes" não seria sem riscos. Diante do pano de fundo do terror comunista é preciso admitir a questão de saber se mesmo nos discursos de hoje novas comunidades de luta não são dotadas de um mandato oculto para ações sangrentas.

classismo possui uma posição hierárquica mais elevada do que o racismo no que diz respeito à liberação de energias genocidas no século XX.

O que entrega aos processos desencadeados pelas improvisações de Stalin a sua inquietante significância é a facilidade com a qual os líderes do partido comunista soviético conseguiram induzir em inúmeros participantes do jogo sujo aquela embriaguez que torna os seus portadores aptos a funcionar como auxiliares na extinção de "classes" depreciadas. A pesquisa em geral apresentou uma grande quantidade de explicações elucidativas acerca dos motivos que levaram algumas pessoas a ajudar voluntariamente Hitler; no que diz respeito aos exércitos de auxiliares de Stalin, esses motivos permanecem velados nas catacumbas da história. De fato, junto aos excessos genocidas em nome da classe veio à tona em que medida mesmo o "laço social" evocado pelos sociólogos sempre foi tecido a partir do ódio. Onde a inveja cobre o tecido da justiça social, entra em ação um prazer na humilhação que já se mostra como a meio caminho da aniquilação.

O sistema bolchevique nunca mais teria conseguido se recuperar desse enodoamento — que quase não havia como ser superado nem mesmo pelos processos moscovitas — se o stalinismo não tivesse sido salvo pela guerra de Hitler na União Soviética. A fúria idealizadora de seus agentes e simpatizantes nunca teria sido suficiente para compensar os obscurecimentos da experiência soviética em seu todo, se tivesse podido ter lugar no país um esclarecimento apropriado e oportuno sobre o que tinha ocorrido. O imperativo anti-Hitler daqueles anos cuidou para que, em relação às atrocidades do stalinismo, o interesse pela não percepção se mantivesse; e isso precisamente junto a partidários e simpatizantes ocidentais, que insistiram em permanecer sem serem tocados pelos fatos. Em inúmeros indivíduos pertencentes à nova esquerda no Ocidente, a fase de uma névoa desejável acabou por se manter até o choque de Soljenitsin em 1974. Foi somente com a publicação de *Arquipélago Gulag* e graças aos escritos dos *nouveaux philosophes* que se impôs uma ótica alterada, apesar de alguns porta-vozes da eterna militância terem continuado mesmo então a se satisfazer com a modernização de sua ignorância protetora.

Depois de 22 de junho de 1941, na batalha militar em que os russos se defenderam dos invasores alemães, foi colocado mais uma vez à prova o fato de que, por meio da provocação do *thymós* nacional, as mais poderosas energias cooperativas e combativas podem ser liberadas numa coletividade atacada, mesmo se esta tiver acabado de sofrer no *front* interno as mais profundas humilhações — sim, talvez justamente nesse caso, contanto que a guerra possa trazer consigo um certo descanso em relação à infâmia ideológica. Por isso, foi inicialmente coerente, quando a propaganda stalinista designou a luta contra os exércitos de Hitler como a Grande Guerra Patriótica — numa analogia consciente com a "guerra patriótica" dos russos contra Napoleão em 1812. A amarga ironia da história só se descortinou quando o heroísmo e a prontidão para o sofrimento do povo russo e de seus povos aliados foram creditados, uma vez vencida a batalha, na conta do "antifascismo".

Uma vez que, tal como apresentou Boris Groys, o comunismo enquanto poder mobilizador se realizou desde o princípio exclusivamente por intermédio da linguagem[74], não é de se espantar que também nesse ponto os seus sucessos tenham se mostrado antes de tudo na imposição de uma regulamentação linguística estratégica. Por razões bem compreensíveis, essas regulamentações iam muito além da esfera dos ditames soviéticos. A engenhosa autoapresentação do fascismo de esquerda como antifascismo tornou-se em todo o âmbito de influência do stalinismo, e para além desse âmbito, na nova esquerda, o jogo de linguagem predominante do período do pós-guerra — com efeitos de longo prazo que podem ser constatadas até o presente em subculturas dissidentes do Ocidente, a saber, na França e na Itália. Não é nenhum exagero designar a fuga dos esquerdistas radicais para o "antifascismo" como a manobra político-linguística mais bem-sucedida do século XX. Compreende-se a partir das premissas que isso tenha sido e permanecido a fonte de confusões muito bem-vindas.

O prosseguimento do jogo por parte da esquerda ocidental depois de 1945 aconteceu antes de tudo a partir da busca de uma autoamnésia abrangente. A esse imperativo permaneceram subordinadas a assim chamada elaboração do passado e a busca pelas "fontes" do fascismo — apesar de o retorno à contribuição inicial de Lenin ter sido bloqueado desde o princípio por meio de uma interdição de pensamento. Pode-se explicar sem esforço por que a esquerda necessitava desse perdão. Em face da balança assoladora do stalinismo havia para ela um excesso de erros, descasos e ilusões a retocar, a desculpar, a relativizar. Os companheiros de estrada bem-intencionados sabiam o que eles não queriam saber — e do que eles não

---

74. Cf. Boris Groys, *Das kommunistische Postskriptum* [O pós-escrito comunista], Frankfurt, 2006.

tinham ouvido nada no tempo crítico. (Sartre, por exemplo, estava informado da existência de mais de dez milhões de prisioneiros nos campos de concentração soviéticos e se calou, para não sair do *front* dos antifascistas.) Suas cooperações sempre problemáticas com os manipuladores moscovitas, a cegueira frente aos primeiros sinais e a abrangência crescente do terror vermelho, a simpatia zarolha pela causa comunista há muito comprometida em termos de teoria e prática — tudo isso exigia urgentemente compreensão, transfiguração e perdão. Naturalmente, a absolvição precisava ser concedida pelas próprias pessoas e a partir do próprio fundo, uma vez que as instâncias independentes, que poderiam ter dado o perdão, não se encontravam à disposição.

Não se pode afirmar que a extrema esquerda teria poupado a si mesma depois da Segunda Guerra Mundial. Em sua profunda compaixão para consigo mesma, ela galgou as alturas bocejantes da generosidade. Uma vez que sempre levou a campo o seu antifascismo, ela reclamou, juntamente com a legitimidade histórica fundamental — as pessoas estavam afinal buscando algo grandioso —, o direito de prosseguir a partir de onde os revolucionários de Stalin tinham parado. Inventou-se uma matemática moral mais elevada, segundo a qual tinha de ser considerado inocente quem pudesse provar que um outro era mais criminoso do que ele. Graças a tais cálculos, Hitler despontou para muitos como o salvador da consciência. Para desviar das afinidades do próprio engajamento com as premissas ideológicas das modificações mais abrangentes na história da humanidade, foram encenados processos teatrais em termos de história das ideias nos quais tudo desembocava nos libertos da guerra mundial, os consumadores do Ocidente. Graças a formas desmedidas de crítica cultural — por exemplo, graças à recondução de Auschwitz a Lutero e a Platão ou à criminalização da civilização ocidental —, tentou-se apagar os rastos que revelavam o quão próximo se estava de um sistema genocida de classes.

A astuta redistribuição da vergonha não deixou de alcançar o seu efeito. Levou-se de fato as coisas a tal ponto que foram denunciadas quase todas as críticas ao comunismo como "anticomunismo", e esse "anticomunismo", como uma continuação do fascismo com meios liberais. Se depois de 1945 não havia nenhum ex-fascista declarado, não faltavam paleostalinistas, ex-comunistas, comunistas alternativos e inocentes radicais das alas mais extremas que portavam as cabeças tão erguidas que se poderia pensar que os crimes de Lenin, Stalin, Mao, Ceausescu, Pol Pot e outros líderes comunistas tinham sido cometidos em Plutão. A análise timótica torna esses fenômenos compreensíveis. Os mesmos homens que por boas razões estão por demais orgulhosos face à realidade — *on a raison de se révolter* — estão por vezes, por razões menos boas, orgulhosos demais frente à verdade.

O maoismo: sobre a psicopolítica do puro furor

Quem tivesse acreditado que o direcionamento de energias timóticas por meio do *management* stalinista da ira teria alcançado um grau de frieza política real que não poderia mais ser ultrapassado constata agora duplamente por meio do maoismo que as coisas não são bem assim. A primeira lição está contida na descoberta levada adiante por Mao Tsé-tung de um novo tipo de guerrilha, que passou por sua prova de ferro no período da guerra civil entre 1927 e 1945 — e ela serviu como fonte de inspiração a inúmeros "exércitos de libertação" do Terceiro Mundo; a segunda lição pode ser aprendida por meio da famigerada revolução cultural dos anos 1960, junto à qual, como todos se lembram, um desencadeamento do ódio da juventude rebelada contra a geração mais antiga dos detentores da cultura assumiu a posição da luta entre classes sociais. Também neste caso, os problemas do *management* da ira se encontravam no centro. O que marcou a política de Mao desde o primeiro instante foi a substituição metodicamente empreendida de energias revolucionárias em falta por meio de uma direção político-militar de um furor provocado e instrumentalizado entre grupos.

A fama de Mao Tsé-tung está ligada em primeira linha com as suas realizações espantosas como cérebro estratégico da guerra civil de 25 anos, uma guerra na qual se lutou pelo poder na China pós-feudal. Os protagonistas dessa luta épica, os Kuomintang e os comunistas, cooperaram inicialmente de 1924 a 1927, e posteriormente de 1937 a 1945; na primeira fase, numa marcha conjunta contra os senhores da guerra nas províncias do país; na segunda, contra os invasores japoneses. De 1927 a 1936 e de 1945 a 1949, eles se confrontaram em parte aparentemente, em parte realmente, como inimigos encarniçados. Os anos de aprendizado militar de Mao iniciaram-se na resistência das tropas comunistas ao domínio único do general nacional-revolucionário Chiang Kai-Chek que, depois de sua famigerada ofensiva de março de 1927 em Xangai contra os comunistas que tinham sido até então seus aliados, tomara para si o poder completo. Em seu romance *A condição humana*, de 1933, André Malraux escolheu como ação de fundo o ataque dos guerreiros Kuomintang aos comunistas de Xangai, a fim de retratar uma cena embebida em ódio e desespero ativo. Diante dessa loucura, a ideia do engajamento absurdo ganhou perfil, e estendeu suas sombras na variante sartreana sobre a inteligência europeia depois de 1945.

As intuições estratégicas de Mao Tsé-tung partiam da constatação de que a ira antifeudal difusa entre as "massas" de camponeses chineses constituía uma base insuficiente para a mobilização das tropas ascético-heroicas de que ele necessitava. Visto que o que estava em jogo para Mao jamais poderia ser a organização de um movimento proletário-industrial — nesse aspecto, a China ainda era menos desenvolvida do que a Rússia de 1917 —, ele se deparou bem cedo com o problema de saber como seria possível construir uma máquina de guerra eficiente a partir de meras energias camponesas. A solução consistiu no esboço de uma doutrina de guerrilha, talhada para a luta de pequenas tropas móveis contra unidades maciças do poder estatal. Essa doutrina repousava sobre o princípio tão simples quanto eficaz de usar a supremacia do adversário como força de alavanca para a elevação das próprias forças. Mao observou como a brutalidade do aparato militar estatal dirigido por Chiang Kai-Chek impelia a multidão excitada dos habitantes do país ao grau de desespero necessário para, sob a condução apropriada, se defender em solo próprio a todo custo contra invasores armados.

Ao retirar daí as últimas consequências, Mao chegou à compreensão de que para os fracos a mobilização ao extremo era a chave para o sucesso. Essa mobilização certamente não podia, tal como ele ensinara, ter sucesso apenas por meio de uma "guerra agrária revolucionária". Muito mais adequada para a grande mobilização desejada seria uma guerra nacional — e para tanto, a invasão japonesa de 1937 acabou por fornecer-lhe as condições almejadas. Sebastian Haffner designou essa virada significativa em termos da história da guerra a descoberta da "guerrilha total" — com clara alusão à proclamação histérica de Goebbels da "guerra total". Mao demonstrou efetivamente que mesmo a pequena guerra é passível de ser elevada ao seu extremo específico.

Num lúcido comentário aos escritos teóricos de Mao Tsé-tung sobre a guerra, Haffner expôs a exploração da guerra nacional para as metas da guerrilha revolucionária como uma inovação de Mao a fazer época. Seu princípio era a mobilização integral de combatentes radicalizados que se contrapunham à grande superioridade de tropas medianamente motivadas. Decisivo nesse caso é a firmeza dos líderes em privar constantemente as próprias tropas em luta de toda possibilidade de retirada, a fim de expô-las a situações de estresse absoluto. Dessa maneira, a guerra deveria por assim dizer ser projetada para o plano molecular. Mesmo a menor aldeia tomada pela guerra precisava se transformar, segundo a vontade dos comandantes, num reator de desespero pronto ao sacrifício. O lema de Mao era por conseguinte: "A força da China reside em seu extremo estado de necessidade."[75] A guerra popular revolucionária pretendia representar um plebiscito diário sobre a prontidão para os excessos. O maior líder seria consequentemente o estrategista que só levasse suas tropas à luta quando o seu furor desesperado prometesse vitória.

Enquanto para Clausewitz a guerra seria "um ato de violência" que tinha por intuito "obrigar o adversário a realizar a nossa vontade", Mao parte do axioma de que a guerra não seria outra coisa senão o procedimento de "preservar a si mesmo e de aniquilar o inimigo". Esta é a definição de guerra da era biológica, que vê o palco mundial povoado apenas pelos complexos vitais concorrentes. Neste caso, *nota bene*, a concorrência não é compreendida como apelo ao juízo do mercado sobre o produto mais útil possível, mas como competição aniquiladora no campo de batalha das vitalidades. Graças a esse aguçamento, encontrou-se um caminho para superar os traços amadores nas ações ligadas ao terror próprias aos revolucionários bakuninianos, assim como para substituir esses traços por meio de um exterminismo consequente — como só o conhecemos a partir dos conceitos hitleristas de lutas entre as raças e a partir de sua realização por meio do Estado fascista (em todo caso, a partir dos imperativos de Lenin e de Zinoviev da dizimação global).

À guerrilha total de Mao está ligada uma representação de "crescimento" que permite às células combatentes a princípio bem fracas corromper gradualmente o corpo do inimigo, à medida que se proliferam às suas custas de uma maneira quase imperceptível, mas constante. Poder-se-ia falar de um modelo de guerra que segue o paradigma do adoecimento pelo câncer. A estratégia de Mao possui, portanto, uma grande semelhança

---

75. Cf. Simon Leys, *Maos neue Kleider: Hinter den Kulissen der Weltmacht China* [Os novos trajes de Mao: por detrás dos bastidores da China potência mundial], Munique, 1972, p. 22.

com uma cancerologia política. Nas palavras de Sebastian Haffner: "crescer mais do que o inimigo, crescer e provocar a sua morte [...] essa é a essência da condução maoista da guerra."[76] A preferência bizarra de Mao pela "guerra longa" e impopular emergia da compreensão de que as células revolucionárias precisavam de muito tempo num país vasto para o seu crescimento aniquilador.[77]

Essas poucas referências já deixam claro o seguinte: Mao Tsé-tung não foi marxista em momento algum de seu percurso, por mais que ele tenha se empenhado em manter a aparência de correção revolucionária por meio de um recurso à retórica leninista. Com a sua convicção da possibilidade do grande salto da China do feudalismo para o comunismo, ele se mostrava muito mais como um artista conceitual querendo preencher o espaço supostamente vazio de seu país por meio de uma grandiosa instalação. Com isso, ele montou uma contrapartida asiático-oriental à "obra de arte plena de Stalin", da qual Boris Groys tinha falado em sua recontextualização do vanguardismo soviético.[78] Mao veio à tona como um voluntarista místico, cujas convicções se fundavam antes numa ontologia primitiva do que numa teoria da evolução de estilo ocidental. A melhor forma de designar as suposições banais do líder da revolução chinesa poderia ser a que as toma como uma forma frugal da filosofia da natureza, na qual o motivo da bipolaridade dá o tom. O filho de camponeses Mao era, para falar tipologicamente, um neopré-socrático de escola oriental. Ele traduziu intuições taoistas convencionais no jargão da economia política, com a qual ele só se ocupou, aliás, superficialmente durante a sua vida. Ele não sabia quase nada sobre propriedade, indústria, sistema bancário e cultura urbana. Sobre os camponeses, ele ensinou que se dividem entre grandes, médios e pequenos e que os últimos formam a grande maioria, razão pela qual se devia assumir o controle deste grupo. Podemos retraçar parcialmente por que essa mistura de Marx e Lao Tsé produziu em muitos observadores e visitantes uma impressão de profundidade. Alguns visionários

---

76. Sebastian Haffner, *Der neue Krieg* [A nova guerra], Berlim, 2000, p. 60.

77. Cf. o texto-chave de Mao: *Über den langdauernden Krieg* [Sobre a guerra de longa duração], (maio 1938), in: Mao Tsé-tung, *Vom Kriege: Die kriegswissenschaftlichen Schriften*. [Sobre a guerra: os escritos de ciência da guerra], pref. general de brigada Heinz Karst, Gütersloh, 1969, pp. 181-278.

78. Cf. Boris Groys, *Gesamtkunstwerk Stalin: die gespaltene Kultur in der Sowjetunion* [A obra de arte plena de Stalin: a cultura esgarçada na União Soviética], Munique/Viena, 1988.

ocidentais, como o jovem Philippe Sollers, mesmo em outros casos raramente em penúria de juízos equivocados, achavam realmente que se tratava no caso de Mao de uma corporificação chinesa de Hegel. Com um pouco de distanciamento, contudo, vê-se que não se tinha senão o cruzamento de dois tipos de platitude, tal como estas só se encontram num grande homem.

No que diz respeito ao banco mundial moscovita, ele precisou já bem cedo prestar atenção no ativista Mao Tsé-tung. Num tempo em que a revolução mundial não tinha dado nenhum passo nos países industrializados, notícias de outras frentes de batalha para o comunismo foram acompanhadas da maneira mais precisa possível — mesmo notícias como as vindas da terra feudal e agrária chamada China, assolada pelo caos, uma terra que prometia se tornar a curto prazo mais um peso do que uma ajuda para o Comintern. Antes por razões especulativas do que por simpatia, as iniciativas de Mao foram fomentadas significativamente pelo Comintern, assim como, aliás, as de Chiang Kai-Chek, uma vez que agradava à direção comercial moscovita se ver no papel de titereiro puxando os fios dos bonecos concorrentes. Para Moscou, porém, Mao sempre foi no fundo um parceiro desagradável visto que, graças a seu sucesso, ele revelava o segredo do voluntarismo bélico, que também havia marcado desde o início as iniciativas de Lenin. Quem levasse a sério Mao compreendia cedo ou tarde que a Revolução de Outubro não tinha sido senão um golpe de Estado que procurou se qualificar posteriormente como revolução. Mao, por sua vez, foi o dramaturgo de uma guerra de camponeses desprovida de modelos e que culminou na tomada do poder por um general camponês.

Depois da vitória do Exército Vermelho chinês, a psicotécnica mobilizatória de Mao deparou-se com os seus limites, porque a construção de um estado ou de uma economia moderna, quer seja ela concebida de modo hierárquico-estatal ou de modo empreendedor e baseado na economia da propriedade, segue regras completamente diversas daquelas com as quais se pode impelir comunidades de luta timoticamente perfiladas para o interior de uma incandescência prenhe de vitórias. A história do homem de estado Mao Tsé-tung precisa ser consequentemente reproduzida como um relato dos insucessos de um mobilizador excessivo. De fato, o estrategista Mao, mesmo depois de 1949, continuou convencido de que os princípios de sua guerrilha total seriam transferíveis de maneira mais ou menos inalterada para a criação repentina de uma indústria chinesa. Dessa conclusão ilusória resultou a sequência de eventos que conduziu do ominoso "Grande Salto para a Frente" (1958-1961) até a Grande Revolução Cultural (1966-1969, de fato até a morte de Mao em 1976) e, por fim, a marginalização cautelosa do Grande Timoneiro.

Depois da criação da república popular, Mao estava convencido como diretor do banco nacional dos afetos revolucionários de que disporia de um crédito ilimitado se conseguisse reunir o tão bem testado amálgama de ira, desespero e orgulho revolucionário, um amálgama que, durante a era da guerra civil, sempre tinha se mostrado para ele de uma serventia extremamente espantosa. Para levar adiante a industrialização da China, ele indicou no ano de 1958 a solução: "o Grande Salto para a Frente." Em relação a essa solução, todos os observadores independentes reconheceram que ela não estava subordinada a outra coisa senão à psicotização intencional de todo o país. No entanto, o que já distinguia outrora a China era a liquidação de toda e qualquer forma de observação interna independente, de modo que os humores e as palavras de Mao para 600 milhões de pessoas significavam leis diárias e verdades eternas.

Sob essas condições, a maior travessura na história econômica da humanidade pôde ser apresentada como resultado de um elevado gênio político: um gigantesco aparato de propaganda voltou-se durante anos para a propagação da ideia de que seria proveitoso para o bem-estar da China e de sua gloriosa revolução que — simultaneamente à coletivização forçada da economia rural — a produção de ferro fosse deslocada das cidades para as aldeias. Centenas de milhões de camponeses ignorantes, estarrecidos e contrariados foram reunidos coercitivamente em cooperativas com as quais não tinham nenhuma familiaridade. Resultado: sua motivação e sua capacidade de trabalho se enfraqueceram repentinamente. Ao mesmo tempo, eles se viram colocados da noite para o dia diante da tarefa de erigir altos-fornos primitivos, a fim de elevar com métodos locais a geração de aço do país — outrora um dos principais indicadores da capacidade de realização da economia de um povo. A meta oficialmente anunciada era ultrapassar em quinze anos a produção *per capita* da Inglaterra. Os produtos dessas atividades frenéticas, cuja inutilidade logo veio à tona, foram levados para depósitos afastados e empilhados em montanhas — se algum dia puder existir uma desmaoização da China, será preciso declarar essas surrealistas áreas ferruginosas escondidas uma herança cultural da humanidade. (Uma desmaoização da China, porém, continua sendo uma hipótese implausível: politicamente porque o ícone de Mao Tsé-tung representa mesmo para a atual liderança do país um meio de integração indispensável; culturalmente porque o sinocentrismo irrefletido impede quase categoricamente um esclarecimento dos chineses quanto a sua própria história por meio de chineses mais bem informados no exterior ou por meio de não chineses.[79] Por outro lado, uma desmaoização formal não se encontra mais na ordem do dia porque a China, com a sua nova política econômica, já virou fatidicamente as costas há muito tempo para os sonhos e pesadelos do tempo de Mao.)

Apesar do completo disparate próprio a esse tipo de produção, logo inteiramente reconhecido pelos líderes, a mobilização dos trabalhadores prosseguiu de maneira ininterrupta. Imagens cinematográficas deste tempo mostram inúmeros trabalhadores rurais chineses diante de um horizonte infinito, movimentando-se freneticamente de um lado para o outro num desordenado balé entre fornos fumegantes. A negligência em relação à economia rural foi considerada por Mao e por seus homens de confiança como uma consequência secundária inevitável do novo estabelecimento de prioridades. De acordo com avaliações atuais, a farsa do Grande Salto custou a vida de algo entre 35 e 43 milhões de pessoas (segundo cálculos mais conservadores, algo em torno de 30 milhões); em algumas províncias, 40% da população morreu de fome e de esgotamento prescrito. Estamos lidando aqui com um caso único de aniquilação maciça de pessoas por meio do trabalho, que não dependia sequer do estabelecimento de campos de concentração. O fato de a liderança chinesa insistir ao mesmo tempo na criação de um gulag próprio é atestado pela regra de que nenhum fascismo ao chegar ao poder se priva do

---

79. Estes dois pontos podem ser deduzidos das reações dos chineses às afirmações devastadoras da grande biografia de Mao Tsé-tung por Jung Chang e Jon Halliday: a publicação do livro na China foi proibida pelo governo; intelectuais chineses patrióticos recusaram o trabalho, considerando-o de acordo com as suas primeiras impressões, uma intromissão externa em questões internas chinesas. As implicações teórico-civilizatórias dessas reações de defesa alcançam uma dimensão profunda, orientando-se em última instância contra a importação de uma ética vitimocentrista. Ou seja, se os chineses não perguntam pelas vítimas da política de Mao, emigrantes e, com maior razão, historiadores e investigadores bisbilhoteiros vindos do Ocidente, não têm o direito de impor-lhes tais perguntas. O *leitmotiv* existente na China desde 1981, segundo a qual a herança de Mao seria 70% boa, 30% ruim, faz com que entre 60 e 70 milhões de vidas que devem ser debitadas à conta do maoísmo após 1949, se mostra como um peso que só pode ser controlado por meio dessa arte própria ao país que é a da realização de avaliações.

desagravo de esmagar os seus adversários, encurralando-os de maneira desumanizadora.[80]

Durou muitos anos até que a direção do partido se prontificasse a admitir o malogro da campanha — quase até o fim não se encontrou ninguém que estivesse disposto a chamar para si o ousado intuito de esclarecer Mao diretamente sobre as suas intervenções equivocadas. As únicas exceções foram o marechal Peng Te-huai, que, em face do colapso patente, já atacara Mao pessoalmente na conferência de Lushan no verão de 1959 (para logo em seguida ser retirado de circulação), e alguns escritores, que se tornaram vítimas circunstanciais de fortes represálias. Os outros membros do quadro de liderança silenciaram ou se abrigaram em doenças diplomáticas a fim de evitar Mao nas conferências críticas. O próprio Mao, ao se ver discretamente confrontado com o elevado número de vítimas de suas diretrizes, parece ter dito que mesmo os mortos poderiam ser úteis, uma vez que adubavam a terra da China.

A técnica mobilizatória de Mao Tsé-tung alcançou o último cume entre 1966 e 1969, quando o líder entrementes marginalizado quis retomar para si uma vez mais o poder, descobrindo um novo capital de ira facilmente ativável. De maneira similar a Stalin, que encenou uma pseudoluta de classes entre os mais pobres e os não totalmente pobres junto à população campesina da União Soviética por meio da abertura de violentas reservas de ressentimento, Mao descobriu em seu reino uma nova "oposição entre classes" — a oposição entre os jovens e os mais velhos, ou, como ele desejava, a oposição entre os elementos vivos do movimento e os elementos da cristalização burocrática. O acirramento intencional dessa "oposição" acabou por ajudar Mao a retomar ainda uma vez o seu conceito de guerrilha total. Evidentemente, a sua doutrina da guerra eterna, estabelecida quase em termos de filosofia da natureza, apropriou-se das oposições para tornar toda diferença social estruturalmente condicionada ponto de partida de uma guerra civil passível de ser declarada luta de classes — dez mil pés para além da confrontação entre trabalho e capital. Com isso, o Grande Timoneiro mostrou-se até o fim amargo da Revolução Cultural aquilo que ele desde o princípio tinha sido — um senhor da guerra com mentalidade nacionalista seguindo princípios fascistas de esquerda e ambições imperiais. Ele permaneceu o homem que sempre precisava de novos pretextos para a luta a fim de se manter no poder —

---

80. Cf. abaixo p. 274.

e que não precisava de nenhum esforço para abandonar cada um deles logo que as circunstâncias o permitiam ou exigiam.

Era suficiente para Mao identificar uma nova coletividade qualquer do ressentimento, a fim de incitá-la contra o seu inimigo designado — já se podia fazer o conflito passar pela figura atual da "luta de classes". O fato de uma "classe" só surgir em sua luta ou em seu combate — este era um princípio estratégico da esquerda habilidosa que acabou por se confirmar de maneira evidente a partir de uma dada ocasião. Dessa vez, Mao quis esmagar o aparato do partido em torno de Liu Shao-chi, que tinha ousado marginalizá-lo depois do malogro do Grande Salto. Na doutrina chinesa das listas estratégicas, o procedimento escolhido para tanto figura sob o título: "Matar o inimigo com faca alheia."[81] Mao encontrou o instrumento numa torrente de jovens enfurecidos, que abandonaram, ao chamado do líder, suas escolas e universidades, a fim de, como pássaros migratórios libertos, difundindo terror físico e psíquico, se espraiar por todo o país. A palavra-chave para esse enxame rebelde da juventude sobre as aldeias se denominou novamente de elo entre teoria e prática.

Todos se lembram das imagens dos encontros de Mao em Pequim que sempre tinham mais de um milhão de eufóricos estudantes e guardas vermelhos vindos de todas as províncias. Mao lhes expunha a sua compreensão frente aos exageros que deles se podia esperar. Não faltaram consequências sangrentas das comunhões revolucionárias entre o semideus e a multidão. O sentido desses comícios não é sempre que o povo tenha a ocasião de ler os pensamentos do príncipe? Entre as cenas expressivas da Revolução Cultural estão as humilhações públicas de eruditos, que foram caçados com toucas vexaminosas pelas praças, surrados, obrigados à autoacusação e, em inúmeros casos, assassinados. Ainda hoje são encontradas nos mercados de pulga de Pequim esculturas em cerâmica com o estilo real-socialista daquela época, que mostram um professor de joelhos sob a bota de um membro da brigada vermelha, uma placa em torno do pescoço portando os dizeres: "Sou um fétido número nove" — o que significa: um intelectual.

É bom não esquecer que a Faculdade de Filosofia da Universidade de Pequim renomeou em 1966 a sua disciplina, passando a chamá-la Pensamento Mao Tsé-tung. Para os empreendedores da unificação dos currículos

---

81. Cf. Xuewu Gu, "List und Politik" [Astúcia e política], in: Harro von Senger (org.), *Die List* [A astúcia], Frankfurt, 1999, p. 428 et seq.

nas universidades e escolas superiores de arte da União Europeia (do assim chamado processo de Bolonha) é preciso observar o seguinte: entre as metas da Revolução Cultural chinesa estava presente o encurtamento do tempo de estudos. Foram quatro anos inteiros até que as escolas na China tivessem novamente a possibilidade de um funcionamento regular. Até aquele momento, segundo avaliações mais recentes, aproximadamente cinco milhões de pessoas perderam suas vidas. A economia chinesa ainda sofreu por uma década da eliminação de anos letivos inteiros.

Os acessos de loucura com jeito de holocausto no contexto da Revolução Cultural — minimizados pelos observadores ocidentais como meras grandes desordens — aconteceram mais ou menos ao mesmo tempo que os movimentos estudantis de Berkeley, Paris e Berlim, nos quais também havia por toda parte grupos engajados que tomavam o pouco que sabiam sobre os acontecimentos na China e sobre as suas causas como motivo suficiente para se apresentarem como maoístas. Alguns adoradores janotas de Mao que, como de costume, há muito já se desculparam a si mesmos, continuam ativos até hoje como moralistas políticos. Tendo chegado à idade das *mémoires*, eles apresentam, não sem alguma razão, o maoísmo ocidental e a sua participação em suas *performances* como uma forma tardia infeliz de surrealismo.[82] Outros consideram perdoar-se como algo que não condiz com a sua dignidade, mantendo a convicção de que no fundo continuariam tendo razão — apenas o curso das coisas é que teria tomado (sobretudo depois do "termidor" do pérfido Deng) a direção errada, a fim de deixar que a "restauração" assumisse uma vez mais o timão.[83] Por volta de 1968, Paris parecia estar firmemente nas mãos do folhetim radical, que via na pessoa do presidente Pompidou, um homem de centro-direita, a direita radical no poder — e que não fazia nenhum segredo de suas simpatias pelos acontecimentos na China, na terra dos jornais murais, da bíblia Mao e do assassinato dos eruditos. Uma vez mais o *mal français*, a divisão do mundo em revolução e restauração, conseguiu desencadear uma epidemia global, apesar de se limitar preponderantemente a círculos

---

82. Em seu livro de memórias, *Une Rage d'enfant*, Paris, 2006, p. 114 et seq., André Glucksmann lastimou *expressis verbis* a sua participação no insano culto a Mao, na França, entre 1968 e 1972.
83. Uma defesa do maoísmo "autêntico", assim como um exemplo impressionante do anacronismo soberano, é oferecido por Alain Badiou em seu livro *Le Siècle*, Paris, 2005, p. 89 et seq.

acadêmicos. Quando, em consequência do degelo político de 1972, um presidente americano visitou pela primeira vez a República Popular da China, muitos membros da nova esquerda na Europa e na América se indignaram com a ideia de uma figura luminosa como Mao poder apertar as mãos de um patife do porte de Richard Nixon. No mesmo ano, André Glucksmann expressou em *Les Temps Modernes* a opinião de que a França era uma ditadura fascista.

A escola superior da incorrigibilidade encontrou o seu mestre em Jean-Paul Sartre, que tinha feito há ainda mais tempo da simpatia pela violência revolucionária um exercício autotorturante. E, contudo, mesmo ele não foi mais do que um representante eminente de uma geração de faquires que se torturavam na cama de pregos da autodepreciação, a fim de expiar o fato de fazerem parte da burguesia. Ainda hoje é doloroso para um europeu com um resquício de tato histórico rever as imagens de 1970, que mostram um dos maiores intelectuais do século, autor de *O ser e o nada* e *Crítica da razão dialética*, como vendedor ambulante de um jornalzinho edificante radicalmente confuso da *Gauche prolétarienne* maoísta, com o intuito de se colocar a favor, tal como se dizia, da liberdade ameaçada daqueles que pensam diferente na França.

Tais tomadas momentâneas pertencem à fase final de um ciclo de aprendizado que se estendeu por duzentos anos. Em seu transcurso, a esquerda europeia procurou incansável e infatigavelmente por um modo de procedimento que criasse uma linguagem para a ação política apropriada. Quanto mais grotescas as imagens, tanto mais claramente elas tornam concebível o quão profundamente alcança a incompatibilidade entre a ira e o princípio da conveniência. Nelas, podemos simplesmente apreender o paradoxo da política revolucionária. Desde sempre, essa política vem se esfalfando em meio à tarefa de comunicar a medida para algo que segue por si mesmo o ímpeto rumo ao desmedido.

A mensagem de Monte Cristo

Três anos antes do surgimento do *Manifesto do Partido Comunista* em fevereiro de 1848, a esfera pública francesa foi tomada por uma febre romanesca que a mobilizou por quase um ano e meio. De agosto de 1844 até janeiro de 1846 desenrolou-se diante dos olhos de um público enfeitiçado e insaciável a maior fábula vingativa da literatura mundial, uma obra narrativa sob a forma de romance folhetinesco de 150 capítulos publicados no *Journal des débats*, que adquiriu ainda em 1846 mais de 1.500 páginas na forma de livro. Aquilo que, de acordo com Hegel, não era mais possível no "estado do mundo" moderno, a aparição de um herói cujo percurso pelo mundo *per se* trouxesse como resultado a epopeia, tornava a se apresentar aqui da maneira mais evidente possível, ainda que apenas sob a figura artisticamente menos respeitável do romance de entretenimento. A cultura de massas tornou possível aquilo que havia muito tinha sido proibido à cultura elevada — uma *Ilíada* moderna, cujo herói, um jovem oficial de marinha, Edmond Dantès, denunciado por invejosos e carreiristas, passa quatorze anos inocentemente preso nos calabouços rochosos cercados pelo mar do Castelo de If, para viver depois de sua libertação exclusivamente em nome da execução de seus exultantes juramentos de vingança. O seu martírio tinha começado durante a estada de Napoleão em Elba, em 1814 — o caminho do ressuscitado conduziu, depois de uma década de retirada regenerativa, de viagens e de preparações da vingança, para a Paris de 1838, durante o mais elevado florescimento da monarquia de julho, quando o mundo da grande burguesia financeira tinha tomado as rédeas das mãos da velha aristocracia.

O título e o transcurso da ação do romance não deixam nenhuma dúvida quanto ao fato de Dumas ter desejado narrar a história de um messias que retornava para se vingar. Não é à toa que o texto do mentor espiritual e companheiro de calabouço de Edmond Dantès, o abade Faria, um escrito que o herói reencontra ao final de sua batalha na antiga prisão, traz o seguinte lema teológico-irado: "Tu arrancarás os dentes do dragão e pisarás nos leões, disse o Senhor."[84] Fiel ao seu juramento, o misterioso conde quer dar uma demonstração de "quantos males um homem poderia infligir aos seus inimigos em nossos tempos modernos com uma fortuna de treze ou quatorze milhões".[85]

Como mestre do entretenimento de massas, o romancista compreendeu que nada fala tão intensamente à fantasia do grande público quanto a história da salvação profanada. Dumas talvez tenha sido o primeiro

---

84. Alexandre Dumas, *Der Graf von Monte Christo*, Munique, 2002, v. 2, p. 675. [Ed. bras.: *O conde de Monte Cristo*, trad. André Telles e Rodrigo Lacerda, Rio de Janeiro, Zahar, 2008.]

85. Ibid., v. 1, p. 221.

homem a ver a missão metafísica da cultura de massas na transferência do mito do retorno do céu para a terra. A partir da ira de Deus deveria surgir a vingança humana — a partir da espera pelo desagravo no além, uma prática no aquém; uma prática suficientemente fria para alcançar com circunspecção a sua meta, mas também calorosa o bastante para não desistir de modo algum da exigência por satisfação. Aqui, a vingança foi abertamente descrita como aquilo que ela sempre significou segundo a sua natureza timótica — como a suspensão da insuportável falta de sofrimentos, que se mostra dominante num mundo cheio de injustiças não castigadas.

De acordo com esse ponto de vista, Edmond Dantès corporifica a alma do mundo da época burguesa. Dá-se para ele com uma evidência clara e simples aquilo que os transformadores políticos do mundo de outrora ainda precisavam primeiramente buscar. Ele é o homem que encontrou a sua luta. Seu *modus vivendi* é penetrado por uma motivação que elimina toda plurissignificância. Quem vive em função da vingança possui aquele "para-quê" simples e irrefutável que, segundo Kierkegaard, distingue o apóstolo do gênio.[86] Pois se o gênio sempre precisa esperar novamente por *insights* — e *insights* são volúveis o suficiente para mudar de direção em cada ocasião —, o apóstolo sabe de uma vez por todas o que precisa fazer. Aquilo que os jovens hegelianos do outro lado do Reno postulavam na mesma época em expressões filosóficas transformou-se graças a Alexandre Dumas em verdade para o mundo do romance com todas as consequências. *O conde de Monte Cristo* forneceu o correspondente francês para as teses marxistas de Feuerbach. Por meio de um grande aparato narrativo, essa história deu vazão à sentença: "Sob pretextos diversos, os humilhados e ofendidos foram até aqui indulgentes com os patifes deste mundo; chegou a hora de nos vingarmos deles."

A passagem para a vingança ativa pressupõe que esteja desde o princípio claro para o vingador onde é que ele deve procurar os malfeitores. Dumas não deve nada a essa lei da grande história da vingança. Desde o primeiro dia do transcurso da ação, os seus vilões são identificáveis de maneira precisa — todos trazem a face da classe dominante na era do reinado burguês. De certa maneira, eles são inteiramente "máscaras

---

86. Søren Kierkegaard, *Über den Unterschied zwischen einem Genie und einem Apostel* [Sobre a diferença entre um gênio e um apóstolo] (1848).

figurativas do capital" — no entanto, a sua culpa não pode ser de modo algum reduzida à sua situação de classe. A série de vilões é liderada pelo pequeno velhaco Caderousse, que desempenha o papel de um intermediário na traição a Dantès — ele corporifica o tipo do eterno cúmplice, que fareja o que é vantajoso para si em todos os regimes, indiferentemente do fato dessa vantagem se dar em francos, em rublos ou em dólares. A ele se segue a figura do juiz corrupto Villefort, que sabia da inocência do acusado e, apesar disso, o condenou à prisão perpétua, a fim de não prejudicar a sua própria carreira — também ele se mostra como a suma conceitual do oportunista atemporal, em relação ao qual não é de se espantar que tenha conseguido ascender ao cargo de Procurador-Geral. Por fim, os dois autores imediatos do complô contra o jovem capitão, Fernand e Danglars, dos quais o primeiro tinha forjado o plano pérfido por ciúme e o segundo por ambição carreirista. O primeiro chegou a general sob o reinado de Luís Felipe, o segundo tornou-se banqueiro farto, adornado com título de nobreza comprado. O espectro dessas carreiras é extremamente elucidativo: diferentemente da época da reação dos Bourbons, os arrivistas da Monarquia de Julho não estão mais cativados pela alternativa fatal entre o vermelho e o negro. O número de boas posições ampliou-se dramaticamente, a cidade de Paris vibrava com novas oportunidades. Os caminhos que levam para cima se multiplicaram de uma maneira tão intensa que pela primeira vez na história da velha Europa uma nova maioria avançou até o topo.

No retrato dessas figuras, o romancista dá voz à convicção de que o mal nas relações entre os homens não emergiria, no fim das contas, das estruturas sociais, mas antes dos corações dos indivíduos corruptos. Nenhuma rebelião política conseguiu realizar alguma coisa contra a infâmia atemporal — somente a vingança levada tranquilamente às últimas consequências permite restaurar o equilíbrio perturbado do mundo. Por isso, cabe à literatura popular a tarefa de despolitizar a ira dos prejudicados e dirigi-la para os objetos "naturais", os patifes precisamente identificados. A verdadeira satisfação, se pudermos acreditar no evangelho segundo Monte Cristo, não reside na vitória de uma coletividade formada a partir de oprimidos e ofendidos sobre os seus antigos senhores. Ela só se realiza devido à vingança de uma vítima escolhida contra aqueles que puseram as mãos em sua vida.

Somente uma única vez, no ápice da ação vingativa, guardado intencionalmente por Dumas até o fim da ação, irrompe no acerto de contas do conde com os seus inimigos o sopro de uma tensão marcada pela luta de classes. Ao fim de sua obra missionária, Dantès não se satisfaz em arruinar o banqueiro Danglars por meio de operações manipuladas na bolsa; ele precisa impelir sua batalha até a aniquilação da personalidade capitalista enquanto tal. Com isso, Monte Cristo representa a vingança contra o espírito da época burguesa. Por ordem do conde, Danglars é preso por um bando de ladrões italianos sob o comando de um certo Luigi Vampi — um bandido pitoresco, que lê em seu tempo livre a *Vida de Alexandre* de Plutarco, o que nos leva certamente a concluir que era alguém que tinha interrompido os seus estudos. O banqueiro, que só a muito custo compreende o sentido de seu rapto, é mantido de maneira respeitosa e determinada numa caverna afastada. É só gradualmente que passa a ter clareza sobre sua situação: numa cela, o prisioneiro é forçado a escolher refeições do "cardápio de Luigi Vampi". Para cada prato do restaurante alternativo é preciso pagar um certo preço, "tal como é *mister* com todo cristão honesto" — os preços, contudo, são fixados a partir de quantias absurdas, de modo que o avaro, torturado pela fome, se vê obrigado a gastar toda a sua fortuna, até um resto simbólico, com a sua subsistência diária, cinco milhões de francos em doze dias — um montante do qual se relata que é imediatamente doado pelo conde a hospitais e instituições de caridade.

Quem acompanha como leitor mobilizado o declínio de Danglars compreende o quanto Marx não tinha razão ao afirmar que o proletariado não teria nenhum ideal a realizar.[87] Há um idealismo proletário, que se expõe na posse de um sentido para a vingança bem-sucedida. Em tais casos, a crueldade exercida até o fim — tal como no clamor popular em favor da pena de morte — é sentida como realização de uma missão sublime.

Com essas cenas tingidas de maneira extremamente prazerosa, a busca por vingança ultrapassa o limiar para além do qual não se encontra mais em vista nenhuma superação. Quando Danglars, depois de não se terem passado sequer duas semanas, com os cabelos brancos, cambaleia saindo de seu calabouço para alcançar a liberdade, tudo aquilo que poderia ser alcançado sob os auspícios do tribunal terreno tinha acontecido. A mais extrema satisfação é conferida pela destruição do caráter burguês. Por meio dessa destruição, o próprio princípio da carreira corrupta é posto

---

87. Cf. Karl Marx, Friedrich Engels, op. cit., Berlim, 1973, v. 17, p. 343: "A classe trabalhadora não tem nenhum ideal a realizar; ela só tem de liberar os elementos da nova sociedade, que já se desenvolveram no seio da sociedade burguesa à beira do colapso" (*A guerra civil na França*, 1871).

às claras e o carreirista sofre a sua punição completamente merecida. Se estudarmos o cardápio do ladrão de maneira tão atenta quanto lhe cabe como forma gastronômica do *contrat social*, fica evidente que esse cardápio não representa outra coisa senão um comentário popular ao conceito de exploração. Por meio da inversão da direção da exploração, o romancista faz com que do milionário surja um pobre diabo, que vivencia no próprio corpo o que significa lutar diariamente pela mais rala sobrevivência. Ele não precisa vender a sua força de trabalho para sobreviver, mas precisa sacrificar o seu poder aquisitivo para afastar a morte pela fome. A moral das cenas é bem clara. Ela nos diz: todo sanguessuga vive correndo o risco de encontrar mais cedo ou mais tarde um vampiro de ordem superior.

A mensagem decisiva de Monte Cristo tem por meta colocar totalmente fora de jogo o domínio do capital sobre o desejo dos cidadãos. Essa mudança não deve acontecer por meio da expropriação dos meios de produção, tal como queria a vulgata marxista, e sim por meio da descoberta de um tesouro que coloca à sombra até mesmo a maior riqueza oriunda dos negócios industriais e bancários. A solução é: de volta para o tesouro — e não: em frente para a desapropriação dos expropriadores! Assim, a busca ao tesouro se mostra como o fenômeno mais profundo em relação ao trabalho, ao lucro e à redistribuição. Com essa demonstração, abandonamos a cena político-econômica e reemergimos no mundo dos contos de fadas. Mas as camadas mais profundas de toda crítica à economia política não são sempre tocadas tão somente pela crítica própria ao conto de fadas do enriquecimento? Não repousam todas as fantasias monetárias sobre o motivo de que o herói deve encontrar um caminho de acordo com qual as pessoas esgotem os seus meios sem que ele perca em liquidez? Neste caso, não deve faltar ao verdadeiro favorito da fortuna o próprio maná mágico, se é que ele o traz com mãos cheias para o interior do povo. Desde que começou a assombrar como um fantasma oriental as conversas da sociedade parisiense, o misterioso conde corporifica exatamente esse efeito.

Não é realmente de se espantar que tal história termine com uma mentira devota. Depois que o conde resgata todas as contas abertas e elimina um a um os responsáveis por seus sofrimentos com uma fria reflexão, ele renuncia à vingança numa sentimental carta de despedida e reconhece que, tal como Satã antes dele, ele também teria caído na tentação de querer ser Deus. Em seguida, porém, uma vez superada a arrogância de querer realizar por si mesmo o dia da audiência, ele retorna à medida humana. No futuro, ele não gostaria de ser outra coisa senão um homem entre homens, melhor: um homem rico entre gente rica. Ele se despede de seus amigos com a advertência: "Toda sabedoria humana reside nas palavras: esperar e ter esperança!"

Por razões compreensíveis, o público não quer mais ouvir nada sobre este homem. É totalmente justo que o público deixe seguir sem lamentar o rendeiro que perdeu o seu brilho. Mais um ou menos um pertencente à classe satisfeita não altera nada na situação do mundo. De que nos valem os destinos de um desertor que abandona a causa sublime da infelicidade logo que alcança para si mesmo satisfação? Quem rompe o juramento à bandeira feito sob o espírito da vingança perde o direito a nossa atenção. Com um julgamento seguro, o leitor continua se mantendo junto àquele que não abandonou a sua conversão e que, depois de sua ressurreição do cárcere, insiste na execução de sua ira como um direito sagrado. É apenas para ele que também valem os sonhos de Fidel Castro ao folhear nas longas tardes de Havana o seu livro predileto: *O conde de Monte Cristo*.

4

Dispersão da ira na era dos meios

> Os conservadores começam com desilusão, os progressistas terminam com desilusão, todos padecem do tempo e concordam neste ponto. A crise é geral.
>
> Niklas Luhmann, *Protesto* (1996)

Se o traço forte da atual conjuntura psicopolítica do mundo tivesse que ser expressa numa frase, esta teria de ser: entramos em uma era sem pontos de coleta da ira com perspectivas mundiais. Não sabemos mais, nem no céu nem na terra, fazer algo correto com a "fúria justa do povo". A *fureur* sagrada, a partir da qual Jean-Paul Marat, um dos piores e maiores agitadores de 1789, tinha se prometido a criação de uma nova sociedade, está se encaminhando hoje por toda parte para o vazio. Ela não gera senão uma embriaguez insatisfeita e quase não leva mais a termo outra coisa além de ações expressivas isoladas. Por mais gigantesco que seja o modo como precisamos imaginar realisticamente os potenciais contraditórios do presente, quer nos países do centro quer nos da periferia, eles não são mais reunidos sob as formas historicamente conhecidas pelos partidos radicais ou pelos movimentos oposicionistas internacionais, que colocam sob pressão um centro burguês ou um Estado autoritário relativamente pseudoliberal. As quantidades dissidentes vagabundeantes não parecem mais saber se têm ou não têm uma tarefa. Aqui e acolá veem-se passeatas com faixas[1], carros em chamas dão forma à ira dos imigrantes degradados, ondas oportunas de indignação transformam todas as antigas nações culturais em clubes de debate nos quais as pessoas se agitam durante semanas em torno de comparações inadmissíveis em relação a Hitler e de suspeitos voos gratuitos para ministros. Esporadicamente vêm à tona projetos políticos mais ousados ou redes de importância regional (que gostam de se arrogar um significado mundial). Em parte alguma, contudo, articula-se uma visão que aponte para uma conjunção de perspectivas capaz de levar à ação — comentaremos mais à frente o caso excepcional do Islã político.

A dispersão das forças encontra-se num contraste notável com o rumor onipresente acerca da interconexão do mundo levada a termo pelos novos meios de comunicação. Será que essa interconexão não designa

---

1. Manfred Hättich, *Zornige Bürger: vom Sinn und Unsinn des Protestierens* [Cidadãos irados: do sentido e do disparate do ato de protestar], Munique, 1984.

ela mesma senão um estado da fraqueza organizada? Em grandes partes do Terceiro Mundo — até quando continuarão denominando-o deste modo? —, assim como em alguns países do antigo Segundo Mundo, as situações que gritam aos céus não parecem menos fatais do que aquela da classe trabalhadora inglesa no século XIX, segundo a descrição aflitiva de Friedrich Engels. Poder-se-ia pensar que a soma do sofrimento, da miséria e da injustiça que estimulam potencialmente a ira seria necessariamente suficiente para dez erupções comparáveis com a de outubro de 1917 — sobretudo quando se leva em consideração as relações de informação fortemente aprimoradas. No entanto, a atenção dada a essas energias continua moderada: quase não se observam avaliações construtivas dos afetos psicopoliticamente relevantes — os campos timóticos não conseguem se estabilizar. Ao que parece, a ira não quer mais aprender. Ela não encontra nenhum caminho até a compreensão e a compreensão não a encontra. A indignação não tem mais nenhuma ideia de mundo a apresentar. É evidente que os partidos de esquerda tradicionais são estultos demais para as suas próprias ambições, isso se não forem inertes demais para expressar efetivamente ambições. Os intelectuais aceitam convites e se citam mutuamente. Quando pessoas ambiciosas realmente têm algo a dizer, elas almejam algo mais importante do que se ocupar com os humilhados e ofendidos. Tanto no Ocidente quanto no Oriente, das esperanças dos revolucionários, dos reformadores, dos transformadores do mundo e dos redentores de classe de outrora só restaram meras "calcificações" — para lembrar uma expressão bizarra de Heiner Müller, bizarra porque esperanças normalmente murcham, não calcificam.

After theory

Assim, a "era dos extremos" parece ter passado — ela parece ter se dissipado como um fantasma, do qual não se compreende mais ulteriormente o que a tinha tornado tão poderosa. No hemisfério ocidental, a radicalidade só continua presente como uma postura estética, talvez como um hábito filosófico significativo, não mais como um estilo político. Com grande consequência, o centro, o mais amorfo dos monstros, reconheceu a lei da hora e se declarou o personagem principal, sim, o único animador do palco pós-histórico. O que ele toca torna-se imediatamente à sua imagem — bonachão, desprovido de caráter, despótico. Os agentes da impaciência extremista perderam o emprego: o espírito do tempo não lhes oferece mais nenhum papel. Quem é agora requisitado são indivíduos entediantes, animais de carga. Espera-se deles que encontrem nas grandes mesas-redondas as fórmulas mundiais do equilíbrio. O centro inexoravelmente maleável transforma tudo e todos em coisas híbridas.

Ainda nos esforçamos para compreender a profundidade do corte. Durante quase um século, o sentido de realidade tinha feito o necessário para se estabelecer no extremo — supostamente porque ele mantinha sempre a proximidade com as guerras, sim, porque via ou queria ver por toda parte a guerra. Quem viveu na era dos extremos foi testemunha de um estado no qual, como observou Hobbes, "a vontade de luta era suficientemente conhecida".[2] O que parecia ser paz foi inexoravelmente desmascarado como uma face falsa da guerra. Toda mediação, todo gesto reconciliador, se mostravam como traição à verdade brusca do extremo. Em contrapartida, tudo aquilo que é unilateral e acentuado é agora ridicularizado como incapacidade de perceber o caráter condicionado e mediatizado de toda posição. Existência e ser-no-centro significam hoje o mesmo. Heidegger certamente diria: existir é ser-retido na médio-cridade.[3]

Esses enunciados equivalem mais ou menos ao que pensam historiadores, colunistas e sovietólogos desempregados, quando falam sobre a situação pós-comunista. Pode-se afirmar legitimamente o seguinte: quase tudo aquilo que passou pelo público nas últimas décadas em termos de *pós*-discursos conflui em última instância para o conceito da situação pós--comunista (uma situação que, quanto à coisa mesma, já existia desde o final da era Brejnev). Visto que a União Soviética foi o acontecimento político chave do século XX, o seu fim formal por volta de 1991 significou a cesura definitiva, da qual partem as "pós"-datações objetivamente importantes. Na inflação do prefixo "pós", que se mantém há bem duas décadas, expressa-se simbolicamente que as energias futuristas da cultura da ira e da dissidência estão incessantemente se extinguindo.

Se ouvimos recentemente até mesmo a tese de que nos encontramos numa situação *after theory* — este era o título de um ensaio de Terry Eagleton, Nova York, 2003, que fica devendo algumas coisas ao tema —, então essa sugestão elegante só faz sentido caso se refira

---

2. Tomas Hobbes, *Leviatã* (1651), Hamburgo, 1996, p. 104.
3. Cf. Henk Oosterlink, *Radicale middelmatigheid* [Mediocridade radical], Amsterdã, 2002.

do mesmo modo à situação pós-comunista. Pois sem a ligação com a utopia comunista, a "teoria", tal como é conjurada por alguns de seus amantes desiludidos, não possui objeto. Quem, nos tempos áureos da influência marxista, se ocupava com a teoria social já precisava dirigir o olhar, por ponderações materiais, para o mundo em seu conjunto — não sob o modo da contemplação acadêmica, é bom dizer, mas como participante de uma discussão da situação, em caso de emergência até mesmo como membro de um conselho de guerra. A teoria só pôde recair numa prática discursiva dotada de uma radicalidade que entra em cena imperiosamente porque ela, aberta ou discretamente, significava uma consulta à revolução mundial — essa era a razão pela qual a teoria ainda podia ser reconhecida na mais fria das conferências por um *vibrato* messiânico. O interesse por ela emergiu da sugestão na maioria das vezes esvaziada, mas nunca desmentida, de que poderia haver algo como um Comintern lógico — uma supervisão filosófico--sociológico-psicanalítica da grande ação vingativa em nome da história mundial. Se essa peça teatral é alijada, então não há mais nada a fazer nem com o drama nem com a teoria. Quem diz *after theory* na verdade tem em mente *after politics*. Quem não pode mais acreditar que o que se pode fazer leva adiante a "revolução" vive "depois da política". Com isso, decompõe-se o adventismo presentista, que moldara as existências pré-revolucionárias e revolucionárias. Se os ativistas estavam convencidos de que o presente estaria preenchido pelos rastros do porvir, então os desencantados de hoje vivem a partir da convicção de que o futuro já teria chegado — e ninguém quer saber de uma segunda visita.

Impelida a um certo patamar, a "teoria" era um negócio radicalmente romântico, uma vez que, como um serviço secreto cultural, andava à espreita do inconsciente das "sociedades" de classes, a fim de descobrir o que tinha ganho corpo a partir da exigência alienada do homem pelo outro. Nos dossiês desse serviço secreto sempre se falava, por isso, de alteridade. O amálgama, que fazia a ronda durante o veranico do neomarxismo como teoria crítica ou como teoria sem epíteto nas universidades alemãs e anglo-americanas (apesar de a França de outrora ter contribuído com os seus recursos em jacobinismo e formalismo), não era, no que diz respeito à questão, nada além de uma semiologia apocalíptica que permanecia aos cuidados de uma ciência da crise do "existente". Essa ciência forneceu o aparato para a observação da grande política — sempre pronta a interpretar os sinais emergentes que tornavam possível reconhecer o fim do mundo ou a virada do mundo — ou a triste e dificilmente interpretável ausência dos dois.[4]

Depois que o banco mundial da ira interrompeu os seus negócios, inumeráveis agências ideológicas foram simultaneamente arrastadas para dentro da esteira falimentar. Somente uns poucos, como Noam Chomsky e alguns novos monótonos, conseguiram realizar de maneira aproximada a reestruturação no nível do sucesso anterior — apesar de isso só ter acontecido em mercados de *outsiders*. Isso não significa que os outros contemporâneos estariam imersos em estados de uma inexpressividade desanimada. Não precisamos de maneira alguma emudecer quando nos dispomos a exprimir o *mal d'être* de nossos dias simplesmente porque o Leste não é mais vermelho. Ao contrário, é notável o quão rapidamente a inteligência contemporânea soube se adaptar à situação na qual não se encontra mais à disposição nenhum depósito universalmente capaz de coleta para a ira, a indignação, a dissidência, a subversão e o protesto, e, com maior razão, nenhuma central de emissão para projetos futuros que conduzam fidedignamente para além do sistema mundial atual. E, contudo: onde quer que se conjure entre intelectuais de estilo antigo a redescoberta do político, sempre inserir-se-á a nostalgia em relação às épocas nas quais se estava disposto a acreditar que o dia da ira estava bem perto.

Por mais que, no mais tardar desde a morte de Stalin em 1953, a União Soviética tenha figurado na cena mundial como um colosso moralmente sem vida e tenha perdido todo caráter atraente para a fantasia dissidente, a sua existência fática continuava funcionando como uma garantia de que o princípio esquerda possuía uma espécie de ancoragem terrena. Assim, Jean-Paul Sartre, apesar de nunca ter sido membro do Partido Comunista, ainda pôde se declarar no ano de 1952 partidário do "papel diretriz da União Soviética". Exatamente do mesmo modo que a própria Igreja Católica Romana, nos tempos da mais malévola perversão, atestava a sua missão transcendente por meio de sua mera existência, o "bloco oriental" desencantado dava cobertura ao postulado moral e ontológico de que precisavam existir espaços de jogo para opções que apontam para além do sistema de mundo capitalista. De maneira mais fidedigna do que

---

4. Havia ainda uma segunda forma de "teoria": a filosofia de Estado ensinada nos países do bloco oriental, a filosofia marxista-leninista, como unidade do materialismo dialético, do materialismo histórico e do comunismo científico, um amálgama de cujo tédio medonho seus aprendizes só se lembram com pavor.

hoje, o espírito da utopia pôde insistir em sua requisição de que deveria se abrir um campo "à esquerda do existente", um campo no qual florescem os mundos possíveis. Ninguém teria decaído outrora no patético *slogan*: um outro mundo é possível. O outro mundo estava entre nós e ele era terrível. O que se exigia era uma outra alteridade — foi nessa situação que a palavra "alternativo" iniciou a sua carreira. Era naturalmente evidente a total absurdidade e perversidade do socialismo "realizado". No entanto, enquanto existia perverso e absurdo complexo, o fato nu e cru de sua existência fornecia o terreno para a ideia de que também poder-se-ia encontrar para os seus motivos fundantes uma realização não absurda e não perversa. Nem todos os potenciais dissidentes estavam condenados a se desviar para os programas noturnos e para as pantomimas de subversão da indústria cultural; o horizonte ainda não tinha se reduzido aos mercados de entretenimento dos últimos homens eroticamente vivazes.

O principal responsável pelo pluralismo sem limites hoje dominante — ao lado da ruptura epistemológica com a concepção monológica de verdade própria à antiga Europa — é a despedida do dogma da evolução homogênea, que ainda tinha determinado o Iluminismo europeu — neste caso, uma herança da lógica medieval. Por meio desta despedida chegou ao fim a ilusão de que se poderia estar à altura do tempo a partir de uma única metrópole, como quer que ela se chamasse — Moscou, Paris, Berkeley, Frankfurt ou Heidelberg. Entrementes, as "pluralidades", as diferenciações e as singularidades têm tanta concorrência que, junto aos seus portadores, até mesmo a consciência da copertinência comum a uma única "humanidade" poderia cair no esquecimento. Com relação às atrocidades pelas quais a Europa tinha passado, Albert Camus escreveu em 1951: "A desgraça é hoje a nossa pátria comum." Os homens atuais não querem saber mais nada sobre pátrias comuns para além de suas próprias esferas de interesses. Até mesmo a utopia negativa, a expectativa de uma catástrofe natural de envergadura mundial está fora de condições de instaurar um horizonte abrangente de irrupções obrigatórias. O espírito da dessolidarização, privado, local, nacional, multinacional e imperial, alcança dimensões tão profundas que toda unidade gostaria de manter à sua maneira como certo o fato de ser poupada, mesmo que as outras devessem ser tragadas pelo redemoinho. As próximas décadas mostrarão o quão perigosa é a situação multiegoísta. Se está entre as lições do século XX o fato de o universalismo imposto de cima fracassar, o estigma do século XXI poderia se tornar o de não criar a tempo, a partir de baixo, o desenvolvimento oportuno do sentido para situações comuns. Essas transformações arruinaram as bases morais, retóricas e doutrinais da esquerda tradicional. Por meio da mudança das evidências cotidianas, mesmo os seus jogos de linguagem outrora mais bem-sucedidos se tornaram implausíveis. As imagens ginecológicas pequeno-burguesas, com as quais o marxismo se embriagava num bom humor de parteiros, perderam completamente o seu ponto de apoio no real. Quem poderia repetir a sério a frase segundo a qual os meios para a realização da "sociedade" sem classes cresceram "no colo" da "sociedade" burguesa para irromper irresistivelmente um dia ao ar livre, e por que não dizer, com o auxílio da sangrenta cesariana da "revolução"? Seria igualmente ridículo continuar utilizando agora a metáfora tradicional do "subsolo", como se aí embaixo ruminassem a verdade e o futuro, prontos para dar o grande salto para cima. A ideia de uma "sociedade" velada sob a "sociedade", de um mundo secreto de porões e túneis, no qual se minariam de maneira planejada as construções burguesas, é pura e simplesmente desprovida de objeto — somente "dorminhocos" confusos protegidos pela normalidade esperam o dia de sua ativação. Os abrigos profundos, que são construídos hoje — por exemplo, para os programas secretos de armas nucleares de potências médias em expansão —, podem ser tudo o que possamos imaginar, menos células de incubação para futuros felizes.

A decadência da mitologia dos porões e dos subsolos é hoje tão ampla que mesmo amantes inabaláveis da ideia comunista, tais como Antonio Negri, precisaram abandonar o antigo animal totemizado das esquerdas, a toupeira. Num universo formado por superficialidades completas, diz Negri, essa criatura que se revolve veladamente perdeu a sua significação política — em seu lugar deve entrar a serpente, uma criatura com ricos antecedentes gnósticos que, graças à sua agilidade no plano horizontal, está primorosamente adaptada a um mundo plano, transparente, que muda constantemente de figura e cor — e a uma esquerda sibilante.[5]

Para voltar à ironia da situação: no momento em que se olha retrospectivamente para o socialismo real não mais existente, compreende-se o

---

5. Cf. Antonio Negri, Michael Hardt, *Império*, op. cit. A traição de Negri ao animal totemizado das esquerdas clássicas chega a tal ponto que ele o delegou ao outro campo político: "A toupeira do pensamento reacionário volta a emergir", formulação que encontramos por ocasião de uma polêmica contra Huntington (*Multitude*, op. cit., p. 51).

acento atrabiliário da situação pós-comunista; depois de 1991, não havia mais nada a compreender que já não fosse evidente para observadores atentos do experimento soviético em princípio desde 1918 e desde os decretos de Lenin sobre o terror vermelho; para os simpatizantes da oposição de esquerda, desde 1921; para "companheiros de caminho" com nervos de aço, desde as limpezas étnicas dos anos 1930; para antifascistas cegos de um olho, desde 1945; para indivíduos calcificados na obstinação utópica, desde 1956; e para os alunos especiais da história, desde 1968.

Mesmo a arte de leitura da "desconstrução", uma interventora a serviço da crítica radical, só pôde se manter em cena porquanto se distanciou claramente dos mitos do subsolo. Ela não pensa em descer às profundezas dos textos e instituições para levar materiais explosivos até os "fundamentos". Ela aponta cautelosamente para a instabilidade e a plurissignificância das estruturas aparentemente mais sólidas; ela indica a falta de nitidez das oposições binárias supostamente mais rígidas; ela torna manifestas as autocontradições veladas dos discursos mais coerentes. Como uma nova versão da interpretação do sonho junto a textos de todos os tipos, em particular junto aos textos da antiga metafísica europeia, ela é, apesar de seus adeptos afirmarem com frequência o contrário, uma versão rearmada da hermenêutica que se dedica com um aparato crítico e com grandes gestos à tarefa de deixar provisoriamente tudo como está.[6] De resto, a partir desta descoberta, é possível conceber a cumplicidade velada entre o desconstrucionismo e a cultura de massas americana; esta também está comprometida com a missão de não tocar no "existente". O meio para tanto é a conjuração ininterrupta do sonho de um mundo pior, ao lado do qual o mundo presente aparece como a utopia realizada, digna de ser defendida com todos os meios.

Poder-se-ia reunir inúmeras observações sobre tendências similares a fim de constatar o mesmo estado de coisas. Depois da demissão do adversário oriental da guerra civil mundial de 1917 a 1945 e desde o término da Guerra Fria entre as duas primeiras potências nucleares, o pêndulo ideológico que batia entre os extremos quase parou. Onde tudo puxa para o centro, a gravidade se impõe contra as tendências antigravitacionais.

---

6. Cf. Peter Sloterdijk, *Derrida, un égyptien: Le problème de la pyramide juive*, Paris, 2006. Conferência no evento comemorativo *Un Jour Derrida*, no Centro Georges Pompidou, Paris, por ocasião do primeiro aniversário de morte de Jacques Derrida, em 21 de novembro de 2005. [Ed. bras.: *Derrida, um egípcio. O problema da pirâmide judia*, trad. Evando Nascimento, São Paulo, Estação Liberdade, 2009.]

Os grafiteiros berlinenses o compreenderam: o ser indispõe a consciência. Precisamos compreender agora por "ser" as forças gravitacionais do meio uno. O que pode valer como real é aquilo que possui a força para puxar para baixo. O que é mais natural nesse caso do que, como nos velhos tempos, a nova consciência infeliz ser repelida para além do ser? É exatamente essa a marca registrada de um tempo que quer ser tudo, menos crítico. Numa frente mais ampla, a inteligência se afastou da crítica para se devotar uma vez mais ao primado da religião. A dessecularização ganha diariamente terreno, a exigência pela ilusão a serviço da vida subjugou a "verdade" — ainda não se consegue visualizar hoje essa virada para o processo da civilização a longo prazo. A crítica era, que seja dito, a consequência da suposição ontológica de que ficções podem fracassar junto aos fatos. Agora são os fatos que fracassam junto às ficções — e isto pois a única coisa que ainda lhes deve advir futuramente é o *status* de ficções bem-sucedidas.

Historiadores posteriores constatarão que o século XX foi dominado em suas últimas décadas pelo tema do retorno ao centro — a um centro que com certeza nunca pôde se colocar suficientemente de acordo quanto aos seus motivos e às suas implicações filosóficas. Eles evidenciarão a contrariedade dos intelectuais em retirar valores positivos das posições centristas como um sintoma de crise da época — por meio do romantismo contínuo dos radicais, foram bloqueados os processos de aprendizado que teriam preparado para os problemas do século XXI. Eles terão de reconstruir como é que se chegou ao declínio das democracias ocidentais que, depois de 1990 e, ainda mais intensamente, depois de 2001, se prescreveram uma virada neoautoritária, em parte neobelicista.

Se retornarmos às perspectivas atuais, o horizonte ainda parece relativamente aberto, apesar de ninguém afirmar que ele oferece perspectivas alvissareiras ainda que apenas a média prazo. O que distingue a situação não é a diminuição real das quantidades de ira disponíveis junto aos excluídos, ambiciosos, frustrados e vingativos. Sob relações livres, a sua quantidade precisa ser inevitavelmente mais elevada do que nos sistemas autoritários que foram a pique, sistemas nos quais um igualitarismo da desmotivação determinava o clima. O que é característico da situação é muito mais a perda de função dos institutos simbólicos, aos quais coube, durante dois séculos ricos em conflitos, a coleta e a transformação política das energias dissidentes. Com isso, levanta-se a questão de saber como o nosso tempo interpreta a fórmula *ira quaerens intellectum*? Sim, a questão é saber se ainda hoje se pode encontrar efetivamente um caminho para revitalizar o elo entre indignação e capacidade de aprendizado, que fundamentou ou ao menos cofundamentou a política durante duzentos anos.

A erotização da Albânia ou: a aventura da alma pós-comunista

Junto a tudo isso surge a aparência de que não teriam sido apenas a ira, a insatisfação e a contrariedade genérica que teriam perdido a sua endereçabilidade. A administração doméstica psíquica em seu conjunto parece se ver condenada há algum tempo à reprivatização das ilusões.[7] Mesmo no caso da autoilusão, começou a era de sua reprodução serial. Consequentemente, teria sido previsível que os libertos do comunismo manifestassem durante um período crítico uma suscetibilidade claramente elevada para as ilusões criadas por designers.

Segundo um ponto de vista funcional, a situação pós-comunista implica, como observamos, um retorno da economia dirigida para a economia da propriedade ou a substituição do meio "linguagem" pelo meio "dinheiro".[8] Em termos psicopolíticos, a conversão se introduz juntamente com a transposição de sistemas dinâmicos de ira e de orgulho para sistemas dinâmicos de cobiça — ou, como expressamos no quadro conceitual da análise psicopolítica: com a renúncia ao primado da timótica em favor de uma erotização sem limites.

Não há nenhum fenômeno da história psíquica mais recente que permita ilustrar melhor o fato de não podermos compreender a essência do erotismo a partir do caso especial da libido sexual e de seu desencadeador estético — tal como supõe a psicologia do cotidiano de nossos dias —, uma vez que essa essência se funda muito mais na estimulação de ideias de falta e de sentimentos de insuficiência de todo tipo, articulando-se em ações correspondentes próprias ao querer ter e alcançar, do que na recepção da ideia originalmente capitalista do "dinheiro que gera dinheiro" nos países do antigo "bloco oriental". Marx, que com frequência cita mal

---

7. Cf. Boris Groys, *Privatisations, or The Aritificial Paradises of Post-Communism* [Privatizações ou O paraíso artificial do pós-comunismo], catálogo para a exposição Privatizações: Arte Contemporânea do Leste Europeu, maio/junho. 2004, org. Revolver. Frankfurt, Arquivo de Arte Atual, 2005, p. 7-15.

8. Cf. idem, *Das kommunistische Postskriptum* [O pós-escrito comunista], Frankfurt, 2006.

Hegel, poderia ter dito em relação aos processos conscientes, recorrendo ao antigo catedrático berlinense, que todas as farsas da história acontecem duas vezes, a primeira vez como algo sangrento, a segunda vez como algo ridículo. Gostaríamos realmente de poder ler como o autor do *18 Brumário* teria comentado o grande engodo do investimento com o qual, em nome do comunismo, os proletariados e os camponeses do Leste europeu foram enganados durante setenta anos em relação à sua ira conjunta e às suas aspirações por respeito e orgulho. Também gostaríamos igualmente de saber como ele teria comentado as ondas de criminalidade econômica que, depois do colapso do regime comunista, se estenderam pelos países do antigo "bloco oriental".

A onda começou logo depois do memorável 25 de dezembro de 1991, dia no qual a bandeira vermelha foi recolhida pela última vez no Kremlin. As suas primeiras manifestações irromperam, a não ser que tenhamos nos iludido, na Romênia pós-comunista. Depois da execução do ditador Ceausescu em 1989 — igualmente num 25 de dezembro —, a Romênia deu os primeiros passos em direção à plateia inabitada da democracia e da economia de mercado. A partir de 1992, uma febre de dinheiro até então desconhecida atravessou o país, uma febre desencadeada por uma invasão de sistemas de investimento supostamente novos, dos quais o mais bem-sucedido portava o nome de *Caritas*, um nome que despertava confiança. Os agentes desses sistemas — somente na Romênia houve por volta de seiscentas de tais conjurações contra a probabilidade — prometiam propiciar finalmente a seus clientes um sopro das alegrias do capitalismo realmente existente. Com margens de lucro dignas de contos de fadas, as pirâmides de investimento enfeitiçaram grandes partes da população — na fase inicial dessa onda, esteve certamente na ordem do dia o fato de o dinheiro "investido" se multiplicar dentro de poucas semanas e meses por volta de oito vezes. No decorrer de um mês, o quinquagenário homem de negócios Ion Stoica, iniciador da *Caritas*, se transformou em herói da nação. Quer se tratasse de trabalhadores industriais, de desempregados ou funcionários — quem podia investia até os seus últimos centavos para desfrutar do enorme prêmio. Muitos hipotecavam ou vendiam suas casas para arranjar meios líquidos. Por meio de pagamentos altos e regulares, Stoica conseguiu iludir por dois anos os entusiasmados investidores quanto à verdadeira natureza do empreendimento — pois quando o que está em jogo é "ganhar", evidentemente não se trata de rendimentos oriundos de empreendimentos regulares, mas, como é usual nas pirâmides ou bolas de neve, de meras transferências dos capitais dos investidores tardios para as contas daqueles que entraram mais cedo no jogo. Mais ou menos 20% da população romena comprou cupons do jogo de investimento mais amplamente difundido. Em 1994, os pagamentos cessaram, logo depois o sistema entrou em colapso, inumeráveis homens se viram diante de montanhas de dívidas e foi só com muito esforço que o governo romeno pôde evitar uma insurreição popular. Para os enganados pode ter sido apenas um magro consolo que Stoica tenha sido condenado a seis anos de prisão.

Logo depois disso, porém, apesar deste episódio assustador, o espírito do venturoso Charles A. Ponzi (1882-1949) andou por um grande número de outros países pós-comunistas. Ponzi, um aventureiro italiano que chegara aos Estados Unidos em 1903, lançou em 1919 em Boston o primeiro de tais jogos de investimento e se transformou em nove meses num multimilionário — em seguida, ele passou numerosos anos em diversas prisões e, depois de um longo périplo, morreu empobrecido no Rio de Janeiro. Em seus bons dias, ele foi festejado por investidores entusiasmados como o primeiro financista *get rich quick* do século XX e seu sistema baseado no comércio de cupons de resposta do correio (esse sistema pretendia tirar proveito de diferenças de valor entre marcas valorativas americanas e italianas) foi considerado por simpatizantes como a mais elegante máquina de produção de dinheiro de todos os tempos. Desde então, foram lançadas mundo afora inúmeras tentativas de fazer uma fortuna rápida com auxílio do assim chamado esquema Ponzi. No rasto de Ponzi, o russo Sergei Mavrodi, com a sua pirâmide MMM, que entrou em colapso em 1994, na qual no mínimo cinco milhões de seus compatriotas investiram somas enormes, se tornou num curtíssimo espaço de tempo um dos seis homens mais ricos da Rússia — algo significativo no reino dos novos miliardários. Para escapar de perseguições penais, Mavrodi, venerado por seus adeptos como um redentor, se candidatou e foi eleito em 1995 para a Duma. Depois da suspensão de sua imunidade parlamentar, ele desapareceu no exterior, sem dúvida alguma com a convicção de que os dias de um homem talentoso são muito preciosos para passá-los nas prisões da nova Rússia.

No mesmo ano, a coisa se alastrou para a Polônia, a República Tcheca, a Bulgária e a Sérvia. Da Polônia, ela foi transportada para a Albânia. Entre os momentos mais instrutivos da dessovietização está o fato de justamente o país mais pobre da Europa ter se tornado o mais amplo laboratório para o capitalismo espoliador pós-moderno. O responsável pela pilhagem das ilusões no Leste europeu foi entre outros um jovem executivo de Hamburgo de fama duvidosa, cujo sistema bola de neve, remodelado e propagado com psicotécnicas sectárias, portava o nome de *Jump*, antes de ser renomeado como *Titã* às vésperas de ser desmascarado. Graças ao *manager* polonês do *Titã*, esse jogo em cadeia foi levado sob novas cores para a Albânia — onde, contudo, ele funcionou apenas como um entre uma boa dúzia de jogos de pirâmide. Durante a fase de camuflagem sustentada de maneira bem-sucedida entre 1992 e 1994, os administradores da onda de jogo intensivamente propagada conseguiram lançar a maior parte do país numa psicose de cobiça. Em face dos pagamentos reais atraentes no começo do jogo, a ideia de que o dinheiro se multiplica por si mesmo por meio de um mero empréstimo a uma "sociedade de investimento" perpassou toda a população, que tinha vivido durante décadas em estrita clausura de pobreza e de informação sob o ditador Enver Hoxha — entre os aspectos indiretos estava também a ignorância do público em relação aos negócios romenos, realizados um pouco antes. Até o final de 1996, mais da metade dos 3,3 milhões de albaneses tinha feito "investimentos" nas pirâmides ativas por todo o país — muitos deles com a hipoteca de suas casas e terras junto a bancos reais. Aqui também havia perspectivas de ganho de até 100% em poucos meses e esses ganhos foram temporariamente pagos. Na nervosa fase final do jogo, esses ganhos chegaram a até 40 e 50% ao mês — estímulo suficiente para neutralizar qualquer impulso de hesitação racional. As pirâmides albanesas também atingiram a sua elevada atratividade em virtude de que foram veiculados anúncios na televisão estatal — o que inúmeros investidores interpretaram equivocadamente como prova de seriedade.

Quando os jogos entraram em colapso, em janeiro de 1997, irrompeu em todo o país um pânico desilusório. A indignação não conhecia limites: as pessoas tinham pago caro a sua liberdade em relação ao real e, agora, elas não perdoavam o real pelo seu retorno. Investidores furiosos culpavam o Estado e o governo por não terem deixado de tomar as medidas necessárias para a proteção dos investidores — o que era pertinente, uma vez que os responsáveis tinham ignorado as devidas advertências do Banco Mundial. Grupos espontâneos de prejudicados colocaram fogo em estações policiais, enquanto bandos de trabalhadores e funcionários enfurecidos invadiram os depósitos de armamento da polícia e do exército. Eles se apossaram de algo em torno de 600 mil armas portáteis, com o efeito colateral de que, no ano seguinte, os índices de assassinato e de mortes na Albânia se multiplicaram por cinco — a maioria das armas nunca chegou a ser recuperada. Da noite para o dia, as estruturas estatais pareciam ter se dissolvido, numerosas cidades do interior cairam nas mãos de insurretos, que foram recrutados preponderantemente a partir dos membros do Partido Socialista oposicionista. A capital Tirana tornou-se o palco de cenas de guerra civil. Durante semanas, não se conseguiu ver em parte alguma qualquer autoridade ordenadora; mesmo porque grande parte dos funcionários públicos também estava entre os enganados e se juntou aos protestos. Foi somente por meio da promessa de uma triplicação de seus salários que muitos policiais desertores foram levados a retornar aos seus postos. O presidente albanês Sali Berisha, anteriormente médico particular de Enver Hoxhas, cujo Partido Democrático se tinha publicamente aliado aos administradores das pirâmides, viu-se obrigado a renunciar.

No ápice dos distúrbios, a massa, impelida por uma mistura de resignação e sede de vingança, invadiu escolas e universidades, assim como muitas fábricas e repartições públicas, arrastando consigo tudo aquilo que podia ser carregado. O resto foi destruído com uma fúria cega. Observadores ocidentais, que visitaram a Albânia logo depois dessa onda, relataram que, mesmo em países arrasados pela guerra, jamais tinham visto uma destruição de tais proporções. Edifícios públicos foram saqueados até a última maçaneta; em apartamentos gelados, famílias se sentavam sob um cobertor e ficavam o dia todo com os olhos vidrados nas imagens da televisão italiana repleta de comerciais. Temendo a fúria generalizada, um grande número de albaneses tentou abandonar o país por meio de navios fretados e de barcos pesqueiros precários, até mesmo por meio de jangadas — no espaço de poucos dias, os portos de Brindisi e de outras cidades italianas do mar Adriático foram inundados por um mar de gente. Como de costume, os ministros das Relações Exteriores europeus não tiveram condições de chegar a um acordo praticável quanto a cotas para o acolhimento daquela "invasão de desesperados" nos países da União. O fato de se ter chegado num curto espaço de tempo a uma normalização da situação deve-se antes de tudo à admissão do novo governo formado da Albânia de que o Estado tinha uma parcela de culpa na derrocada. Além disso, o banco central albanês conseguiu salvar somas significativas para os investidores por meio do congelamento das contas das pirâmides; uma outra parte das perdas foi incorporada ao orçamento nacional.

O que está em questão em nosso contexto não é naturalmente dignificar a infâmia acoplada de presença de espírito própria aos organizadores de tais jogos, que caíram como uma luva para explorar a ingenuidade e a repentina prontidão para o capitalismo de inúmeros cidadãos dos antigos países do Leste. O que dá um peso sintomático aos processos descritos é a circunstância de que se esconde nas energias infecciosas com as quais pôde se propagar essa onda em países tão pobres quanto a Romênia e a Albânia, um enunciado sobre a essência do capitalismo em geral — ao menos sobre um aspecto externo do sistema, tal como ele se apresenta nos sonhos diurnos de populações, que durante muitas gerações foram excluídos da experiência do mercado livre e da economia baseada na propriedade. As tragicomédias romenas e albanesas trouxeram efetivamente à luz — ao lado de alguns aspectos da natureza humana — o cerne de contos de fadas do pensamento capitalista da riqueza: a ideia de que cabem *per se* ao dinheiro aplicado como capital as propriedades de um fluido que multiplica a si mesmo — ou de que o dinheiro representa um amuleto poderoso, que promete ao seu proprietário o advento constante de bens materiais.

É preciso admitir: essa fantasia não carece totalmente de base, apesar de os intérpretes sérios da economia de mercado ou da economia baseada na propriedade virem fazendo há muito advertências quanto às tensões excessivas do emprego puramente especulativo do capital, e designarem o acentuado capitalismo de cassino como um risco para a economia de mercado como um todo. De fato, o partido que cria valor real no interior do complexo capitalista não se cansa de acentuar que o processo do esgotamento das riquezas repousa de início e na maioria das vezes apenas na sinergia engenhosamente dirigida de propriedade, criação monetária, organização e inovação, enquanto todas as outras transações, em particular as puramente econômico-monetárias, por mais que tenham se imposto quantitativamente, nunca representam mais do que nuvens de fumaça no espaço virtual. Em contrapartida, o partido dos ganhos fáceis insiste firmemente na concepção de que o enriquecimento não seria outra coisa senão o pagamento natural pelo risco especulativo. Para ele, o que se manifesta na riqueza não é, em última instância, o resultado de trabalho e desempenho — apesar de eles não contestarem totalmente a sua necessidade. De acordo com eles, o verdadeiro sentido da riqueza reside em se demonstrar a soberania da fortuna, que escolhe seus diletos e deixa os outros de mãos vazias.

Expresso de maneira menos mitológica, isso significa: quem ganha tem razão e quem perde não deve se queixar.

Portanto, não se deve buscar o paralogismo dos albaneses no fato de eles terem compreendido de maneira totalmente falsa as determinações do capitalismo especulativo. Eles se submeteram muito mais a uma imagem de sonho tardo-socialista, que lhes sugeriu que também seria possível sob o augúrio do capital dar a todos o ganho principal. Em sua prontidão para abjurar o fantasma do orgulho socialista e aceitar também finalmente, tal como os outros membros do mundo livre, o apelo do primado do desejo, eles se confessaram sem segundas intenções partidários das novas premissas. Em razão de sua incapacidade e reticência em chegar a um conceito realista das fontes dos ganhos almejados, eles permaneceram presos ao seu passado. Sem dúvida alguma, na afluência para a pirâmide, a sensação de que se tinha estado durante tempo demais excluído da riqueza e de sua redistribuição desempenhou um papel. Depois de meio século sob uma ditadura da falta que superalimentou o povo com frases patéticas, as pessoas finalmente quiseram se apropriar de uma parcela das benevolentes injustiças do mundo abastado — ainda que anônimos quaisquer devessem pagar a conta pela multiplicação digna de contos de fadas dos próprios depósitos. Como todos aqueles que seguem o chamado do eros popular, os albaneses que acordaram estavam convencidos de que, dessa vez, eles estavam a caminho de levar para casa a noiva, um tanto bela demais.

Capitalismo real: adiamento do colapso em sistemas dinâmicos de cobiça

Em face da tragédia albanesa, nada foi mais equivocado do que o sarcasmo de alguns observadores ocidentais que riram convulsivamente do "capitalismo skipetário".* Na verdade, só poucos partidários do capitalismo regular conseguiram definir de maneira suficientemente precisa a diferença entre o modo econômico por eles favorecido e um simples jogo de pirâmide. Não se pode negar o fato de o ganho imerecido — em geral a renda desprovida de desempenho — se encontrar em voga junto a alguns veneráveis colaboradores do sistema capitalista. Para o imaginário da economia política moderna, os aspectos mágicos e

---

* De skipetário, "filho de águia", como se denominam os albaneses. [N.T.]

irracionais possuem um significado que precisaria ser designado como arquetípico, não fosse a expressão marcada por conotações psicológicas profundas que induzem em erro. A economia moderna baseada na propriedade tem desde o início uma reluzente aura de fantasias de felicidade, para as quais adequa-se o termo capitalismo da fortuna. Essa dimensão real-imaginária dos novos processos econômicos foi rápida e inteiramente apreendida pelos aplicadores extraeuropeus do sistema. Se a economia baseada na propriedade e a economia monetária — que, de maneira falsa, se denomina com frequência, num estalar de língua, capitalismo — possuem uma fascinação que se irradia para além dos limites culturais e que por vezes coloca nas sombras as suas qualidades práticas, então essa fascinação provém sem dúvida alguma dessa fonte. De resto, a crença no retorno da ventura, que favorece os seus *via* bancos e bolsas, precisa ser interpretada como uma reinterpretação pós-cristã das fantasias protestantes da escolha de eleitos — correndo o risco de descobrir então o cerne impiedoso do calvinismo, cuja verdadeira face se manifesta na obscenidade mística do se-sentir-próximo-de-Deus segundo o fechamento do caixa.

As bases da comparabilidade objetiva do capitalismo regular com um esquema Ponzi precisam ser vistas no fato incontestável de que se trata nos dois modelos de sistemas de crescimento baseados no crédito e dependentes a torto e a direito de uma reprodução ampliada. É inerente a ambos uma tendência ao colapso, cuja administração é constitutiva da dinâmica do sistema na totalidade.

Em um sistema Ponzi puro, o colapso precisa ocorrer num tempo relativamente curto (ou precisa ser produzido conscientemente), porque o número de novos jogadores atualmente adquiríveis se esgota inevitavelmente depois de poucas rodadas — razão pela qual mesmo com uma boa camuflagem é quase impossível ultrapassar uma duração de jogo de poucos anos. O próprio Ponzi o estendeu por mais ou menos nove meses, os seus seguidores do Leste europeu por no máximo dois anos. Em contrapartida, o capitalismo regular baseado na indústria e nos bancos se distingue pelo fato de seus jogadores responderem à pressão dos juros com crescimento econômico que, no principal, se deve à sinergia da expansão do mercado, da inovação do produto e da racionalização técnica. Seu modo da "fuga para a frente" é consequentemente elástico, de longo prazo e, além disso, está familiarizado com a crise. Sua marcha inclui um comportamento inventivo e civilizatório e não recua nem mesmo ante os levantes revolucionários culturais. Para espanto de seus próprios agentes, o processo do capital até aqui se mostrou constantemente em condições de controlar tendências de colapso para além das maiores fases de oscilação e estagnação. Ele pode se reportar hoje a uma tensão de desenvolvimento mais ou menos coerente de cerca de dez gerações humanas — uma vez que se considera a Revolução Industrial do século XVIII como o limiar de seu tempo —, até mesmo de vinte gerações, se já se puder supor, com Immanuel Wallerstein, o sistema capitalista mundial já existindo por volta do ano 1500.

Com vistas a essa capacidade, precisamos constatar que o sistema capitalista concebido de maneira por princípio a-histórica ou puramente futurista produziu uma historicidade de um tipo próprio. A sua tendência foi mistificada na fase inicial do jogo com o conceito singular de "progresso". Isso altera pouco a relação irônica do capitalismo com os tempos passados. No fundo, o mundo mobilizado empreendedoramente só continua necessitando do passado para deixá-lo para trás.[9]

O capitalismo apresenta-se para os seus colaboradores e críticos atuais com elevadas pretensões de seriedade, sobretudo depois do desaparecimento da assim chamada alternativa socialista. Essas pretensões podem ser sintetizadas na tese de que ele teria de oferecer um modelo de crescimento com uma potencialidade futura a princípio inesgotável. Em seu nome pode ser exigida pelos atores a prontidão para a participação nas formas de vida, às quais pertencem a mudança técnica permanente e a penetração de todos os âmbitos vitais por meio da co-modificação e da mediação monetária. A verdade é que, em relação à capacidade de futuro do jogo, as coisas não são certamente tão brilhantes quanto os seus exegetas não se cansam de afirmar. Basta ler o vocábulo onipresente *sustainability* como um sintoma neurótico para apreender em seu ponto crítico a dúvida em relação a si mesmo que é própria ao *status quo*. Tal como a palavra demonstra, os mais meditabundos entre os especialistas em economia do presente já possuem conceito preciso daquilo que não é compatível com a essência do sistema.

De fato, mesmo sistemas que não possuem o modo de ser dos sistemas Ponzi (ou seja, as economias regulares em particular e a economia mundial em geral) apresentam sistemas desequilibrados, que têm de processar constantemente uma medida considerável de risco interno. O capitalismo consolidado só consegue compensar as tendências para o colapso que lhe

---

9. Cf. Peter Sloterdijk, "Goodbye Fortschritt: Das heilige Feuer der Unzufriedenheit" [Até mais, progresso: o fogo sagrado da insatisfação], in: Utz Claassen, Jürgen Hogrefe (orgs.), *Das neue Denken, das Neue denken: Ethik. Energie. Ästhetik* [O novo pensamento, pensar o novo: Ética. Energia. Estética], Göttingen, 2005, p. 69 et seq.

são inerentes (cujas primeiras manifestações foram as crises de superprodução descritas por Marx) por meio da fuga incessante para a frente. O que é considerado hoje pelos clientes como prova de sólidos princípios comerciais remonta ao refinamento dos instrumentos de governo, cujos mecanismos-chave precisam ser vistos na "arte do banco central".[10] Podemos dizer de maneira simplificadora sobre essa arte que ela conflui para um procedimento marcado por tornar sérias coisas que não são sérias — expresso de outra forma, para uma técnica de desaceleração do colapso. Por meio da elevação e queda dos juros primários, o banco central se dedica à tarefa de minimizar os riscos de colapso próprios ao sistema, visto que ajusta o estresse produzido pelos juros a um nível conjunturalmente suportável. Em suas decisões voltadas para a regulação, ele se orienta para os resultados atuais e esperáveis dos esforços da economia real, ou seja, para a soma dos efeitos a partir da ampliação do mercado, da inovação da produção e do aumento da produtividade. Nesse contexto, o tão falado "aquecimento da conjuntura" não significa outra coisa senão a redução do risco de insolvência para as unidades de crédito sobrecarregadas. Numa modulação apropriada, a pressão do serviço das dívidas sobre todos os níveis do acontecimento econômico não precisa se tornar fatal para o conjunto do sistema, apesar de muitos empreendimentos e administrações privadas decaírem permanentemente. Visto em seu todo, o estresse das dívidas impele o processo econômico-monetário para o rejuvenescimento e para constantes novos aumentos.

Com isso, a compulsão à expansão e à inovação que distingue o modo de produção capitalista remonta ao fator Ponzi engenhosamente atenuado, mas nunca completamente eliminável no interior do sistema como um todo.[11] O capitalismo econômico-monetário forma uma rede

---

10. Cf. Hans-Joachim Stadermann, *Die Fesselung des Midas: Eine Untersuchung über den Aufstieg und Verfall der Zentralbankkunst* [O agrilhoamento de Midas: uma investigação sobre a ascensão e o declínio da arte do banco central], Tübingen, 1994.

11. Com certeza, a sinergia entre a desaceleração do colapso e a mobilização de realizações compensadoras já foi colocada hoje fora de jogo num sistema parcial sensitivo próprio aos Estados nacionais capitalistas: cada vez mais os europeus começam a compreender que o Estado baseado no bem-estar — em particular no que diz respeito a seu núcleo, os sistemas de pensão — equivale a uma pirâmide junto à qual os mais velhos expoliam intensamente, enquanto os jogadores que chegaram por último já são mordidos pelos cães. As administrações públicas de quase todos os países, por sua vez extremamente endividadas, também possuem há muito tempo o caráter de sistemas Ponzi, cuja estabilidade repousa em grande parte na incapacidade quase religiosa dos crentes de imaginar um Estado incapaz de pagamento (apesar de as crises de insolvência da Rússia e da Argentina terem demonstrado que mesmo o impensável acontece).

de operações estendida mundialmente com vistas à transferência de montanhas de dívidas. No entanto, a longo prazo, mesmo o sistema Ponzi mais bem compensado não consegue mais adiar por tempo indeterminado o instante de seu desencantamento — no mais tardar, ele o consegue até o momento em que o caminho da expansão é bloqueado, pois todos os novos jogadores que poderiam ser adquiridos já entraram no jogo. O mundo atual ainda pode estar afastado desse ponto por uma boa distância, de modo que um nervosismo derradeiro não é a princípio justificado. De uma maneira em certa medida justa, a indeterminação do momento da desilusão ainda pode ser interpretada pelos participantes do jogo como abertura principial para o futuro. Não obstante, por precaução, dever-se-ia chamar a atenção dos clientes para o voto de uma minoria de especialistas, de acordo com os quais o efeito da abertura — a aparência de uma possibilidade ilimitada de prosseguimento do jogo com as condições atuais — só muito dificilmente pode ser almejado por mais de umas poucas décadas. Outros intérpretes dão ao jogo claramente mais tempo, sobretudo aqueles que são suficientemente otimistas para jogar o fim das energias fósseis para o século XXII.

No que concerne às suposições psicológicas de Charles A. Ponzi, elas não foram de modo algum falsificadas nos quase cem anos que se passaram desde o seu primeiro cupom de Boston em 1929. Podemos concluir que elas caracterizam com grande exatidão a psicomotricidade do modo econômico capitalista. De fato, mesmo para as manifestações moralmente discretas e economicamente sólidas do sistema, é indispensável uma certa medida de decisões fundamentais ligadas à dinâmica da cobiça. Essas decisões estimulam fortes tendências à expansão, que se agarram cada vez mais profundamente às formas de vida das culturas suportadoras ou, dito de maneira mais técnica, às administrações psicossemânticas dos jogadores — normalmente passando pelos meios culturais romance, teatro, filme e televisão. Os meios geram sinergeticamente um clima de liberalização constante — e esse clima se impõe, segundo todas as experiências, *à la longue* mesmo contra reações conservadoras. Nesse contexto, cabe à recepção da arte moderna uma significação difícil de ser sistemicamente superestimada, uma vez que ela funciona com o seu *everything-goes-training** como um centro de formação para o consumismo de vanguarda. Aquilo que a vanguarda ensina é normalmente copiado logo depois pelas "massas".

---

* Em inglês no original: algo como um "treinamento vale-tudo". [N.T.]

Como as ampliações quantitativas dos processos monetários não podem ser cindidas das transformações qualitativas das formas de vida, conjuntos de jogadores capitalistas precisam estar dispostos para um clima permanentemente revisionista. O que se denomina desde 1800 o espírito do tempo não pode ser pensado sem a ação conjunta do espírito do dinheiro. Por mais que, mesmo nos meios conservadores, se queira estilizar a polaridade entre dinheiro e espírito como antítese, a convergência dos polos se impôs no todo. Fala-se do próprio tempo, para que se possa seguir com ele. A expectativa de adaptação manifesta-se na requisição por "prontidão à mobilidade" e por "aprendizado durante toda a vida", com a finalidade de possibilitar as biografias profissionais e, ao mesmo tempo, uma medida extrema de consumismo estabelecido por faixa etária — este é o sentido da propaganda trazida recentemente para a Alemanha em favor do capitalismo de Matusalém de um tipo californiano. Portanto, por mais que nesse movimento constante os valores sérios pareçam requisitados, a tendência global do jogo exige uma frivolização progressiva das populações dos jogadores. Mesmo em condições favoráveis — quando a satisfação político-social de uma população nacional tem sucesso numa ampla frente e o refreamento provado pelos impostos públicos e a estimulação da economia de capital num país transcorrem por tempos mais longos em vias ordenadas — o sistema depende da integração de uma parcela crescente das populações em atividades mais arriscadas ligadas à cobiça e em práticas levianas mais ofensivas — um estado de coisas para o qual a insípida expressão "sociedade de consumo" não aponta senão de longe. O que se chama aqui consumo designa a prontidão dos clientes para participar dos jogos de aceleração do prazer baseados no crédito — correndo o risco de se passar uma grande parte do tempo de vida com negócios de amortização. O segredo do consumismo-estilo-de-vida esconde-se na missão de evocar em seus participantes um sentimento neoaristocrático para o caráter completamente apropriado do luxo e do desperdício. No capitalismo, aristocrata é quem não precisa refletir para saber o que lhe (a ele ou a ela) cabe melhor.

A cobiça designa o revestimento afetivo da suposição ontológica de que seria possível manter uma assimetria duradoura entre dar e receber. Se num jogador o receber se sobrepõe a longo prazo, fala-se simplesmente de seu sucesso. De acordo com a compreensão habitual, o sucesso significaria um fenômeno de super-remuneração — que, de resto, não raramente traz consigo a tendência para a repetição do improvável. Super-remunerações estabilizadas geram em seus receptores pretensões de *status* com uma tendência elitista. Super-remunerações crônicas desenvolvem com uma frequência acima da média o talento para considerar os seus prêmios como um tributo apropriado por sua realização — ou, na falta de realização, por seu mero ser eminente e, por que também não dizer, por sua aparição física. Pertence, então, tipicamente a sistemas de cobiça bem elaborados a elevação da boa aparência a uma razão suficiente para expectativas de super-remuneração. É distintivo da cultura da cobiça desenvolvida que os seus agentes masculinos e femininos pressuponham que serão maximamente remunerados por aquilo que eles menos conseguem fazer. Não é à toa que o *lookism*, esta religião da ingratidão, está mundo afora em avanço. Os sucessos de suas missões devem-se aos meios de comunicação de massa próprios à cultura jovem, que anunciam há muito tempo a alegre mensagem de que para o sucesso seria suficiente ter a mesma aparência de alguém que conhecemos por tais meios de comunicação.

No que diz respeito à cunhagem capitalista do erotismo, ela desenvolve traço por traço o paradoxo da "super-remuneração para todos". Por meio dela, proclama-se o direito humano a um comportamento cobiçoso sem limites. Consequentemente, o mercado da aparência é elevado ao nível do mercado de todos os mercados — nele, objetos potenciais do desejo são transformados por meio da droga da super-remuneração em sujeitos de cobiça. É fácil compreender por que a última tensão de classes no capitalismo será entre os super-remunerados e os normal ou precariamente pagos. Exige um pouco mais compreender por que essa tensão é mais ou menos equivalente à oposição entre os *beautiful people* e as pessoas com rostos que não rendem nada. Se quisermos definir a significação da palavra "povo" no capitalismo avançado, nos depararemos com a massa daqueles que permanecem excluídos da super-remuneração. Mesmo no futuro, isto é certo, o povo não terá nada a receber por sua mera aparição.

Por meio de seu comportamento, as elites da cobiça declaram-se partidárias do postulado de que precisa ser estabelecido no ente o potencial para jogos permanentes de ganho — ao menos para fases de sucesso suficientemente longas, a fim de dotar os que recebem as vantagens com excedentes para o resto de suas vidas. Normalmente, a cobiça aguda é acompanhada pela sensação de merecer mais sorte do que se experimentou até aqui — uma das razões pelas quais não é possível indicar nenhum limite interno para atividades impelidas pela cobiça. No curso dos séculos capitalistas, foram muito poucos os aspirantes à fortuna que se prontificaram a constatar com Andrew Carnegie: "Tive muito mais sorte na vida do que me cabia."[12]

Precisamos observar em relação aos infelizes albaneses e a sua iniciação no espírito do capitalismo especulativo que, visto como um todo, eles poderiam falar de sorte no azar. Apesar das mais ou menos vinte mil falências de pequenas empresas em todo o país, depois da dissipação da crise as suas perdas se mostraram como muito menos dramáticas do que se tinha temido sob o efeito do primeiro impacto afetivo. Para os que escaparam ficou marcada a ferro a lição segundo a qual a reestruturação baseada na economia da propriedade de uma antiga economia dirigida não pode acontecer por meio da mera especulação. Eles aprenderam algo que é um fato corriqueiro para veteranos do capitalismo: a criação valorativa cotidiana possui uma indolência de tipo particular, pela qual não se pode passar os olhos impunemente. Quem quer fazer fortuna pelas vias normais precisa trabalhar um pouco e fazer renúncias. Por mais que o sonho da riqueza rápida seja imprescindível para a dinâmica impulsiva do capitalismo, o capitalismo pressupõe inicialmente uma cultura regular do empreendimento, assim como um mundo do trabalho disciplinado que se submete aos esforços de um plano apenas um pouco inclinado.

Como observamos, o capitalismo regular, que sabe se contentar com as cotas de lucro consolidáveis em termos da economia real, é marcado pela tensão entre o peso dos juros e o aumento da produção — a partir da inclusão de fatores psicopolíticos conjuntos, de cuja modificação depende o acontecimento da transformação de uma população dada numa associação de consumidores capazes de demanda. Se as crises das pirâmides no leste e no sul da Europa precisavam ser remetidas a uma psicose aguda baseada na cobiça — assim como a uma erotização súbita e rudimentar da administração afetiva —, durante a fase seguinte de consolidação, formas de erotização da "sociedade" que se estabelecerem mais profundamente, formas discretas e cronicamente efetivas, precisaram se fazer valer.

---

12. Andrew Carnegie, *Geschichte meines Lebens* [História da minha vida], 2ª ed., Leipzig, 1922, p. 189.

Entrementes, compreendemos em que medida a modernização psicodinâmica de "sociedades" monetariamente mobilizadas porta a face do erotismo. Na modernidade econômica, essa erotização não se encontra menos na ordem do dia do que a dissolução do controle timótico afetivo (apenas aparentemente arcaico), juntamente com os seus aspectos (apenas aparentemente irracionais) incompatíveis com o mercado, por meio da psicopolítica tempestiva da reprodução do desejo e da cobiça calculista. Essa transformação não pode ser alcançada sem uma despolitização de longo alcance das populações — e, ligado a isso, sem a perda progressiva de significação da linguagem em favor da imagem e do número. São antes de tudo os partidos de esquerda clássicos, uma vez que eles são ativos *per se* como bancos de ira e de dissidência, que chamam a atenção neste novo clima como relíquias disfuncionais. Eles estão condenados a lutar com discursos horríveis contra imagens de gente bonita e tabelas de números frios — um empreendimento inútil. Em contrapartida, social-democracias modernizadas à la New Labour movimentam-se no elemento do erotismo capitalista como peixes na água — eles se despediram como partidos de orgulho e ira e operaram a virada para o primado do apetite. Um depósito de ilusões é colocado à disposição das nações pós-comunistas por meio da irrupção da cultura imagética ocidentalmente pré-formada, um depósito que se dirige ao mesmo tempo para o desejo erótico e para o sentido da necessidade da espera.

No curso da transformação chegou-se a uma estimulação singular em termos histórico-morais das rivalidades dos desejos dos participantes dos jogos de cobiça generalizados. Nas populações ocidentais, a mudança estrutural do cobiçar se estende através dos séculos — com uma clara aceleração no século XIX. Se essa época foi caracterizada histórico-culturalmente como o século das operetas, então isso aconteceu porque a erotização da burguesia e da pequena burguesia exigida pelo espírito do tempo tinha criado neste gênero o seu meio mais efetivo.[13] Na verdade, as ordens "sociais" palacianas e primevo-burguesas já tinham trazido à tona surtos de rivalidade e desencadeado competições acirradas entre os participantes das intrigas palacianas e os dirigentes dos empreendimentos comerciais. Os dois eram sistemas de ação já marcados pela "modernização emocional", a saber, pelo adensamento do trânsito e por uma intensificação correspondente das *liaisons dangéreuses*, ou seja, das interações estratégicas. Em nenhuma formação

---

13. Siegfried Kracauer, *Jacques Offenbach und das Paris seiner Zeit* [Jacques Offenbach e a Paris de seu tempo], Frankfurt, 1994.

histórica, contudo, foi necessária uma medida tão elevada de concorrência dirigida pela cobiça e pela inveja quanto na "sociedade" desenvolvida do consumo de massas, que se expandiu triunfalmente segundo o padrão euro-americano — depois de um prelúdio de mais de 150 anos — durante a segunda metade do século XX em muitos lugares da Terra.

Junto a esses processos fica claro que todas as modernizações confluem para uma revisão mais ou menos dramática da moral obrigatória desde a Antiguidade. Como os sistemas de hoje não têm por pressuposto coletividades combativas, mas populações erotizadas, eles abdicam de exigir a suspensão do quinto mandamento do Antigo Testamento — tal como demonstramos, um dos traços marcantes do fascismo de esquerda que retornou no nacional-socialismo. Essas duas formações de modelagem afetiva timótica exigiram lutadores resolutos e mães felizes em procriar, amantes desprovidos de ambições e consumidoras de luxo — de fato, partidários britânicos da Internacional Comunista entoaram nos anos 1930 uma canção para o texto: "Paremos com o amor até a revolução/ até lá o amor é contrário ao bolchevismo."[14] O primado dos valores combativos era uma coisa clara para os ativistas. O eros, em contrapartida, figurava sob a rubrica ridícula de "luxo burguês". Enquanto o "matar" manteve o primado em relação ao "amar", o espírito da revolução se voltava antes de tudo contra o quinto mandamento.[15]

Por outro lado, na esfera de consumo avançada, amar, desejar e gozar se tornaram o primeiro dever civil. Agora, são as prescrições de abstinência e as proibições à inveja antimiméticas contidas no decálogo que precisam ser suspensas e substituídas por seus inversos. Se o décimo mandamento dizia: "Tu não deves cobiçar a casa de teu próximo. Tu não deves cobiçar a mulher de teu próximo, o seu escravo ou a sua escrava [...]!" (Êxodo 20:17), o primeiro mandamento do novo sistema moral dominante apresenta agora a seguinte formulação: *Tu deves cobiçar e gozar de tudo aquilo que te é mostrado pelos demais desfrutadores como um bem desejável!* Daí segue logo o segundo mandamento, que pode reforçar os efeitos do primeiro. É um mandamento de exibição que, diametralmente contrário às prescrições de discrição da tradição, eleva ao nível de norma a ostentação aberta do

---

14. Apud Eric Hobsbawn, *Gefährliche Zeiten: Ein Leben im 20. Jahrhundert*, Munique, 2006, p. 146. [Ed. bras.: *Tempos interessantes: uma vida no século XX*, trad. S. Duarte, São Paulo, Companhia das Letras, 2002.]

15. Cf. p. 196 et seq.

desfrute pessoal com o objetivo de provocar a imitação:[16] *Tu não deves fazer nenhum segredo de tua cobiça e prazeres.* Seria miopia achar que os efeitos do princípio da exibição estariam restritos ao mundo da propaganda e das casas noturnas — na verdade, a construção de realidade do capitalismo subjetivado como um todo é estruturada com vistas a competições por visibilidade. A visibilidade designa as áreas para a estimulação de impulsos invejosos — que atravessam o mundo das mercadorias, o mundo do dinheiro, o mundo do saber, o mundo do esporte. Para compensar os efeitos perigosos dos dois mandamentos de desinibição, o terceiro e último mandamento exige: *Tu não deves atribuir os eventuais insucessos numa competição pelo acesso a objetos de cobiça e a privilégios do gozo a ninguém mais senão a ti mesmo!*

Dissidência dispersa — a internacional misantrópica

As reflexões até aqui apresentaram alguns pressupostos para a evidente impossibilidade de coleta e de organização das quantidades de ira e de dissidência nos países centrais do modo de vida neocapitalista. Os mais importantes entre esses países já foram sumariamente nomeados muitas vezes: no horizonte do presente, não são visíveis nenhum movimento e nenhum partido aos quais pudesse caber novamente as funções de um banco mundial para os aproveitamentos utópico-proféticos de estímulos timóticos. Por não haver um posto de coleta da ira operativamente bem-sucedido dotado de uma perspectiva quanto ao "que fazer" obrigatória, também faltam ao mesmo tempo pontos de vista teóricos, a partir dos quais poderia haver discussões conjunturais sobre questões verdadeiramente globais. Apesar de a esfera pública do Ocidente e dos países emergentes se ver há anos inundada por uma onda de enunciados moralizantes sobre a assim chamada globalização, não resulta da soma dos discursos o rasto de um novo *organon* — a não ser que

---

16. Cf. Peter Sloterdijk, *Erwachen im Reich der Eifersucht. Notiz zu René Girards anthropologischer Sendung.* [Acordar no reino do ciúme. Nota ao programa antropológico de René Girard]. Posfácio de: *René Girard, Ich sah den Satan fallen wie einen Blitz. Eine kritische Apologie des Christentums* [René Girard, eu vi Satã caindo como um raio. Uma apologia crítica do Cristianismo], Munique/Viena, 2002, pp. 241-254. Slavoj Žižek também comenta sobre a estrutura perversa do novo imperativo de consumo em diversos pontos de sua obra.

se pretenda considerar os departamentos sociológico-mundiais do Pentágono, assim como os Estados-Maiores que lidam com a assim chamada "guerra ao terror" como um tal *organon*. A tese de que não há no momento nenhuma forma popularizável de uma apocalíptica positiva que esteja em condições de traduzir o colapso potencial dos atualmente bem-sucedidos sistemas sociais e econômicos em visões atraentes para tempos vindouros expressa de maneira exata a mesma circunstância. Nem em Davos nem em Porto Alegre falou-se nos últimos anos de maneira plausível sobre modelos pós-capitalistas. Dito de outro modo, isso não prova senão que o capitalismo quer ser a partir de agora toda a cultura. Com isso, ele posiciona a si mesmo como o horizonte inultrapassável do presente. Segundo a sua autocompreensão, o que se segue a ele nunca pode ser outra coisa senão ele mesmo em suas infatigáveis metamorfoses e eufóricas superações. Somente os discursos sobre o movimento solar e os pontos de partida antissistêmicos aparentados contêm projeções com certa profundidade temporal que colocam diante de nós um fim inevitável para o sistema dominante, com base em sua dependência em relação a energias fósseis que se esgotarão mais cedo ou mais tarde. Alguns deles só denominam as razões que tornam necessária a passagem para um regime pós-energia fóssil, outros avançam até um horizonte para além da economia do capital.[17]

Ao menos de maneira indireta, também já tocamos na segunda razão central para a desvalorização dos impulsos irados na administração afetiva das democracias capitalistas: ela deve ser buscada no fato de as relações contemporâneas tenderem a minar a maioria das variantes do pensamento fundamentalista — incluindo aí as figuras neo-hegelianas que se apresentam como realizações práticas de um pensamento que "vai às raízes". Foram excluídas do cânone do presente formas conjuntas de teoria com barba. As típicas teorias barbadas foram aquelas que, na verdade, comentavam em termos de crítica à ideologia as imagens de mundo de

---

17. No livro de Immanuel Wallerstein (*Utopistik: Historische Alternativen des 21. Jahrhunderts* [Utopismo: alternativas históricas do século XXI], Viena, 2002), o surgimento de uma ordem pós-capitalista é postulado em razão de reflexões sistêmicas abstratas. No entanto, não encontramos ali nenhuma referência mais concreta ao seu *modus operandi*. Quanto à virada político-solar, cf. Hermann Scheer, *Solare Weltwirtschaft: Strategie für die ökologische Moderne* [Economia solar mundial: estratégia para a modernidade ecológica], 5ª ed., Munique, 2002; assim como idem, *Energieautonomie: Eine neue Politik für erneuerbare Energien* [Autonomia energética: uma nova política para energias renováveis], Munique, 2005.

seus adversários (e, nesta medida, operavam no plano de uma observação de segunda ordem), mas continuavam aplicando no que diz respeito aos seus próprios temas semânticas de mundo ingênuas — comparáveis nesse ponto aos mais rudimentares sistemas de crença. Elas instauraram a conexão entre timótica e extremismo por um lado, e entre extremismo e pensamento monológico, do outro.[18] Se não se pode compreender a ira sob tais condições, isso só é espantoso para aqueles que investiram eles mesmos no negócio com a ingenuidade.

Uma terceira razão para a difusão dos potenciais de ira e de protesto precisa ser encontrada na transformação de seus meios de coleta e de seus mitos organizadores. Enquanto já existia para proletários com consciência de classe do final do século XIX e início do XX a possibilidade de integrar sofrimentos e lutas locais à epopeia do movimento dos trabalhadores, talvez até mesmo à grande narrativa do advento da revolução, os portadores de ira atuais não dispõem mais de nenhum cenário com poder de orientação, de nenhuma narrativa convincente, que lhes indique um lugar vital nos acontecimentos mundiais. Nesta situação, é natural o retorno a invenções históricas étnicas e subculturais. Se tais invenções não estão disponíveis, entram em seu lugar construções "nós-eles" locais. Uma vez que os insatisfeitos da pós-modernidade não podem desafogar os seus afetos em outros palcos, não lhes resta senão a fuga para dentro da própria imagem, tal como ela é fornecida pelos meios de comunicação de massa, logo que cenas de violência atraem para si uma parte do interesse público. O rápido reflexo de excessos autoperpetrados nas imagens dos jornais e da televisão pode trazer consigo uma satisfação momentânea para os atores; em alguns casos, ele pode significar até mesmo uma espécie de prova de existência desagravadora. No entanto, exatamente em tais episódios se impõe a lei do meio contra os conteúdos. Aqui se mostra uma vez mais que os instrumentos da "esfera pública burguesa" não podem funcionar como coletores ou como meios de captação e de formação para sujeitos timóticos *in spe* (ou seja, eles não têm condições de moderar a transformação de ira em orgulho e esperança). Sem dúvida alguma, é próprio

---

18. Cf. Peter Sloterdijk, *Was geschah im 20. Jahrhundert?: Unterwegs zu einer Kritik der extremistischen Vernunft* [O que aconteceu no século XX?: a caminho de uma crítica da razão extremista], preleção inaugural para a cátedra Emmanuel Lévinas, Estrasburgo, 4 mar. 2005; assim como: idem, Peter Sloterdijk e Hans-Jürgen Heinrichs, *Die Sonne und der Tod. Dialogische Untersuchungen* [O sol e a morte: investigações dialógicas], Frankfurt, 2001, Sexto diálogo, pp. 304-320.

dos meios de comunicação de massa modernos o potencial para desencadear epidemias afetivas — todos os temas capazes de fazer manchete se expandem, como se sabe, segundo o princípio da infecção viral. Ao mesmo tempo, eles neutralizam as suas matérias-primas a fim de submeter ocorrências conjuntas à lei da indiferenciação. Sua missão democrática consiste em produzir indiferença, visto que eliminam a diferença entre coisas principais e secundárias.

Por fim, precisamos nomear um quarto motivo para a regressão política da cultura de esquerda da ira — esse motivo é obtido a partir da conversão já reiteradamente mencionada da civilização marcada pelo dinheiro ao primado do erotismo. O novo mandamento do amor prescreve que devemos amar os bens dos quais desfrutam nossos vizinhos como se eles pudessem se tornar os nossos. Evidentemente, esse mandamento extensivo do gozo não é em nada mais fácil de seguir do que o extensivo mandamento cristão do amor ao próximo. A pressão de erotização que pesa sobre os jogadores da "sociedade" dinâmico-cobiçosa condenados ao desejo conduz inevitavelmente a que cada vez mais indivíduos isolados e estimulados se vejam envolvidos por impossíveis ofertas de relacionamento. Provém de exigências amorosas crônicas, que precisam fracassar por falta de meios de acesso internos e externos, uma inclinação para o ódio contra tudo aquilo que pertence ao anel do cerco dos pseudo-objetos. Enquanto os sistemas de coleta coletivos no âmbito das ironizações pós-modernas levam-nos da revolta à participação, os estímulos dissidentes, irados, revoltosos, social e linguisticamente empobrecidos, são considerados como uma tendência para o embotamento. Nessa situação, a relação vândala com os objetos impossíveis se impinge como a mais plausível. Poder-se-ia chamar o vandalismo de negatividade dos imbecis e assim caracterizar uma ira que desistiu definitivamente de buscar compreensão.

Em nenhum dos eventos do passado mais recente os mecanismos aqui descritos se manifestaram de maneira mais explícita do que nas perturbações da *banlieue* de Paris, que se conflagou no final de outubro de 2005, para, de acordo com as regras de jogo da imitação medianamente remunerada da violência, se expandir em poucos dias por muitas cidades ou aglomerações urbanas da França. Tratava-se com toda probabilidade nessa inesperada explosão de violência de um grupo de jovens exclusivamente do sexo masculino de origem islâmico-árabe e cristã-africana de uma mistura de tumultos de extravasamento e de um vandalismo provocativo voltado para a diversão — por conseguinte, justamente do *cocktail* afetivo, face ao qual a hermenêutica política da cultura de centro-esquerda hegemônica francesa não sabe simplesmente o que fazer. Deste modo, o folhetim parisiense se contentou em evocar os jogos de linguagem disponíveis no mercado, para os quais qualquer ocasião para autocitação é apropriada. ("Eles colocam fogo em carros — nós brincamos com as nossas adoradas teorias.")

Não há como deixar de ver em tudo isto apenas uma coisa: que nenhum dos partidos políticos podia e queria se colocar à disposição como coletor e transformador das energias sujas emergentes. Na verdade, era possível ouvir confissões vagas em favor dos compromissos da pedagogia republicana, mas nada que apontasse para uma nova estratégia de frutificação política da ira. O único a se distinguir como um intérprete de ouvido aguçado da situação psicopolítica foi o ministro do Interior, Nicolas Sarkozy: ao designar sem floreios os arruaceiros como uma "canalha" (*racaille*), que precisava ser enxaguada por meio de um purificador de alta pressão, ele não quebrou apenas com as regras do *beau parler* político; ele deixou claro que, de acordo com o sentimento da nova maioria moral no país, não estaria mais na ordem do dia nenhum esforço político-integrador, mas antes procedimentos intransigentes de eliminação. É possível que tenha nascido por meio dessa invectiva verbal um paradigma auspicioso de uma semântica política. Os porta-vozes do centro-direita teriam concebido, por conseguinte, o imperativo pós-republicano segundo o qual a política não deve significar mais nada além de um sistema militante de medidas de proteção ao consumidor. No plano retórico, a transposição de uma terapia social para a eliminação dos indivíduos supérfluos parece inconfundivelmente pré-formulada — ela expressa um acordo atual entre o conservadorismo amedrontado de amplas camadas e o princípio neoliberal da rigidez das elites abastadas. Essa aliança encontra-se em contraposição a uma esquerda que nem em sua forma pós-comunista nem em sua forma social-democrata está em condições de desenvolver procedimentos apropriados de coleta da ira e de seu investimento em projetos que possam trazer ganhos timóticos.[19]

---

19. Quando Oscar Lafontaine, ex-ministro social-democrata que escreveu um livro com o título *Die Wut wächst* [A fúria cresce], Munique, 2002, obteve no outono de 2005 um sucesso eleitoral para o novo Partido de Esquerda de toda a Alemanha, insinuou-se com certeza uma perspectiva sobre como criar mais uma vez um núcleo para autoafirmações das cronicamente fracas e mal-articuladas reclamações de desempregados, mal-remunerados e marginais.

A fraqueza das explicações *ad hoc* em circulação para as inesperadas irrupções de violência na França mostra-se em primeira linha no fato de se ter querido ver nelas na maioria das vezes ações meramente momentâneas — e isso apesar de as interpretações do fundamento afetivo que buscava expressão terem variado intensamente: elas se estendiam, sempre segundo a inclinação do intérprete, desde fúria desamparada, passando pelo exercício de impulsos de vingança por humilhação crônica, até manifestação de um puro "prazer pela maldade". Não induz menos ao erro a suposição apresentada por alguns políticos de direita de que, na queima de automóveis e edifícios, assim como em outros atos de vandalismo, tratar-se-iam de ações planejadas ou mesmo direcionadas.

Na verdade, o crescimento da onda de violência remonta à formação de um objeto de ira ocasional que, por meio de uma reconexão estimulante com os meios de comunicação de massa franceses, foi pago com altos prêmios de atenção e estímulos à imitação. O desencadeador estava, até onde as reconstruções atuais dos eventos ocorridos na noite crítica são pertinentes, na rapidíssima difusão de um rumor segundo o qual a polícia tinha matado em 27 de outubro de 2005 dois jovens de subúrbio. Essa sugestão (que logo se evidenciou como meia-verdade, pois não havia nenhuma conexão direta entre a morte dos jovens e as perseguições policiais) foi suficiente para evocar em muitos jovens no local do acontecimento um cenário "ou nós-ou eles" primitivo. Esse cenário estendeu-se rapidamente para outros lugares. Do lado do "eles", encontrava-se naturalmente a polícia estatal, além do, como é compreensível, ministro do Interior de palavreado violento, e de um complexo confuso de pessoas, símbolos e instituições, nos quais se condensavam para esses filhos de imigrantes, de sexo masculino, a estrangeiridade e a hostilidade do ambiente francês.

Apesar de seu caráter vago, a formação de um objeto negativo foi suficientemente articulada para evocar por algumas semanas em muitos jovens a ideia de uma cena de luta realizável. No curso dos tumultos nas ruas de Clichy-sous-Bois, Le Blanc Mesnil, Aulnay-sous-Bois etc., levou-se a termo uma espécie de coleta cênico-teatral com elevada força de atração, por mais que, até onde se pudesse enxergar, não havia em parte alguma uma direção política dando instruções. Uma interpretação apropriada desse fenômeno ultrapassa a amplitude de sociologias habituais; tem-se antes a impressão de que descrições pautadas pela lógica de bandos, descrições midiológicas e mimetológicas, é que estariam em condições de lançar luz sobre o ritmo dos acontecimentos. Decisivo para a rápida escalada da onda foi, em todo caso, o fato de a típica ação na cena de confronto, a queima de automóveis casualmente parados, representar um padrão há muito trivializado, para não falar de um ritual com qualidades iniciáticas. Por meio da forte afluência de novos participantes do jogo, esse padrão de comunhão por meio da destruição caiu repentinemente sob o holofote midiático.

Jean Baudrillard deu voz conceitual ao escândalo num comentário incisivo para o diário *Libération*[20]: foi somente por meio do tumulto de novembro que a esfera pública francesa prestou atenção no fato de, em seu país, durante o ano todo, noite após noite, numa série de cidades, serem queimados em média noventa automóveis — somente durante o ano de 2005 foram mais de 28 mil automóveis, dos quais cerca de nove mil são por conta das perturbações da *banlieue* e suas imitações na província. O ápice das brincadeiras piromaníacas foi alcançado durante a noite de 7 de novembro, quando mais de 1.400 automóveis foram queimados em todo o país. Para além disso, de janeiro a novembro de 2005 as estatísticas constataram 17.500 ateamentos de fogo em *containers* de lixo e quase seis mil atos de vandalismo contra telefones públicos e pontos de ônibus. Apesar de a sociologia dos responsáveis pelos ataques crônicos traçar uma imagem algo mais complexa, há uma grande semelhança entre os atores do tumulto agudo e os autores das queimas permanentes. Trata-se sempre dos mesmos jovens homens irados, para quem a explosiva compreensão de seu caráter social supérfluo vem se aliar à dupla miséria do desemprego e da pressão hormonal excessiva. Seria leviano não querer entender que eles formam os recrutas potenciais daquela guerra que lhes indicou uma perspectiva acerca de como eles poderiam irromper da caldeira de sua apatia involuntária.

Com vistas aos ateamentos diários de fogo, que permaneceram anos a fio abaixo do limiar de atenção dos meios de comunicação, Baudrillard fala sarcasticamente de uma nova luz eterna, que queima em honra do imigrante desconhecido, uma luz comparável com a chama do *Arc de triomphe*. As chamas violentas prestam, então, um testemunho sobre a derrocada psicopolítica da "sociedade" francesa, que não consegue intermediar para uma grande parte de seus imigrantes árabes e africanos e para os seus descendentes uma consciência de pertencimento à cultura

---

20. Jean Baudrillard, "Nique ta mère! Voitures brûlées et non au référendum sont les phases d'une même révolte encore inachevée" in *Libération*, Paris, 18 nov. 2005.

política do país de chegada. No entanto, essa é uma descrição equivocada da situação, pois não se trata da "cultura política" francesa cujas belezas não se revelariam para os jovens irados, mas de posições sociais atraentes que os descendentes de imigrantes não têm nenhuma chance de alcançar. Quando Baudrillard levanta a questão: "pertencente ao que afinal?", ele já pressupõe com uma lucidez provocante o desaparecimento do *éthos* republicano como força de campo política normativa na "sociedade" civil francesa. Um resultado similar foi formulado por Régis Debray com uma ênfase midiológica e teórico-cultural, quando ele, não sem melancolia, constata a falta de uma religião civil efetiva na França. Se seu diagnóstico fosse pertinente, isso não significaria menos do que afirmar que o país teria entrado irrevogavelmente numa situação que não tem apenas traços pós-gaullistas, mas também pós-republicanos. Baudrillard chega, por sua vez, à conclusão de que a maioria dos franceses vêm se comportando entretempo em seu próprio país como imigrantes inseguros e assolados pelo ressentimento. Eles só poderiam continuar se afirmando como autóctones na medida em que discriminam outros imigrantes.

De fato, por meio da tese excessiva de que a "sociedade" teria se transformado numa coletividade fantasmagórica para si mesma, a atenção é dirigida para o ônus psicopolítico da erotização capitalista.[21] É de se supor, porém, que um olhar mais paciente para as reservas democrático--republicanas da cultura política francesa talvez viesse a demonstrar que as coisas estão algo melhores no que diz respeito à sua capacidade de regeneração do que pensam os comentadores engenhosamente pessimistas. É isso que provam as greves em todo o país; greves em função das quais o governo do primeiro-ministro Villepin foi obrigado em março de 2006 a retirar da Assembleia Nacional a lei de flexibilização do mercado de trabalho para os recém-formados (*Contrat première embauche*). Por outro lado, esses protestos demonstram que a juventude francesa se sente em casa dentro de uma bolha ilusória na qual privilégios são defendidos como se fossem direitos fundamentais. Mas o grau atual da erotização subversiva das massas também explicita claramente o quanto o conjunto timótico tradicional do tipo povo, nação, partido e confissões foi enfraquecido e, em parte, até mesmo dissolvido pela política da cobiça no

---

21. Quanto ao tema "imigrante em seu próprio país" ou nações pós-modernas como asilos para moradores nacionais, cf. entre outros Peter Sloterdijk, Hans-Jürgen Heinrichs, op. cit., p. 188 et seq.

capitalismo popular — e isso por assim dizer por detrás das costas dos atores. Daí, todo cidadão consumidor individual — desde que não seja mantido em forma por meio de forças contrárias familiares, culturais e corporativas — é ancorado cada vez mais na solidão envenenada de uma provocação do desejo condenada ao fracasso. Quando, no referendo de maio de 2005, os franceses disseram "não" no plebiscito relativo à constituição europeia, eles realizaram, de acordo com Baudrillard, um ato que representou, segundo o conteúdo político e gestual, o equivalente exato dos tumultos dos desintegrados nos subúrbios. Eles se comportaram em clara maioria como incendiários de cédulas de votação. O seu comportamento foi o daqueles que se recusaram à integração, que não se posicionaram em relação ao objeto "Europa", louvado pela classe política de maneira menos sarcástica do que os jovens da *banlieue* em relação aos atrativos da República francesa.

As observações que fundamentam os diagnósticos de Baudrillard e Debray convergem para uma zona obscura. Elas trazem à luz um negativismo amorfo, em cuja fenomenologia se trabalha esporadicamente há muito tempo, enquanto a terapia tanto quanto a política marcam passo. Em seu ensaio de 1993, *Aussichten auf den Bürgerkrieg*, Hans Magnus Enzensberger cita um assistente social da *banlieue* de Paris que descreveu plasticamente a dinâmica do vandalismo — de uma maneira ainda hoje minuciosamente reconhecível:

> Eles já quebraram tudo, as caixas de correio, as portas e as escadas. Eles demoliram e saquearam a policlínica, onde seus pequenos irmãos e irmãs são tratados gratuitamente. Eles destroem completamente consultórios médicos e odontológicos e dizimam as suas escolas. Quando se erige para eles um campo de futebol, eles serram as traves.[22]

Enzensberger enfileira essas observações com vistas a um panorama formado por cenas de violência desordenada, que ele resume sob o título "guerra civil molecular". O gesto típico dessa "guerra" e de seus "guerreiros" é a desertificação a esmo do terreno, que só representa aparentemente "o seu próprio terreno". Tal comportamento produz, de acordo com o autor, uma resposta ao obscuro reconhecimento de que fala a

---

22. Hans Magnus Enzensberger, *Aussichten auf den Bürgerkrieg* [Perspectivas sobre a guerra civil], Frankfurt, 1993, p. 32.

partir das imagens de acampamentos superlotados e subúrbios desoladores o seguinte: "somos *numerosos demais*." Tal reconhecimento precisa ser desconcertante para os seus portadores. Quando esses, não raramente até então figuras discretas e à margem, batendo cegamente em tudo ao seu redor, se propõem a tomar por fim em suas mãos a "aniquilação dos supérfluos", eles o fazem porque "contam a si mesmos secretamente" entre eles.[23]

Os indícios da "guerra civil molecular" crescem inicialmente de maneira quase imperceptível: lixo acumulado nas beiras das ruas, garrafas de cerveja quebradas nas rodovias e calçadas, seringas jogadas nos parques, grafites monótonos por toda parte, "cuja única mensagem é o autismo". Com o tempo, os sintomas da destruição atingem um limiar crítico: móveis escolares destroçados, pneus esburacados, telefones inutilizados com tesoura, carros queimados — fica claro, então, que uma linguagem embrutecida, marcada pelo desprazer em relação ao que existe, estabelece aqui os seus sinais. Ainda não se trata, contudo, nem mesmo de rastos de uma "guerra civil". Poder-se-ia falar de tal guerra se partidos formados por combatentes se encontrassem um perante o outro como realidades confrontáveis. Ao invés disso, o que se vê nas improvisações vândalas são ondas de uma negatividade pré-objetiva, que atesta a incapacidade de seus portadores de agir como cidadãos, mesmo que seja como cidadãos combativos. O que impulsiona tudo isso é, como Enzensberger observa de maneira lúcida, uma "fúria em relação ao que não se encontra danificado", um "ódio em relação a tudo o que funciona", um rancor contra as relações vigentes "que compõem um amálgama indissolúvel com o ódio ante si mesmo".[24] Aliás, a essas alturas, o autor já atribuía à televisão uma estreita cumplicidade com todas as formas do vandalismo corrente, uma vez que ela funciona "como um único e gigantesco grafite"[25], rabiscada na parede de semidesvairados indivíduos irados, que sabem o que é preciso fazer para, com o auxílio de garrafas de cerveja cheias de gasolina, de um isqueiro e de um grupo de filmagem solícito, infalivelmente aparecer no jornal da noite.

O que designamos como "linguagem do desprazer com relação ao existente" descreve uma epidemia da negatividade, com cuja expansão aquilo

---

23. Ibid., p. 48 et seq.
24. Ibid., p. 52.
25. Ibid., p. 70.

que antigamente se denominou o mal-estar na cultura se acentua e se transforma numa insurreição no interior da civilização fracassada. Esse tipo de negatividade não tem senão muito pouco em comum com as formas até aqui tratadas da ira moralmente articulável e politicamente coletável. É só a posteriori que, com vistas a esses fenômenos, se compreende toda a extensão da imprudência política e antropológica cometida pela esquerda tradicional, em particular sua ala bolchevique, mas também suas formas mais liberais, ao supor sem qualquer prova tanto junto aos seus membros como do lado das assim chamadas massas uma convivência natural e suas ambivalências entre os homens em grandes associações sociais.

O mínimo que se poderia dizer sobre essas suposições sociófilas primárias é que elas repousam sobre uma visão unilateral das relações vigentes. De maneira realista, teríamos de contar com um componente sociofóbico igualmente primário no âmbito da socialização humana. Sob uma política social que não compreendesse o fato de o sentido da organização social ter de se manter dentro de certos limites, a perturbação dos homens pelos homens jamais possuiria a menor perspectiva de sucesso. Os regimes coletivistas do século XX chocaram-se propositalmente contra esse mandamento, visto que inventaram um sadismo sem precedentes do encurralamento conjunto: a perfídia extrema dos mundos pensados como campos de concentração, a exemplo dos que foram criados por Lenin, Stalin, Hitler e Mao, não se revela tanto no fato de se reduzir aí o homem ao *status* de uma "vida nua e crua", tal como Giorgio Agamben procurou mostrar numa interpretação aguçada. O campo de concentração repousa muito mais sobre a intuição segundo a qual o inferno são os outros, logo que eles se impõem mutuamente a sua indesejada proximidade — em *Entre quatro paredes* (*Huis-clos*), Sartre trocou apenas o inferno macro pelo inferno micro. Quem agrega firmemente os seus inimigos numa coexistência total cuida para que cada um em particular seja destruído pela pequena chama da hostilidade induzida contra o seu igual. Apenas os santos sobrevivem às situações dos campos de concentração sem se desumanizar. "Campo de concentração" é apenas um nome convencional para o atiçamento moderno da misantropia. Se não levarmos em conta o substrato misantrópico oculto — só insinuadoramente descoberto no juízo cotidiano velado de que o homem não precisaria sofrer pelo homem (Céline: "um escroto a menos") —, os excessos exterministas do passado mais recente permaneceriam ainda mais obscuros do que já são, apesar de todas as explicações históricas e psicológicas buscadas até aqui.

Sob esses aspectos, a sentença doutrinária *homo homini lupus** perde a sua pertinência. Quem fala do século dos lobos para designar o século XX continua pensando de maneira por demais inofensiva.

Mesmo a xenofobia das direitas é apenas uma das boas formas do plasma misantrópico. Não podemos visualizar esse fato como tal enquanto ele continuar se apresentando em cunhagens concretamente endereçáveis, que são *eo ipso* o seu pseudônimo, os seus guarda-roupas ideológicos. Quem se escandaliza apenas com os trajes políticos e ideológicos da náusea pelo social perde de vista a mensagem misantrópica enquanto tal. É característico da crítica usual à hostilidade contra os estrangeiros feita pelos representantes da maioria liberal-filantrópica o fato de as pessoas colocarem a si mesmas em segurança, anunciando em alto e bom som a sua estranheza com a estranheza dos outros. Não se quer tomar de maneira alguma conhecimento dos aspectos obscuros da atmosfera misantrópica, nem em si mesmo nem nos outros. Na verdade, a tendência sociofóbico-misantrópica está tão em casa no campo da esquerda quanto no da direita: ela brada em todos os idiomas oportunos contra as suposições de coexistência com o que quer ou quem quer que seja. Só o vandalismo epidêmico amorfo deixa subir à superfície o caldo fundamental negativo. Com esse caldo torna-se apresentável como radical de comportamento uma misantropia primária, sem misturas e sem atenuações, o insondável desprazer em relação ao mundo compartilhado e à sociedade, sim, mesmo em relação ao fato do mundo em geral. Neste ponto fica claro como é que a misantropia constitui, por sua parte, a forma especial de uma negatividade amorfa, que se poderia definir por meio de conceitos como misocosmia ou misontia: hostilidade em relação ao mundo e ao ente na totalidade. Ela traz à tona o desprazer em relação à exigência de existência e de coexistência em geral.

Em exaltações moluscoides, nos deparamos com a ira no ponto zero de sua articulação. Depois da recaída no nível difuso-universal do desprazer, ela perdeu toda e qualquer possibilidade de coleta, de transformação e de formação. Ela não sabe simplesmente mais nada acerca da conexão estreita entre sentimento valorativo, sensibilidade para o que é direito e capacidade de indignação — essa matriz da cultura da irritação democrática. Ela parece submersa agora num plano subtimótico, a partir do qual não há mais impulso algum para fazer

---

* Em latim no original: "o homem é o lobo dos homens." [N.T.]

vigorar o próprio valor e para requisições próprias.²⁶ Sobre a "base" da mais obscura ira se movimenta, de modo difuso e inarticulável, a exigência por um fim da humilhação provocada pelo real. Trata-se de um extremismo do cansaço — um embrutecimento radical que se recusa a toda configuração e a todo cultivo. Na verdade, os seus agentes não gostariam de mover nenhum dedo, caso fazer-se de morto fosse o meio de sair da caldeira do fracasso. Quando batem nas coisas à sua volta, para destruir tudo aquilo que cruza casualmente o seu caminho, isso acontece como numa língua estrangeira de gestos em cujo sentido eles mesmos não acreditam. Para esses extremistas do enfado, a sua própria presença em massa não significa nada. Eles não querem saber de modo algum de que talvez se tornassem o mais forte dos partidos — se pudessem efetivamente tomar o partido de algo, mesmo que esse algo fosse os seus próprios interesses.

Essa internacional do enfado humano existe numa constante autodissolução. Noite após noite, ela se desfaz em milhões de anestesias isoladas; todo dia, ela risca a si mesma de maneira amorfa da ordem do dia, juntamente com os seus interesses. Nenhuma assembleia constituinte estaria em condições de dar forma e conteúdo a sua objeção desmedida contra o estado das coisas. Onde vêm a termo tumultos fragmentários, as teses dos autores são reconhecidas no dia seguinte como cacos, destroços e latas queimadas. Não é de se espantar que os membros da internacional impossível não se sintam tocados de maneira alguma pela ideia de uma união organizatória. Todo tipo de cooperação com os seus iguais que estivesse voltada para um fim significaria um passo em

---

26. Alguns psicoterapeutas explicam que mesmo tendências fortemente destrutivas presentes em portadores de sentimentos fanáticos de ódio seriam reversíveis se os afetados tivessem uma ocasião propícia para fazer experiências compensadoras positivas. Cf. Carl Goldberg, "Terrorism from a psychoanalytic perspective" [Terrorismo de uma perspectiva psicanalítica], in: Jerry Piven, Cris Boyd, Henry Lawton (orgs.), *Terrorism, Jihad, and Sacred Vengeance* [Terrorismo, Jihad e Vingança Sagrada], Gießen, 2004, p. 212 et seq. Não se explica se isso também é válido para os fenômenos do negativismo amorfo aqui indicados. No que diz respeito aos inúmeros recrutas do Islã militante, as informações dos terapeutas não têm relevância. Por um lado, o tão citado ódio não desempenha para eles papel algum: ele é apenas um código e um hábito infeccioso, não há sentimento pessoal; nos Estados Unidos, investigações psicossociais recentes chegaram até mesmo à conclusão de que terroristas são menos neuróticos do que a média da população. Por outro lado, esses grandes grupos não representam pacientes potenciais, mas desafios políticos aos quais se deve responder apenas com meios políticos.

direção à transcendência, ao não cansaço, ao não ter sido vencido. A questão é que não dar esse passo é a sua mais íntima vingança contra as relações vigentes.

O teatro mundial das ameaças

Por fim, gostaríamos de nos permitir uma visão panorâmica ao estilo de uma consideração histórico-mundial e de olhar sumariamente para trás em direção aos destinos do elemento timótico durante os últimos duzentos anos, a fim de colocá-los diante do pano de fundo dos dois milênios monoteístas. Neste ponto mostraremos que os dois órgãos poderosos de coleta metafísica e política da ira na civilização ocidental, a doutrina católica da ira de Deus e a organização comunista das massas iradas antiburguesas e anticapitalistas, não resistiram às provações do tempo.

O catolicismo só sobreviveu à ascensão da modernidade ao preço de uma adaptação contrafeita ao dia que se estendeu por exatos dois séculos. Durante esse longo período, ele teve de se comprazer com gestos de renúncia que se assemelham em certos aspectos de tal modo ao antimodernismo teocêntrico de tipo islâmico e islamístico que conhecemos a partir de fontes atuais, que daria quase para confundi-los. Durante a sua fase de resignação, o catolicismo bradava furiosamente contra a presunção dos modernos de querer transformar a religião em questão privada e se empertigava ao estilo de um movimento zelótico de Deus sozinho contra as tendências de formação de uma cultura de Estado laica ou distanciadamente neutra em termos religiosos. Todavia, uma mudança de postura fundamental no catolicismo não podia ser evitada a longo prazo, apesar de ela não ter se concluído antes da segunda metade do século XX. Essa mudança trouxe consigo um reaparelhamento teológico profundo: para poder firmar de uma vez por todas a paz com os modernos, Roma precisou se cindir das tradições anti-humanistas e antiliberais que pareciam anteriormente inegociáveis e que se enraizavam no absolutismo do direito de Deus. A transformação atingiu um ponto no qual a teologia católica definiu a si mesma como *organon* para uma fundamentação mais profunda dos direitos humanos. Naturalmente, isso atraiu para si a renúncia à intimidação desonrosa dos crentes por meio de ameaças apocalípticas e dos horríveis tons das *Dies-irae*. Em consequência disso, as doutrinas arcaico-venerandas da ira de Deus e as imagens do juízo final vingativo no fim dos tempos foram retiradas de circulação intraeclesiasticamente — elas caíram neste ínterim no nível de curiosidades, que se inspecionam com grande deleite como um gênero de horror metafísico, visto que nisso ainda se encontra efetivamente interesse.

No que concerne à tentativa do comunismo de criar um posto de coleta mundial de energias timóticas com rendas humanas globalmente convincentes, a desilusão e a irritação junto às antigas testemunhas da época fantasmagórica ainda estão próximas demais para que se precisasse explicar por que todo pensamento relativo a uma retomada "aprimorada" de experimentos semelhantes significa um puro disparate. Aos olhos dos que nasceram depois, a aventura comunista já representa hoje uma curiosidade sombria, tão gótica quanto a escatologia católica desaparecida.

Tratamos dos motivos, dos procedimentos e das promessas intrínsecas às duas grandes coletas de ira no segundo e no terceiro capítulo deste ensaio. Sobre as consequências de sua dissolução fala o primeiro capítulo, no qual chamamos rapidamente a atenção para a livre flutuação da vingança na situação inicial pós-cristã; e este quarto capítulo, que dirige o seu olhar para o desabrigo da ira na conjuntura pós-comunista. Neste caso, não almejamos investigar as conexões possíveis e reais entre o catolicismo e o comunismo — de fato, poderia ter parecido natural retratar o comunismo como uma figura de secularização da teologia da ira cristã, até mesmo como tradução materialista da ideia do reino de Deus. Contentemo-nos, por isso, com uma observação que não pode ser mais desenvolvida aqui: em muitos aspectos, os traços de um segundo catolicismo foram efetivamente próprios ao comunismo. Se foi afirmado em 1848 com um tom de desagravo triunfal que um fantasma perambulava pela Europa, que todos os governos entre Paris e São Petersburgo tinham sido transplantados para uma situação de medo e pavor, essa viragem atesta o surgimento de uma situação posterior à "morte de Deus", na qual mesmo a função do juízo final — ao lado de vários outros institutos de Deus — precisava ser transferida para agências terrenas. De acordo com o estado das coisas, o comunismo primevo era preferencialmente requisitado para essa herança. O caráter "fantasmagórico" deste movimento, um caráter que Jacques Derrida acentuou em seu livro tantas vezes citado, *Os espectros de Marx*, naturalmente não emergiu, tanto quanto Derrida sugere, do fato de que se tratava no comunismo de uma utopia racionalista e, por conseguinte, de uma ideação que, independentemente de tal movimento, só conseguia vir à tona sob o modo do fantasma, nunca como figura de carne e osso. O que tornou desde o início o comunismo emergente algo dotado de uma violência fantasmagórica e que lhe emprestou força foi a sua capacidade logo reconhecida de ameaçar fidedignamente as relações existentes por meio da revolução. Ao perder a sua capacidade ameaçadora, ele também foi suplantado como fantasma — e nenhuma animação em congressos filosóficos dará à abóbora vazia uma nova força fantasmagórica.

Depois da queda do comunismo, o negócio da vingança histórico-mundial ou, dito de maneira mais genérica, do equilíbrio universal do sofrimento, precisou escorrer pelas mãos das agências humanas. Consequentemente, havia boas razões para a Igreja católica ter podido se colocar em cena como o verdadeiro pós-comunismo, sim, precisamente como a alma de um comunismo autêntico e espiritual — a missão teatral de Karol Wojtyla foi perceber essa oportunidade. A mensagem católica inclui naturalmente o retorno à postura clássica moral-conservadora, segundo a qual mesmo o homem do presente precisaria se libertar da ira e da revolta, a fim de reencontrar aquilo que tinha perdido em consequência dos acontecimentos de 1789: paciência e humildade. O que na maioria das vezes se desconsidera nessas recomendações é o fato de as virtudes elevadamente elogiadas se encontrarem sobre bases fracas, caso não chegue para lhes auxiliar a força ameaçadora de uma teologia do juízo final anunciável de maneira fidedigna.

Essas referências induzem à compreensão segundo a qual continuamos sem poder negar à figura hegeliana de astúcia da razão uma certa utilidade, por mais ascéticas que sejam as expectativas que se dirigem hoje para os indícios da possibilidade de uma razão velada na história. Se tivéssemos que sintetizar distanciadamente as realizações do comunismo, precisaríamos mencionar em primeira linha os seus efeitos externos que excederam em muito os efeitos internos em termos de produtividade. Eles foram de certo tão paradoxais que quase nunca ganharam voz expressamente. Não se precisa evocar aqui uma vez mais os esforços frequentemente apreciados da União Soviética contra os exércitos invasores do nacional-socialismo. Na verdade, o efeito externo mais importante do comunismo real só se desdobrou depois de 1945, quando surgiu diante do pano de fundo do regime stalinista marcado pelo tilintar das armas e de seus postos avançados na Eupa central e ocidental uma chance historicamente única para a reforma do sistema social europeu.

Ironicamente, o banco mundial comunista da ira obteve o seu sucesso mais significativo sob um efeito colateral não visado. Ao acumular um potencial político e ideológico ameaçador verdadeiramente atemorizante, ele ajudou os seus principais adversários de outrora, os socialistas e social-democratas ocidentais moderados, a alcançar o ápice de sua capacidade histórica de realização. Ele tornou fácil para os partidos socialistas parlamentarmente integrados na Europa extorquir dos administradores liberais e conservadores do capital uma profusão sem precedentes de concessões em termos de redistribuição da riqueza, assim como de expansão da rede social. Nesse cenário, parecia plausível para os parceiros sociais do Ocidente transferir amplas partes das indústrias nacionais, principalmente na França e na Grã-Bretanha, para o governo estatal.

Se é certo afirmar que a soberania designa a capacidade de ameaçar de modo fidedigno, então os partidos dos trabalhadores e os sindicatos da Europa ocidental obtiveram os seus mais extremos efeitos soberanos por força da ameaça indireta da luta de classes, uma ameaça que eles conseguiram inserir nas confrontações dos partidos envolvidos num contrato coletivo, sem precisar cerrar os punhos por si mesmos. Bastou-lhes dirigir discretamente os olhares para as realidades do Segundo Mundo a fim de deixar claro para o lado dos empregadores que também em seus países a paz social tinha o seu preço. Ao resumir a situação, é preciso constatar sem muito exagero: as conquistas sociais do período do pós-guerra na Europa, a saber, o tão citado capitalismo renano, juntamente com o seu estado social extensivamente ampliado e com a cultura transbordante da terapia, foram presentes do stalinismo — frutos da ira que certamente só puderam amadurecer com uma certa doçura de acordo com a sua exportação para um clima mais livre.

Os gastos com a paz social no Ocidente precisaram ser computados de maneira fundamentalmente nova, quando o potencial ameaçador das esquerdas foi cada vez mais se atenuando — principalmente em razão do fato de se ter precisado levar cada vez menos a sério a União Soviética como remetente de ameaças com destino ao Ocidente. No mais tardar na fase final da era Brejnev, deixaram de ser oferecidos por Moscou os pressupostos para qualquer tipo de atividade missionária e expansionista bem-sucedida. Mesmo o maoismo nunca significou fora da China mais do que um entusiasmo passageiro oriundo de um romantismo campesino no Terceiro Mundo (pensemos nas confusas excursões de Che Guevara para a África e a Bolívia) e do que a militância abastada nas universidades ocidentais. Era evidente, em todo caso, que o Leste — em razão de sua ignorância dogmática na questão da propriedade — não tinha a menor possibilidade de ganhar a concorrência sistêmica. Além disso, nos dez anos de campanha vã contra os guerrilheiros afegãos apoiados pelos Estados Unidos (1979-1989), o exército russo demonstrou o quão pouco ainda conseguia fazer jus à sua antiga fama.

Sob tais condições, os órgãos dos trabalhadores no Ocidente perderam o seu privilégio de se aproveitar sem esforço próprio do medo do comunismo por parte do capital. Para o campo liberal-conservador tornou-se distintivo o fato de, nas rodas de negociação salarial, seus representantes terem passado a se sentar diante de opositores enfraquecidos, para não dizer decadentes. Por um lado, esse opositor perdeu a sua forma por meio de sua relativa saturação e, por outro, foi abatido por uma paralisação furtiva que resultou da deflação ideológica do campo de esquerda.

As consequências dessas percepções determinam a atmosfera psicopolítica do Ocidente desde o início dos anos 1980 até hoje — os seus resultados somam-se agora aos sedimentos climaticamente eficazes do 11 de setembro e fazem com que se torne cada vez mais provável uma virada neoautoritária do capitalismo ante o pano de fundo liberal-belicista. É o ano de 1979 que, a partir do ponto de vista atual, precisa ser definido como a data-chave do final do século XX. Em três aspectos teve lugar aí o começo da inserção na situação pós-comunista: com o início do fim da União Soviética depois da entrada de seus exércitos no Afeganistão, com a posse de Margaret Thatcher no governo britânico e com a consolidação da revolução islâmica no Irã sob o Aiatolá Khomeini.

Trocando em miúdos, o que se denomina neoliberalismo não é outra coisa senão uma nova contabilização dos custos relativos à paz interna nos países de "economia mista" capitalista-social-democrata de tipo europeu ou nos países do "capitalismo regulado" próprio dos Estados Unidos.[27] Esta prova teve inevitavelmente por resultado o fato de o empresariado ocidental ter comprado caro demais a paz social sob a pressão política e ideológica passageira oriunda do Leste. Havia chegado o momento das medidas de redução de custos, que tinham

---

27. Cf. Daniel Yergin, Joseph Stanislaw, *Staat oder Markt: die Schlüsselfrage unseres Jahrhunderts* [Estado ou mercado: a questão-chave de nosso século], Frankfurt/Nova York, 1999, pp. 22-87.

por finalidade a mudança tendencial do acento do primado do pleno emprego rumo à primazia da dinâmica empresarial. De fato, desencadeou-se uma mudança correta do espírito do tempo: cada vez mais rapidamente, ele se distanciou da ética do conforto ao mesmo tempo revoltosa e intervencionista característica das décadas do pós-guerra (que só sobreviveu na França) para dar preferência a uma ética do risco neoempreendedora — pois se estava convencido de que se poderia absorver como fatores externos de custo o desânimo da nova "classe" dos não mais úteis, dos dispensados e deixados de mãos vazias. Desde então, as culturas parciais do cultivo do divertimento e da comercialização da depressão no interior do palácio de cristal europeu impelem constantemente para rotas divergentes.

No curso do quarto de século, desde a "revolução de mercado" na Grã-Bretanha, uma revolução concebida por Joseph Keith e implementada por Margaret Thatcher a partir de 1979 (que logo se abateu sobre o continente e sobre amplas partes do mundo ocidental, em particular sobre a América de Reagan, 1981-1988, e de Clinton, 1993-2000), comprovou-se o quão precisamente esses diagnósticos correspondiam à situação e o quão radicalmente se apresentam as consequências retiradas deles. Isso se mostra da forma mais evidente possível na moda duradoura do neoliberalismo — a longa marcha rumo ao desemprego das massas, que deu o tom em termos político-sociais. As novas relações trouxeram consigo aquilo que até então quase não era imaginável: taxas de desemprego de 8% a 10% e mais são acolhidas pelas populações das nações europeias de forma mais ou menos inerte — mesmo a queda cada vez mais perceptível das prestações público-sociais não conseguiu acender até aqui o fogo da luta de classes. As relações de soberania inverteram-se da noite para o dia: as organizações dos trabalhadores têm bem poucos elementos em mãos com os quais poderiam efetivamente produzir uma ameaça, uma vez que o privilégio da ameaça passou quase unilateralmente para o campo empresarial. Esse campo pode afirmar agora de maneira até bastante plausível que as coisas ainda vão ficar muito piores, caso o campo oposto se recuse a compreender e co-sustentar as novas regras em jogo.

A terceira coleta: o Islã político pode instituir um novo banco mundial da dissidência?

Precisamos manter diante de nossos olhos este cenário, se quisermos conceber sob que condições o terrorismo islâmico pôde celebrar a sua ascensão como fator no palco dos poderes ameaçadores. De início, os islamistas não pareciam ser mais do que parasitas impertinentes oriundos do cenário pós-comunista. Na época de sua primeira aparição, nenhum homem teria chegado à conclusão de que estava se formando aí algo como um terceiro catolicismo ou como uma alternativa oriental para o comunismo. Não obstante, os ativistas islamistas conseguiram se impor quase de um dia para o outro ao Ocidente da era pós-bipolar como um inimigo substituto. Em primeiro lugar, nos Estados Unidos, e, em seguida, na Europa desamparada. Nesse papel, eles foram desde o começo interpretados de maneira ambivalente. Para os politólogos trágicos, convencidos da necessidade de sempre ter um inimigo, a fúria do islamismo foi algo como um presente dos céus. Apesar de não ser de início particularmente perigoso em termos materiais (enquanto os seus agentes não obtiverem acesso a armas de destruição em massa e o controle de imigração continuar suficientemente rigoroso), ele manteve na altura desejada o tônus psicopolítico das coletividades irritadas no Ocidente. Para os adeptos do idílio liberal, em contrapartida, o terror islamista continua sendo um hóspede indesejado — em certa medida, algo assim como um grafiteiro louco que desfigura as fachadas de uma sociedade sem inimigos com mensagens obscenas.

No entanto, como quer que possamos julgar a apreensão ambivalente do novo terror por meio de seus destinatários ocidentais: ele nunca teria conseguido ultrapassar tão rapidamente o nível hierárquico de um fenômeno marginal inconveniente (em todo caso de um arauto político) se ele não tivesse entrado na recalculagem dos custos como dado interessante nos balanços da paz social das sociedades ocidentais. Enquanto a ameaça comunista, como observamos, teve por consequência uma elevação suficiente dos custos sociais da paz, partem da ameaça do terror islamista efeitos com quedas sumárias de custos. Uma vez que coloca imaginariamente sob estresse a coletividade atacada, ele contribui para que se forme nessa coletividade, apesar das diferenças sociais há pouco uma vez mais enormemente aprofundadas, o sentimento de pertencer a uma comunidade solidária real, ou seja, a uma unidade de sobrevivência que luta por seu futuro. Além disso, o novo terror, graças à sua inimizade indiferenciada contra o modo de vida do Ocidente, gera um clima de intimidação difusa, no qual as questões de segurança política e existencial alcançam uma primazia clara em relação àquelas do primado da justiça social — *quod erat operandum*.

Com a sobrelevação do imperativo securitário do motivo omnidominante das democracias midiáticas atuais, o espírito do tempo depois do 11 de setembro de 2001 se deslocou para um novo ecossistema de ameaças e de medidas de defesa — apesar de, dessa vez, por mais frívolo que isto possa soar, as tendências de ameaça do terror islamista apontarem sumariamente, a partir da visão do capitalismo radicalizado, para "a direção correta". Sentir-se ameaçado pelas fontes do Oriente Médio que se tornaram neste ínterim plenamente conhecidas significa agora: ver razões pelas quais se poderia eventualmente estar pronto para se contentar com o movimento à deriva da cultura política ocidental em estados pós-democráticos. A "guerra ao terror" possui a propriedade ideal de não poder ser vencida — e, por isso, de nunca precisar ser concluída. Essas perspectivas prometem uma vida longa às tendências pós-democráticas. Elas criam os pressupostos sob os quais chefes de Estado ou de governos democraticamente eleitos podem se arrogar impunemente como alto-comandantes. Onde o pensamento político se limita aos conselhos do alto-comando, conceitos como "democracia" e "cultura jurídica independente" só continuam se mostrando como fichas num jogo estratégico.[28]

Os destinos psicopolíticos dos Estados Unidos durante a primeira e a segunda administração Bush ilustram esses contextos com uma profusão de exemplos inconfundíveis. No espaço de poucos anos, o mundo foi testemunha de como uma democracia apta ao dissenso, sob a ficção consciente e voluntariamente provocada da guerra de sobrevivência a ser conduzida por toda a nação, vivenciou uma súbita extinção de espécies no âmbito da pluralidade de opiniões políticas: da noite para o dia, o campo político da nação caiu sob a influência de forças homogeneizantes. Como guerras reais, também se chega nesta *drôle de guerre* a uma paralisação da oposição interna por meio do imperativo patriótico. Esse desenvolvimento é em boa parte obra dos mulás neoconservadores nos Estados Unidos, que não conhecem nenhuma inibição em evocar de boca cheia o

---

28. Cf. Eliot A. Cohen, *Supreme Command: Soldiers, Statesmen and Leadership in Wartime* [Comando Supremo: soldados, estadistas e liderança em tempos de guerra], Nova York, 2002.

fantasma pavoroso de uma "quarta guerra mundial"[29], a fim de sufocar na medida do possível todo impulso rumo a novas formações oposicionistas intracapitalistas em face de desigualdades sociais crescentes.

Na investigação da redistribuição dos potenciais ameaçadores entre as cartas geopolíticas do presente é natural perguntar de que maneira precisa ser compreendido propriamente o tão evocado perigo islamista. Por que meios esse perigo atua sobre a estrutura psicopolítica do Ocidente e dos estados islâmicos? Ele abriga efetivamente o potencial para "substituir o comunismo enquanto dogma mundial", tal como ouvimos há uma década dos círculos islamistas radicais entre Khartum e Karachi, não apenas a portas fechadas?[30] O novo fantasma, que perambula pela Europa, pelos Estados Unidos e por outras regiões mundiais: de onde ele obtém a força ameaçadora, que o torna sinistro para os líderes das potências estabelecidas? Será que o Islã político — quer ele entre em cena com um componente terrorista ou não — pode se transformar num banco mundial alternativo da ira? Será que ele vai se tornar um posto de coleta de energias antissemitas ou pós-capitalistas globalmente atraentes? Pode-se utilizar efetivamente o islamismo para a atualização das grandes narrativas ocidentais gastas sobre a ascensão dos humilhados e ofendidos contra os seus senhores, antigos e novos? É suficiente meditar sobre o conceito jihad até ele se tornar um pseudônimo da luta de classes? Ou: será que os *fronts* que emergem dos levantes do mundo islâmico não possuem um sentido próprio que só se torna compatível com as personagens das narrativas ocidentais da revolução contínua, da emancipação que se universaliza e da realização progressiva dos direitos humanos, ao preço de incompreensões e desfigurações?

O que qualifica o Islã político como um possível sucessor do comunismo são três qualidades que puderam ser percebidas de maneira análoga no comunismo histórico. A primeira qualidade emerge da circunstância

---

29. Cf. Thomas Pany, *Die Fürsten des IV. Weltkriegs: US-Think-Tanks und das Netzwerk der Neokonservativen* [Os príncipes da quarta guerra mundial: *US-Think-Tanks* e a rede dos neoconservadores], parte 1, Telepolis, 28. abr. 2003. No campo ocidental, a expressão "quarta guerra mundial" foi concebida por autores neoconservadores como Eliot Cohen, Irving Kristol e Norman Podhoretz, como lema para a necessidade de um plano de guerra abrangente contra o Islã político. Lembremo-nos de que a expressão "quarta guerra mundial" foi aplicada anteriormente pelo subcomandante Marcos, de Chiapas, no México, para designar a "globalização" como um grande ataque do capital contra os pobres do mundo.

30. Cf. Avi Primor, *Terror als Vorwand* [Terror como pretexto], Düsseldorf, 2004, p. 29.

de que é inerente ao islamismo uma dinâmica missionária arrebatadora, que o predispõe a formar uma coletividade rapidamente crescente, constituída preponderantemente por recém-convertidos, ou seja, a formar um "movimento" no sentido mais restrito do termo. Ele não apenas se volta de modo quase universalista "para todos", sem discriminação de nações e de classes sociais; ele também exerce uma atração particular precisamente sobre os prejudicados, indecisos e ofendidos (contanto que eles não sejam do sexo feminino, apesar de, por vezes, essa atração também se abater sobre as mulheres). Isso acontece visto que ele se mostra como o administrador dos pobres espiritual e materialmente desprezados e conquista simpatias como o coração de um mundo desalmado. Neste caso, a modéstia das condições de acolhimento desempenha um papel decisivo. No momento em que uma pessoa é acolhida nas fileiras dos crentes, ela já é capaz de ser utilizada no sentido da comunidade combativa — em alguns casos, até mesmo como mártir. Para os recém-chegados, a imersão numa comuna vibrante transmite com frequência o sentimento de ter encontrado pela primeira vez uma terra natal e de desempenhar um papel nada indiferente nos dramas do mundo.

A segunda atração do Islã político parte do fato de — tal como antes dele só aconteceu com o comunismo — ele conseguir oferecer aos seus sequazes uma "imagem de mundo" abrangente, acentuadamente combativa e grandiosamente teatral que repousa sobre uma rígida distinção entre amigo e inimigo, entre uma missão de vitória inconfundível e uma visão final utópica embriagante: a reinstauração do emirado mundial, que deveria fornecer ao milênio islâmico uma terra natal global, de Andaluzia até o Leste distante. Com isso, a figura do inimigo de classe é substituída pela figura do inimigo de fé e a figura da luta de classes pela figura da guerra santa — sob a manutenção do esquema dualista da guerra dos princípios, de uma guerra inevitavelmente longa e cheia de sacrifícios, em cujo último combate, tal como é usual, o partido do bem é conclamado a vencer.

O assim chamado fundamentalismo no uso político, tal como se reconhece facilmente, representa menos uma questão de fé do que uma questão de incitação à ação, mais exatamente, de preparação dos papéis por meio dos quais grandes números de atores potenciais são colocados em condições de passar da teoria para a prática — mais ainda, da frustração para a prática. Genericamente é válido aqui o que a pesquisa demográfica trouxe à luz: "A religião fornece [...] óleo adicional para um fogo cujo combustível inicial não provém dela."³¹ Como matriz de ativações radicais, o islamismo tem o mesmo valor ou é possivelmente superior ao comunismo histórico, uma vez que ele não pode se apresentar ante a sua cultura de origem como um movimento de ruptura radical, mas tão somente como um movimento de reprodução revolucionária.

A terceira razão, em termos políticos de longe a mais significativa para a dramaticidade inevitavelmente crescente do Islã político (mesmo que ele por hora, depois de uma série de derrotas, pareça ter perdido algo de sua primeira atratividade), resulta da dinâmica demográfica de seu campo de recrutamento. Tal como os movimentos totalitários do século XX, ele representa essencialmente um movimento jovem, em especial um movimento de homens jovens. Seu elã é obtido em sua maior parte pelo excesso de vitalidade de uma onda gigantesca incessantemente crescente de jovens do sexo masculino, desempregados e socialmente desesperados, tendo entre quinze e trinta anos — em sua maioria os segundos, terceiros ou quartos filhos, que só conseguem dar vazão à sua ira inútil por meio da participação nos melhores programas de agressões que se encontram à disposição. Quando as organizações islamistas em seus países de base criam mundos contrários às ordens existentes, elas geram grades de posições alternativas, nas quais jovens homens irados com ambições podem se sentir importantes — a isso pertence o ímpeto para atacar inimigos próximos e distantes, melhor hoje do que amanhã.

Esses grupos numericamente enormes formam o séquito natural dos agitadores da geração mais antiga, cujas matérias-primas de pregação resultam como que por si mesmas a partir da prontidão para a indignação de seus clientes — por mais que a tradição islâmica só coloque à disposição formas semânticas para a textualização de tensões atuais furiosas e violentas. De maneira semelhante a um experimento de laboratório, foi possível observar essas relações junto à trama das "agitações espontâneas" causadas pelas caricaturas dinamarquesas de Maomé em fevereiro de 2006. Enquanto bravos europeus quebravam a cabeça pensando em desculpas para muçulmanos suposta ou realmente ofendidos, ativistas anônimos no Iraque continuavam a girar a roda da provocação; ou melhor: eles continuavam a girar a autoestimulação belicosa, visto que destruíram a

---

31. Gunnar Heinsohn, *Söhne und Weltmacht: Terror im Aufstieg und Fall der Nationen* [Filhos e potência mundial: o terror na ascensão e queda das nações], Zurique, 2003, p. 31.

mesquita dourada de Samarra, um dos mais importantes santuários xiitas ao norte de Bagdá, por meio de um atentado a bomba, tendo por resultado o fato de, em contra-ataque, dezenas de templos sunitas terem sido devastados. Os acontecimentos falam uma linguagem clara. Eles dizem mais sobre a fome ocasional dos grupos prontos a atacar aleatoriamente do que sobre um conflito supostamente inevitável entre culturas. Seria lamentável para os agitadores se eles precisassem reconhecer que aqueles que dão externamente ensejo às suas ações realmente se sentissem mal com isso.

De acordo com esse ponto de vista, é admissível dizer que o Islã, em um uso islamista, pôde se transformar num *ready-made* religioso excepcionalmente apropriado para fins mobilizatórios.[32] A sua aptidão para tanto remonta a características da doutrina de fé muçulmana, que tinha escrito desde o início em suas bandeiras a luta contra os "descrentes". O leitor despreparado do Alcorão não deixa de admirar como um livro sagrado, sem medo de desmentir a si mesmo, consegue ameaçar quase por todos os lados os inimigos do profeta e da fé com o tormento do fogo eterno. Mesmo as explicações dos eruditos, que pretendem deduzir as passagens polêmicas do Alcorão do contexto histórico, não conseguem levar para além deste estranhamento: o profeta realizou uma espécie de crítica socialista primeva aos ricos de seu tempo, aos comerciantes arrogantes e brutais da Meca, que não queriam mais ouvir nada sobre valores igualitários e generosos da antiga cultura arábica de raiz. Maomé articulou-se com essa doutrina quando obrigou o seu séquito a se preocupar com os fracos. Mesmo a referência de início aparentemente plausível ao privilégio monoteísta do zelo em favor de Deus e contra os descrentes não fornece qualquer explicação totalmente suficiente, uma vez que é do mesmo modo evidente que nenhum homem se ocuparia com as passagens obscuras do Alcorão se os milhões de bandos de pessoas ativas em busca de Deus e ávidos por violência não estivessem presentes, pessoas que pensavam antecipadamente nas palavras para justificar os seus atos futuros (enquanto as passagens comparavelmente fortes dos salmos de vingança do Antigo Testamento vêm há muito tempo sendo deixadas de lado pelo público escasso das igrejas e sinagogas).

---

32. Quanto à lógica do *ready-made* fora e dentro da esfera da arte, cf. Boris Groys, "Marcel Duchamps 'Readymades'", in idem, *Über das Neue: Versuch einer Kulturkmmune* [Sobre o novo: tentativa de uma comuna cultural], Munique, 1992.

Com taxas de natalidade tão altas quanto as de hoje, as novas mobilizações — quer elas sejam ou não legítimas teologicamente em termos do Alcorão — poderiam influenciar até a metade do século XXI somente no mundo árabe um reservatório de muitas centenas de milhões de homens jovens, que provavelmente só encontram um horizonte de sentido existencialmente atraente na irrupção de projetos de autoaniquilação com verniz político-religioso. Em milhares de escolas do Alcorão, que recentemente brotaram da terra por toda parte, onde há excedentes de homens jovens efervescentes, as orlas irrequietas são doutrinadas nos conceitos da guerra santa. Somente uma pequena parte dessas orlas poderá se manifestar no terrorismo externo, enquanto uma parte muito maior será investida nas guerras civis que consomem vidas em solo árabe — guerras das quais o massacre iraquiano-iraniano de 1980 a 1988 forneceu uma prova de degustação, e guerras cujas proporções quantitativas crescem previsivelmente até o nível do monstruoso. Gigantescas batalhas de aniquilação entre partidos de guerra xiitas e sunitas não são impensáveis — as destruições de mesquitas e de sítios sagrados no campo oposto fornecem para tanto, segundo toda a aparência, a preliminar. O fato de Israel ter diante de si outras provações não tem como ser desconsiderado. Sem uma política previdente de vedação, o enclave judeu não terá como sobreviver às próximas décadas. A verdade é: mesmo conhecedores do assunto não possuem hoje a menor ideia de como se poderia reprimir com meios pacíficos a *youth bulge* muçulmana que se encontra poderosamente em movimento, a onda de excedentes jovens do sexo masculino grávidos de genocídio mais extensa na história da humanidade.[33]

Essas referências à base atual das massas dos movimentos islâmico-radicais designam ao mesmo tempo o limite junto ao qual termina a possibilidade de compará-lo com o comunismo histórico. Os sustentadores atuais tanto quanto os vindouros do pensamento islâmico da expansão não equivalem de maneira alguma a uma classe de trabalhadores e assalariados que se reuniu para colocar um fim às suas misérias por meio da conquista do poder estatal. Eles representam antes muito mais um

---

33. Quanto aos potenciais genocidas do século XXI, em particular no Oriente Médio, cf. Gunnar Heinsohn, op. cit. O mesmo autor estabelece taxativamente: os próximos vinte prêmios Nobel devem ser dados a pessoas que pensem em alguma forma de dissolver sem violência essas tensões.

subproletariado furioso, pior: um movimento desesperado de pessoas economicamente supérfluas e socialmente não utilizáveis, para as quais há pouquíssimas posições aceitáveis em seu próprio sistema, mesmo que eles tenham chegado ao poder por meio de golpes de Estado ou eleições. Em razão dos dados demográficos, as imagens que estes movimentos têm de seus inimigos não podem ser sociologicamente definidas, tal como era o caso na "classe dos exploradores" concebida em termos marxistas. Internamente, elas se dirigem contra as elites desprezíveis aos olhos dos ativistas, elites que em termos políticos se aproximam demais do Ocidente; externamente, contra o Ocidente enquanto tal, uma vez que este é retratado como a suma conceitual de importações culturais ofensivas, dissolutivas e obscenas. Naturalmente, mais cedo ou mais tarde, os seus líderes ousarão tentar colocar sob o seu domínio os velhos Estados do Oriente Médio, a fim de ocupar os altos-comandos da redistribuição de riquezas descomunais que repousam sobre o comércio petrolífero. Com isto, eles poderiam aquietar provisoriamente os seus clientes por meio da participação no maná do petróleo. Como os preços crescentes das energias nas próximas décadas auxiliam a preguiça reformadora e provocante das atuais teocracias de petróleo, levantes nesses países são mais do que prováveis. O caso Irã trouxe à tona aquilo que, então, acontecerá.

Por mais que seja pertinente dizer que a teocracia islâmica repousa sobre a petição formal e materialmente totalitária de organizar todas as realizações vitais numa sociedade mundial virtualmente islâmica segundo o direito corânico, essa teocracia nunca estaria em condições de ir ao encontro dos fatos econômicos, políticos, técnicos e artísticos da atualidade. Enquanto o comunismo corporificava uma cunhagem autêntica de tendências de modernização ocidentais, sim, enquanto ele formava em alguns aspectos, embora não no econômico, a sua vanguarda, encontra-se inscrita na testa do islamismo político a sua intempestividade em relação ao mundo moderno e a sua postura fundamental antimoderna — pertence a esse contexto a sua ligação difícil com a cultura científica global e a sua relação inteiramente parasitária com a tecnologia armamentista do Ocidente. Neste ponto, a dinâmica demográfica extrema do mundo islâmico, cuja população se ampliou entre 1900 e 2000 de 150 milhões para 1,2 bilhão — o que corresponde a uma octuplicação —, não consegue a princípio alterar nada. Na verdade, a "arma populacional" tem, como mostrou Gunnar Heinsohn, origem moderna.[34] No entanto, junto às chances de expansão e de emigração inexistentes, ela precisa se voltar contra os seus possuidores. Quando um dos líderes do Hamás, o médico palestino Abdel Aziz Rantisi, anunciou recentemente que o próximo século seria o século do Islã, ele confundiu, como é usual hoje em dia, cultura e biomassa. Ele só poderia ter razão no caso improvável de o mundo islâmico como um todo se recuperar num curto espaço de tempo a saída de seu atraso autoinflingido. Mesmo os intérpretes mais benevolentes não possuem até agora senão ideias impotentes de como isso poderia acontecer.

Se considerarmos o sequestro dos dois aviões conduzidos na manhã do dia 11 de setembro de 2001 contra as torres do World Trade Center no contexto destas reflexões, então ele não será nenhuma demonstração de força islamista, mas o símbolo de uma pérfida ausência de meios, para a qual era possível oferecer como compensação unicamente o sacrifício de vidas humanas mascarado por termos sagrados. Nenhum Marx do Islã político jamais poderá afirmar que a tecnologia moderna teria crescido no colo da civilização moderna, mas só teria alcançado a sua determinação plena nas mãos dos usuários islâmicos. A doutrina do 11 de setembro é: os inimigos do Ocidente não esperam outra coisa senão a inversão vingativa dos instrumentos ocidentais contra os seus inventores. O islamófilo Friedrich Nietzsche precisaria modificar hoje os seus julgamentos. As críticas feitas por Nietzsche em seu amaldiçoamento do cristianismo adaptaram-se por detrás de suas costas a um outro destinatário. O islamismo radical de nossos dias oferece o primeiro exemplo de uma pura ideologia vingativa que só pode punir, mas não produz nada.[35]

A fraqueza do Islã como religião política, seja ela de um matiz moderado ou radical, se baseia em sua orientação fundamental "passeísta". Seus líderes não puderam formular até aqui outra coisa para o mundo de amanhã além de conceitos não técnicos, românticos e marcados pela fúria. Sem dúvida alguma, por meio de uma retórica da grandiosidade irada, as massas cada vez maiores em protesto no Oriente Médio devem se erguer nos próximos cinquenta anos. Como mobilizador de reservas timóticas de

---

34. Gunnar Heinsohn, op. cit., pp. 72-112.
35. Quanto à criatividade política e cultural do cristianismo moderno, cf. Eugen Rosenstock-Huessy, *Die europäischen Revolutionen und der Charakter der Nationen* [As revoluções europeias e o caráter das nações], Moers, 1987.

uma amplitude enorme, o islamismo ainda está bem longe de exaurir suas possibilidades. O sonho dos ativistas com um grande império islâmico em moldes neomedievais ainda inspirará inúmeros sonhadores, mesmo que faltem em todos os aspectos os pressupostos políticos para tanto. Em contrapartida, a partir das formações imperiais regionais esperáveis por parte de estados islâmicos, o máximo que pode se desenvolver são potências convencionais médias. É improvável, para não dizer impossível, que eles venham a levar a termo criações culturais passíveis de exportação, que despertem em outros lugares uma libido imitatória. Decisivo para o curso das coisas continua sendo o fato de as cabeças do islamismo em sua orientação atual não terem condição alguma de configurar ou mesmo prescrever o próximo capítulo da evolução cultural, por mais que seus países de origem possam portar tão orgulhosamente diante de si o "estandarte da vitória de sua procriação".[36] O Islã tem até agora pouco a apresentar que o capacite a formar continuamente de maneira criativa as condições tecnológicas, econômicas e científicas de existência para a humanidade do século XXI. Já seria uma realização titânica se ele conseguisse num tempo não muito longo a modernização de seus próprios efetivos. Certo é apenas que ele despertou de seu sono dogmático. Depois de séculos de estagnação, ele retornou à cena mundial para embaraçosamente descobrir que não é capaz de se articular com os grandes feitos culturais do Islã cosmopolita, moderado e criador até o século XIII. Poderia durar séculos até que os seus porta-vozes fizessem que se falasse deles menos por conta de suas ameaças do que por suas realizações.

Para o Ocidente, este não será nenhum tempo de espera vazia. Como se encontram no mundo islâmico vários Estados demograficamente explosivos com planos imperiais agressivos em suas plataformas — antes de tudo o Irã e o Paquistão, e, numa medida inferior, também o Egito e o Marrocos —, as pessoas se verão confrontadas nas próximas décadas com uma série de ofensivas incoerentes, mas momentaneamente associáveis, que poderiam lembrar os movimentos revoltosos semimodernos de perdedores irados vindos da Itália e da Alemanha no mais infeliz dos tempos.

Sob tais circunstâncias, as expectativas voltadas para o islamismo como sucessor potencial do comunismo no papel de um movimento

---

36. Gunnar Heinsohn, op. cit., p. 24 et seq.

oposicionista mundial devem ser baixas. Na verdade, elas são completamente ilusórias. Não se vê simplesmente como é que poderia ser organizado a partir dele uma nova coleta universal dos potenciais de dissidência nos países do capitalismo globalizado. Em contrapartida, uma série de grandes bancos regionais da ira continuarão acumulando por períodos de tempo bastante longos violentos potenciais timóticos. Todavia, de acordo com tudo aquilo que pode ser previsto, eles dissiparão o seu capital de maneira sangrenta, ao invés de investi-lo em empreendimentos culturais e econômicos prenhes de futuro. Para a primeira metade do século XXI, os movimentos jovens islâmicos numa dúzia de países do Oriente Médio formam o caldeirão de tumultos com a maior capacidade de irradiação no interior dos mapas das crises que são traçados pelos analistas estratégicos. No entanto, o que quer que venha a colocar no mundo os impulsos primordiais islâmicos para uma política da ira — e os próximos vinte, trinta anos podem se transformar nos períodos mais fatais de todos os tempos, caso se materializem suposições-*worst case*: por razões imanentes, é muito difícil que os seus projetos ultrapassem o nível de um romantismo político negro. Assim, precisaríamos designar o princípio das mobilizações, que aspiram a uma meta obscura sobre o desvio que passa por lutas desejadas por Deus: a meta da autoaniquilação dos supérfluos.

Quem insiste na exigência de que a história do mundo se realize como o juízo final tem tempos desanimadores diante de si. Em todo caso, as pessoas precisariam olhar numa outra direção. Como não se tem nada de bom a esperar de tribunais, o máximo que pode haver no futuro são tribunais de arbitragem. Do jeito que vai o mundo, só o capitalismo global entra agora em questão. Somente ele poderia, em sua próxima jogada, se transformar num adversário de si mesmo, que se coloca suficientemente sob tensão, para precisar se levar a sério como um desafiador com vistas ao ser e ao não ser.

Conclusão: para além do ressentimento

Depois de tudo aquilo que foi dito no curso desta investigação, seria despropositado afirmar que a ira deixou para trás os seus melhores dias. Ao contrário, nos convencemos de que a ira (juntamente com os seus irmãos timóticos: o orgulho, a vontade de ostentação e o ressentimento) representa uma força fundamental no ecossistema dos afetos, quer sejam eles interpessoais, políticos ou culturais. Esta tese permanece válida, mesmo que a ira não possa se condensar mais futuramente nas coletas universais de um tipo comunista, mas só abarque coletas regionais. Se partirmos do pressuposto de que não se deveria mais retornar a um ponto aquém do nível alcançado pela psicologia política, então as energias timóticas aqui tratadas (sob um estímulo múltiplo) ganharão uma credibilidade oficial numa imagem mais justa do real, por mais que elas tenham sido vítimas até aqui de um desconhecimento organizado.

O que realmente chegou ao fim e que se mostra hoje em plena dissolução é a constelação psico-histórica do pensamento da desforra que foi superacentuado em termos religiosos e políticos e que marcou o espaço processual cristão-socialista-comunista. Nietzsche encontrou o conceito para caracterizá-lo ao fazer o seguinte diagnóstico com vistas a São Paulo e a sua invenção, o "cristianismo": mesmo o ressentimento pode se tornar genial. Enquanto a ligação entre espírito e ressentimento era estável, a exigência por justiça para o mundo — seja para além da vida terrena, seja na história que acontece — pôde se refugiar em ficções que foram aqui minuciosamente tratadas: na teologia da ira de Deus e na economia timótica mundial do comunismo. O que estava em jogo nos dois sistemas não era nada menos do que a retificação das contas de sofrimento e injustiça de um mundo moralmente desbalanceado. Os dois tentaram se entregar à tarefa de positivar o ressentimento, a fim de manter o sentido desperto para a inaceitabilidade do mundo injusto. Devemos aos seus esforços o fato de ter se formado na civilização ocidental o fenômeno altamente improvável da "crítica" — uma vez que compreendemos por crítica o espírito atiçado pelo ressentimento genializado da não submissão a meros fatos, a saber, fatos injustos. A "crítica" neste sentido não é nenhum privilégio absoluto do Ocidente, por mais que ela tenha alcançado aqui um desenvolvimento clássico; ela está presente em todas as culturas que conseguiram se subtrair ao domínio de motivos servis, holísticos, monológicos e masoquistas. Quem está preocupado em afirmar a universalidade possível de uma política e de formas de vida democráticas deveria levar em consideração as práticas de discussão e as tradições críticas "dos outros" como fontes democráticas regionais.[1]

A seguinte compreensão precisa ser retida como um axioma: na situação globalizada, não é mais possível de forma geral nenhuma política do equilíbrio do sofrimento que se construa sobre o rancor em face de uma injustiça passada, quaisquer que sejam as dissimulações mundial-redentoras, social-messiânicas ou democrático-messiânicas com as quais ela se apresente. Esse conhecimento estabelece limites estreitos para a produtividade moral de movimentos represensivos, mesmo que eles entrem em cena — tal como o socialismo, o feminismo e o pós-colonialismo — a favor de uma causa em si respectivamente respeitável. Muito mais importante é agora deslegitimar a aliança fatal há muito venerada entre inteligência e ressentimento, a fim de criar paradigmas prenhes de futuro marcados por uma sabedoria de vida desenvenenada. Os seus critérios não são particularmente novos — John Locke, precursor da burguesia liberal inglesa, formulou-os em 1689 numa linguagem simples: trata-se do direito fundamental à vida, à liberdade e à propriedade.[2] No que diz respeito à história de sucesso dessa tríade, as descobertas históricas são evidentes: somente nas regiões do mundo em que essas normas são respeitadas, esclarecimentos estão realmente em curso. Duzentos anos mais tarde, Friedrich Nietzsche — no que diz respeito à forma de um modo seguramente patético demais, mas em termos terapêuticos completamente consonante — completou essas premissas de civilizações bem-sucedidas por meio de um programa higiênico que colocou na ordem do dia a libertação em relação ao espírito do ressentimento. A preocupação de Nietzsche estava voltada para a dissolução da figura tóxica de uma "humildade vingativa" por meio de uma inteligência que se certifica novamente de seus motivos timóticos. Compreende-se que sem uma cultura aberta da ambição não se pode ter algo assim. Essa cultura precisaria ser pós-monoteísta no sentido de que destrói,

---

1. Cf. Amartya Sen, *La Démocratie des autres: Pourquoi la liberté n'est pas une invention de l'Occident*, Paris, 2005.
2. John Locke, *Dois tratados sobre o governo*, Frankfurt, 2006. [Ed. bras.: trad. Júlio Fischer, São Paulo, Martins, 2005.]

com a meticulosidade necessária, as ficções da metafísica da desforra e dos seus reflexos políticos. O que se busca é uma meritocracia que, intracultural ou transculturalmente, equilibre uma moral tencionada de maneira antiautoritária com uma consciência marcada das normas e com o respeito aos direitos pessoais inalienáveis. A aventura da moral realiza-se por meio do paralelogramo das forças elitistas e igualitárias. Somente neste âmbito é pensável a mudança de acento dos impulsos de apropriação para as virtudes dadivosas.

As apostas iniciais deste programa cultural são elevadas. Nele, o que está em questão é a criação de um código de conduta para complexos multicivilizatórios. Tal esquema precisa ser suficientemente carregável para se haver com o fato de o mundo comprimido ou globalizado permanecer de momento multi-megalomaníaco e intraparanoico. Não se pode integrar de cima por meio de sínteses ideais um universo formado a partir de atores energéticos timoticamente irritáveis. Ao contrário, esse universo só pode ser mantido em equilíbrio por meio de relações entre as forças. A grande política só acontece sob o modo de exercícios de equilíbrio. Exercitar o equilíbrio significa não evitar nenhuma luta necessária, nem provocar nenhuma luta supérflua. Também significa não dar por perdido o curso do mundo com os seus processos entrópicos, e, antes de tudo, com a destruição do meio ambiente e a desmoralização. Pertence a isso aprender a ver sempre com os olhos dos outros. Aquilo que deveria ser realizado antigamente pela humildade religiosa sobrecarregada precisará ser produzido por uma cultura da racionalidade que se construa sobre observações de segunda ordem. Somente ela pode parar a ingenuidade maligna, uma vez que liga a vontade de validação com a autorrelativização. Precisa-se de tempo para a solução dessa tarefa — mas este não é mais o tempo histórico da epopeia e do drama trágico. O tempo ocidental precisa ser definido como o tempo de aprendizado para civilizações. Quem só quer fazer "história" fica aquém dessa definição.

A palavra "exercício" não deve nos iludir quanto ao fato de que sempre nos exercitamos sob condições próprias à situação de emergência, a fim de impedir, na medida do possível, a sua entrada em cena. Erros não são permitidos e, contudo, eles são prováveis. Num transcurso favorável dos exercícios, pode ser que se forme um conjunto de disciplinas interculturalmente obrigatórias que com razão se poderia então designar a justo título e pela primeira vez com uma expressão que até aqui é constantemente empregada de maneira precipitada: cultura mundial.

Outras obras de Peter Sloterdijk
editadas pela Estação Liberdade

No mesmo barco. Ensaio sobre a hiperpolítica (Trad. Claudia Cavalcanti, 1999)

Regras para o parque humano. Uma resposta à carta de Heidegger sobre o humanismo (Trad. José Oscar de Almeida Marques, 2000)

O desprezo das massas. Ensaio sobre lutas culturais na sociedade moderna (Trad. Claudia Cavalcanti, 2002)

Se a Europa despertar (Trad. José Oscar de Almeida Marques, 2006)

Derrida, um egípcio. O problema da pirâmide judia (Trad. Evando Nascimento, 2009)

Crítica da razão cínica (Trad. Marco Casanova, Paulo Soethe, Mauricio Mendonça Cardozo, Pedro Costa Rego e Ricardo Hiendlmayer, 2012)

Esferas – I. Bolhas (Trad. José Oscar de Almeida Marques, 2016)

ESTE LIVRO FOI COMPOSTO EM ADOBE GARAMOND PRO,
CORPO 11/14,3, E IMPRESSO SOBRE PAPEL OFF-SET 90 g/m²
NAS OFICINAS DA RETTEC ARTES GRÁFICAS E EDITORA,
SÃO PAULO — SP, EM MARÇO DE 2021